李达

中共一大代表丛书

宋镜明——著

中共党史出版社

图书在版编目（CIP）数据

李达 / 宋镜明著 . -- 北京 ：中共党史出版社，
2024.1

（中共一大代表丛书）

ISBN 978-7-5098-6403-6

Ⅰ．①李… Ⅱ．①宋… Ⅲ．①李达（1890-1966）—
传记 Ⅳ．① K827=6

中国国家版本馆 CIP 数据核字（2023）第 201447 号

书　　　名：李　达

作　　　者：宋镜明

———————————————————————————

出版发行：**中共党史出版社**

责任编辑：申　宁　陈海平

社　　　址：北京市海淀区芙蓉里南街 6 号院 1 号楼　邮编：100080

网　　　址：www.dscbs.com

经　　　销：新华书店

印　　　刷：天津鑫旭阳印刷有限公司

开　　　本：710mm×1000mm　1/16

字　　　数：286 千字

印　　　张：21.5

版　　　次：2024 年 1 月第 1 版

印　　　次：2024 年 1 月第 1 次印刷

书　　　号：ISBN　978-7-5098-6403-6

定　　　价：79.00 元

———————————————————————————

出版说明

《中共一大代表丛书》经原中共中央党史研究室审定，于 1997 年由河北人民出版社推出第一版，时任中共中央党史研究室副主任郑惠和全国中共党史学会副会长、北京师范大学教授张静如担任主编。该丛书收录了参加中共一大的代表传记，这些代表是：上海的李达、李汉俊，北京的张国焘、刘仁静，长沙的毛泽东、何叔衡，武汉的董必武、陈潭秋，济南的王尽美、邓恩铭，广州的陈公博，旅日的周佛海；包惠僧受陈独秀派遣出席了会议。丛书中《毛泽东》《张国焘》《刘仁静》等 9 位传主的传记是当时国内出版的第一本完整的传记（分别是 45 万字到 20 万字不等）。丛书面世 20 多年来，在社会上产生了较大的反响，赢得众多读者的广泛关注和好评。令人痛惜的是，丛书的两位主编已经分别于 2003 年和 2016 年仙逝。中国共产党已走过百年奋斗历程，历经辗转，我们分别和各册传主的作者或家属取得联系，请他们对书稿内容进行充实、文字进行完善、史实进行校订，由中共党史出版社再版发行。

丛书能够再版，要特别致敬郑惠和张静如两位老先生，也衷心感谢丛书的副主编张树军、萧寒、肖功柄。并感谢为丛书出版付出过辛苦努力的河北人民出版社马千海、荆彦周等同人。

中共党史出版社

2024 年 1 月

总　序

古老的东方有一条龙，她的名字叫中国。她有过自己的辉煌。

然而，当世界之舟驶入近代港湾时，这条巨龙却喘息着落伍了。

20 世纪初的中国，内忧外患，满目疮痍。无数觉醒的中国人以各种方式，探寻着救亡图存的道路。

当时间老人迈着沉重的步子，蹒跚地走进 20 世纪 20 年代的时候，一件开天辟地的伟大事件悄悄地降临了。

1921 年 7 月，13 位年龄不一、口音不同、装束各异的年轻人，肩负着全国 50 多名党员的重托，在上海秘密聚会，宣告了中国共产党的诞生。从此，在古老落后的中国大地上，出现了完全新式的、以马克思列宁主义为行动指南的、统一的和唯一的无产阶级政党。

这次被命名为中国共产党第一次全国代表大会的历史性聚会，是在反动统治的白色恐怖下秘密举行的，除了会场一度遭到暗探和巡捕的骚扰以外，在社会上并没有引起任何注意，好像什么事情也没有发生。但是，一个新的革命火种由此在沉沉黑夜的中国大地上点燃起来了，中国历史将由她谱写出全新的篇章。

斗转星移！

在 20 世纪即将过去的时候，当年仅有 50 多人的中国共产党，已经发展成为拥有 5800 多万党员的执政党。在中国共产党成立后 76 年的历史过程中，她领导中国革命和建设，历经坎坷，取得了辉煌的胜利和举世瞩目的成就。

如今，参加中共一大的代表都已过世。追寻他们的人生足迹和思想历程，从中探求人生的价值，寻觅历史发展的轨迹，揭示社会发展的规律，成为后人特别是历史学家说不尽道不完的话题。

大浪淘沙！

当年一同参加中共一大的代表，由于种种原因，后来走上了不同的人生之路。毕生为党的事业奋斗者有之，为人民的解放而献身者有之，中途脱党者有之，背叛革命者有之，沦为汉奸者有之。他们的曲折经历，尽现了复杂离奇的社会变迁，折射出剧烈动荡的时代特点。

这种复杂的情况，也就成为后来人研究中共一大代表的难点所在。

多少年来，研究中共一大代表的生平和思想，为他们各写一部传记的想法，一直萦绕在我们的脑海。这也是我们作为史学工作者的义不容辞的责任。1995 年七八月间，我们和河北人民出版社经过周密策划，邀请有关专家学者，正式启动了这一工程。

历史著作和人物传记的生命在于真实。只有真实，冷冰冰的书籍才会流淌生动的音符，才会涌动生命的活力。要做到这一点，最重要的是材料和方法。历史人物的传记写得成功与否，全赖于此。有了准确的材料和科学的方法之后，最重要的是搞清楚和把握住历史人物一生最根本的追求是什么，并把历史人物活动的时空环境尽可能地再现出来，把历史的真实再现出来，从而给历史人物一个比较准确的历史定位。这样写出来的历史人物传记，才会给读者一个大体逼真的历史人物形象。这也正是我们这套丛书所努力的目标。

为此，我们提出了四条编写原则：（一）据实直书而不拘泥于定论，以确凿的历史资料为依据，实事求是地秉笔直书，注重思想性、科学性、学术性。（二）史料丰富而不至于芜杂，挖掘和采用真实可靠的具有历史价值的史料，去粗取精，摒弃似是而非、查无实据的材料，严禁杜撰情节。（三）重点突出而不平铺直叙，结合社会历史背景，突出写传主的活动，以人和事贯穿全书，兼顾传主的思想发展和个人生活，写出传主的性格特点和人生色彩。（四）文字生动而不求浮艳华丽，力求达到语言生动活泼，优美流畅，有较强的可读性。

基于上述目标和原则，同时也考虑到中共一大代表各自不同的多面人生，我们在编写这套丛书时，还强调发挥各本书作者的主动性和创造性，作者可以阐发自己的观点，体例和风格也不强求完全一致。人物传记本来就没有一种模式、一个套路。作者在求真的前提下，以不同风格、不同体例来撰写人物传记，也可体现出人物传记写作的多样化和丰富性。

历时两载，我们编写的这套丛书终于和广大读者见面了。如果读者朋友特别是青年朋友能从这套丛书中得到或多或少的收获，那将是我们的最大快乐和欣慰。

需要特别指出的是，在参加中共一大的代表中，周佛海、陈公博、张国焘等人先后走上了党和人民的对立面。这从一个方面证明了树立正确的世界观、人生观，是何等的重要。对于这些人，我们按照实事求是的原则，把他们放在具体的历史环境中，直书他们的人生，分析他们的变化，其目的，一是真实地反映历史，二是希望从中得出一些有益的教训。

回过头来看这套丛书，我们所确定的目标和原则，可以说有些达到了，有些则还没有达到，或者说没有完全达到，留下了一些遗憾。这一方面是由于挖掘的资料还不够充分，另一方面，也与我们的水平和方法有关。我们热忱地欢迎广大读者朋友批评指正。

最后，我们还想强调两点：一是我们在编写这套丛书时，参考了许多史学家的研究成果，吸收了他们的最新研究成果，借本书出版之际，对这些同行表示诚挚的谢意。二是我们在编写这套丛书的过程中，得到了史学界、出版界以及有关部门的大力支持和帮助，特别是中共中央党史研究室的 10 余位专家顶着酷暑，为我们审阅了全部书稿。对于他们的辛勤劳动和全力帮助，我们表示衷心的感谢。

郑　惠　张静如

1997 年 8 月

李达

目 录

C O N T E N T S

第一章

早期的马克思主义者

少年时代

李达，名庭芳，字永锡，号鹤鸣。1890年10月2日，出生于湖南零陵县蔡家埠油榨头村（今永州市冷水滩区油榨头社区）的一个佃农家庭。

冷水滩历史悠久。夏商为荆州之域，春秋战国属楚南之境，秦朝属长沙郡，西汉属泉陵国，东汉至南朝属泉陵县，隋朝至民国属零陵县。"冷水滩"一名，相传为徐大纶所起。徐大纶是嘉庆年间的县丞，由于他居住在湘江之滨的沙滩上，滩子的东门有一座河崖，叫作"冷崖"，崖下有水，叫作"冷溪"，冷水滩由此而得名。

冷水滩位于湖南省西南部，地理优越。处湘江上游，东邻祁阳，南毗永州，西连东安，北接邵阳。地势北高南低，地貌以平、岗为主，兼有山、丘。冷水滩是零陵地区的交通枢纽和物资集散地。故有"零陵地区北大门"和"湖南省西南门户"之称。

在离冷水滩不远的地方，有个只有十几户人家，老幼不上100人的村落，地处湖南西南边界，背靠湘水，人称蔡家铺的油榨头灌塘口（今属岚角山镇）。这就是李达一家祖祖辈辈耕作生息的地方。

李达祖父李光亮，靠着几亩薄田，艰难地养育着两男两女。为挣脱贫困处境，李光亮设法让次子李辅仁读了几年书。李辅仁教过蒙馆，当过学徒，干过银匠，做过小生意，依然逃脱不了破产的厄运，只得回家租种地主的土地。李辅仁就是李达的父亲。他是勤劳朴实、憨厚秉直的农民。李达的母亲胡氏，连名号都没有，是一位典型的山村农妇。她每天黎明即起，干完家务，便同男子一样下地干活，夜晚纺线，直到鸡鸣。李达有两兄两弟和一个姐姐，都是农民，苦于贫困无法读书。

李达家向地主佃田20多亩。每年秋后，金灿灿的稻谷，一担担地挑进地主的粮仓。一亩薄田要交租九斗九升，遭遇灾害，也不得少交一粒。眼见此情此景，李达极感心痛，愤愤不平。

李达天资聪慧，勤奋好学，深得父母喜欢，因而他在兄弟中独享专心读书的厚遇。李达父亲就是勒紧裤带，也要凑几串铜钱供他念书。

李达刚满五岁，便跟父亲识字，读《三字经》《百家姓》和《四言杂诗》等小书。后来，又跟父亲学童谣、唱民歌、做对子（联）。七岁，拜胡燮卿先生为师。胡先生是前清秀才，算是乡下的一个"大学问家"，和李达母亲同乡同姓，论辈分排起来还是兄妹，李达算是他的外甥。

有一天，胡燮卿先生来到李辅仁家里，特意试试李达的聪慧。他先听李达背诵了《三字经》《百家姓》，又教了他几首唐诗，然后叫他背诵。年仅七岁的李达，竟流水般地背了出来。胡先生又和他对对子，上联是"油榨头油榨榨油"。李达略加思索便脱口而出下联："水车坝水车车水。"因为油榨头是李达家的村名，水车坝也是村名，在李达外婆家那边。胡先生问道："做对子有什么妙法？"李达胸有成竹地回答："对对子要名对名，动对动，云对雨，雪对风，来鸿对去燕，宿鸟对鸣虫……"一背一大串。胡先生连声叫好，此子可教也！他见李达聪明好学，特别喜爱，当即答应认李达为义子。无论在哪里教书，老人家总是带着李达在身边跟读。胡先生在李辅仁面前一再夸奖："鹤鸣伢子（孩子）真有出息，书点到哪里，他就背到那里。一本书教完了，他也就背完了。鹤鸣前途无量啊！"

李达又聪明又顽皮，在唐家祠堂读《幼学》《千字文》之类的启蒙书时，唐花圃老师叫他背诵二三十句，他并不在乎，很快就背熟了。课后经常拿着小刀在祠堂墙上刻字，雕菩萨。老师把背书的分量加重，这也难不着他，只要坐下来认真读上几遍，他就能一字不差地背出来。一次，他把祠堂的墙壁雕得乱七八糟，老师很生气，便把订书的锥子朝他的书上用力一插，锥尖钻穿多少页书，就要他在限定的时间里背多少页。老师原以为这样可以治服他，但是，他没有花很多时间，又背得滚瓜烂熟了。

过了几年，李达不调皮了，听讲认真，作业工整，到校最早，走得最晚。他读过的书，注释和眉批写得密密麻麻。他不满足于老师指定的课文，大量阅读《三国演义》《水浒传》等古典文学名著。他特别喜爱数学和自然常识。他好学多思，碰上难题，不吃饭不睡觉，也要把它搞懂弄通。他爱和同学争论问题，有初步的独立思考能力。

1905 年，永州府在当地蘋州书院的基础上开办永州中学。李达刚满 15 岁，就以优异成绩考入这所学校，并获得公费待遇。

永州中学是当时零陵、祁阳、东安、道县、永明（今江永）、宁远、江华、新田八县的最高学府，在湖南也颇有名气。它位于潇、湘二水汇合之处的蘋岛上，风景秀丽，堪称"水上桃源"，是个读书的好地方。当时，能够考取永州中学的人，犹如中了状元一样引以为荣。

这年春天，李达父亲和胡燮卿先生亲自乘木船，送李达到蘋州应试。一路上又是鼓励，又是鞭策。胡先生以"东西两河皆蔡市"为上联，叫他作对子，他略加思索，便说："潇湘二水汇蘋州"，对答如流。

考生中李达年纪最小，个子最矮，特别引人注目。许多人十分惊讶，纷纷围过来，端详着这个乡下少年。主考老师好不容易才将围观的人赶走。李达胸有成竹，不慌不忙地回答了所有的试题。

这回考试，李达的数学成绩得了满分，八股文章考得不合章法。省里派来的主考官，重文轻理，满肚子的八股味，不想录取李达。由于校长和教导主任委婉求情，李达才得以录取，但是排名在最后。

考第一名的是朱保善，比李达大五六岁，古书读得多，擅长八股、诗词，非常骄傲，甚至当众挖苦、污辱李达。李达针锋相对，冷笑着说："看谁笑到最后。"从此，李达暗下决心，力争赶上并超过朱保善。

天下无难事，只怕有心人。整整一个暑假里，李达闭门不出，夜以继日，埋头攻读诸种古今文学名著，分门别类，精心研究，终于领悟到了撰写作文的真谛和要领，并亲自实践，写出了十多篇文章。然后送请胡、唐两位老师批阅，自己反复修改校正，从中精选若干篇作为习作。

第二学期一到校，李达便将自己的习作，毕恭毕敬地送请国文老师批阅。国文老师阅后大喜，并从中选出一两篇作为范文，在班上宣讲。

李达由于国文水平的提高，作文成绩进入优秀之列，加之，数理成绩特优，所以，学期末的总平均成绩跃居榜首。李达戒骄戒躁，继续发愤攻读，每个学期的总平，都保持第一名。

一八四〇年鸦片战争以后，由于西方列强入侵和封建统治腐败，中国逐步成为半殖民地半封建社会，国家蒙辱、人民蒙难、文明蒙尘，中华民族遭受了前所未有的劫难。为了拯救民族危亡，中国人民奋起反抗，仁人志士奔走呐喊，进行了可歌可泣的斗争。

1900 年，反抗列强的义和团运动迅猛发展。夏秋间，京津地区义和团英勇抗击八国联军的野蛮侵略，全国反侵略斗争风起云涌。8 月，八国联军攻陷北京。1901 年 9 月，清政府俯首接受丧权辱国的《辛丑条约》。《辛丑条约》是帝国主义列强强加在中国人民身上的沉重枷锁，是清政府对中国主权的一次大拍卖。清政府从此成了"洋人的朝廷"。

1903 年春，强烈声讨霸占我东北国土的"拒俄运动"高涨。1905 年 8 月，孙中山与黄兴等协商，联合各革命团体，在日本东京成立中国同盟会。同盟会成立后，组织发展十分迅速，"革命浪潮一日千丈"。1906 年 12 月，同盟会会员联络洪江会等会党，发动了萍、浏、醴起义。随后相继爆发了广东潮州黄冈起义，惠州七女湖起义，广西钦、廉、防城起义，全国革命形势呈现出高涨之势。

早在李达 10 岁那年，即 1900 年 10 月，他就听到老师和长辈人说，有八个洋鬼子国家，结伙攻打中国，打进了京城，把皇帝都赶跑了，后来逼迫清朝政府签订了卖国条约。这就是八国联军侵略中国的战争。到了 15 岁，即 1905 年，李达在永州中学开始接触新知识，逐渐知道一些国家大事，知道"八国联军"就是英、美、德、法、意、日、俄、奥等帝国主义国家组成的侵华联军，懂得了中国之所以贫穷落后，就是因为列强的掠夺、国内政治的黑暗和清政府的腐败媚外。他也有了初步的民族意识和爱国思想，萌发了国家兴亡、匹夫有责的爱国之心。

有一天，李达和他的几位同学接到了长沙寄来的一封信，传阅后，无不痛心疾首，义愤填膺。

李达提议说："我们将这封信向全校老师们和同学们宣读，然后以实际行动声援徐老先生。"

信中谈到，湖南辰州发生过一桩教案，事后，卖国政府为讨好帝国主义，规定辰州人五年内不许报考科举，还惨杀了一个与教案有关的人。当地知县因收尸时哭了一场而被免官。有一回，徐特立给修业学校的学生作时事讲演，将"辰州教案"和"八国联军"这些国耻沉痛地讲给学生听。他声泪俱下，悲愤至极，讲完后立即到厨房拿了一把菜刀，当场斩下一个手指头，写了血书，借以表示对帝国主义和卖国政府的愤恨，立下为国家民族雪耻的决心，激励学生们反对列强的欺凌和反对清朝政府的卖国行径，为国家兴亡尽匹夫之责。

徐特立这一充满爱国激情的壮举，深得各界人士的钦佩，极大地激发了人们的爱国主义热情，在全国各地引起了强烈的反响。

李达念完信后，悲愤交加，热泪盈眶。振臂高呼："国家兴亡，匹夫有责！大家一致行动起来，坚决反对列强！反对卖国行为！"

顿时，全校师生心潮澎湃，激浪翻滚。麓岛沸腾了！潇、湘两江怒吼了！大家当即议了两条办法：第一，抵制日货（按：日本帝国主义的商品充斥于中国市场，阻碍了中国的民族工商业）。第二，练军事操。

说干就干。同学们纷纷跑回教室和宿舍，翻箱倒柜，将所有日本制造的文具用品找了出来，集中堆放在操场上，一把大火，爱国主义的熊熊烈火将这些日制文具用品焚烧得一干二净。

事后，学校补发给他们的一套文具，还是日本货。大家提出抗议，嚷嚷着又要焚毁。校长近乎哀求地说："我们的国家工业不发达，文具用品只好暂时用外国货，不要再烧毁了。"李达和同学们听了，倒吸了一口冷气，感到耻辱。

为了实行第二条，在李达等人的强烈要求下，学校搞来了200支来福枪，并请来了教官。李达和同学们在更加刻苦学习的同时，便抓紧苦练军事操。

李达后来回忆此事说："当时我们爱国的办法，就只懂得这么两条。这类的反帝爱国运动在那时是年年都要举行的。每逢帝国主义者向清廷提出亡国性的侵略条件时，知识分子和青年学生们就集会、游行、呼口号、发宣言、向清廷请愿。"[①]在另一篇文章中他又说："当时，全国的知识分子，除了一部分为外国资产阶级和买办阶级服务的文化汉奸和文化买办以外，绝大多数都是程度不同的爱国主义者。记得前清末年我在中学读书的时候，帝国主义者向清廷提出亡国性的侵略条约时，知识分子和青年学生便举行一次爱国运动，每年一次或两次，今天反英，明天反日，后天反德、反俄（沙皇俄国），反法，反美，总是反个不了。"[②]

李达品学兼优。从十五六岁起，他就开始懂得为劳动者着想，为贫苦农民做好事，并自发同官僚地主作斗争。

有一天，他到县城办事，看到农民在县粮饷局交粮。粮饷局的官老爷故意刁难农民，多算了粮饷。农民说：你们算错了，怎么还要多算我的呢？收饷的那家伙听了大发脾气，拍桌子，瞪眼睛，威胁说：我算错了，你自己来算吧！企图吓倒那位农民。李达挺身而出：我帮他算，你不要欺侮人！那个家伙原以为李达是个小小"乡巴佬"，一定算不出来。不料李达却算出了正确的结果，粮饷局的人被迫认输。

有一次，灌塘口的农民用船运石灰，经过葵家铺，看到几只大鹅顺流而下，就捡了起来。这几只鹅是省参议员、大地主胡棠侯的狗腿子胡海田

---

① 《李达文集》第4卷，人民出版社1988年版，第730页。
② 《李达文集》第4卷，人民出版社1988年版，第533页。

的。胡海田狗仗人势，狂叫农民偷了他家的鹅，要锯农民的船。当时李达在场，他当着胡海田的面，理直气壮地说："鹅是大水冲下来的，你不能诬陷好人！要锯他们的船，毫无道理，相信你也不敢！"这个地主狗腿子理亏心虚，只好作罢。

从 15 岁到 18 岁这个年龄，正是对一个年轻人的思想气质的形成有重要影响的时期。在这一个时期，李达已经有了初步的阶级意识和民族意识。

当时，中国已经完全陷入了半殖民地半封建社会的深渊，处在民族和国家生死存亡的危急关头。在这种政治形势下，在爱国主义思想的激励下，怀着拳拳赤子心的李达，加紧发愤读书，积极参加各种爱国行动，努力寻求救国救民的真理。

进京赴日求学

1909 年，李达中学毕业。随之摆在他面前的是向何处去。升学呢还是工作呢？那个年代，连大学毕业生都找不到合适的工作，何况一个中学毕业生！寻找工作谈何容易。至于考大学，李达完全有把握，但高额的学费对于农家子弟来说是无力负担的。所以，他只能选择报考高等师范这条路。

这年秋季，李达打听到京师优级师范学堂（今北京师范大学的前身）招收新生。这是一所国内著名的高等师范学校。他父亲想方设法筹集了一笔川资，让他到北京报考这个著名学校。这是他第一次离开偏僻的农村，到大城市去。他经汉口坐船到上海，再辗转天津，抵达北平。在途中，李达目睹了许多令人愤慨的帝国主义侵略的行为，亲身感受到了殖民地的屈辱。

在汉口，李达看到宽阔的江面上，帝国主义的商船炮舰，星罗棋布。临江远眺，满江飘扬着五颜六色的异国国旗。他住在租界里，看到一幢幢砖垒石砌的洋楼大厦，这些鬼影似的大建筑物都是外国侵略者榨取中国人的血汗修建起来的。列强把租界当作欺压中国人民的据点，租界成了国中之国。他从汉口坐外国船到上海，这里更是外国强盗耀武扬威的地方。上海的租界要比汉口的租界大得多，这又是一个国中之国。有一次，他想去外滩公园里看看，走到门口，一个印度巡捕拦住了他，那个家伙用指挥棒指着一块牌子给他看，上面用中英两种文字写着："华人与犬，不得入内。"真是令人气愤！在中国的土地上把中国人和狗同等看待，岂有此理！他到了天津，也住在租界里，这又是一个国中之国。到了北京，北京也有个国中之国，就是东交民巷。从一路的所见所闻中，他"悲愤地觉悟到，中国已经变成了列强统治着的殖民地了"！① 百闻不如一见，亲自见到的东西比书上讲的或听别人说的要领悟得快些、多些，这比李达在中学读书期间带领同学们焚烧日本文具的举动所达到的认识要深刻得多。

李达抱着学好科学知识、振兴祖国的志向考入了京师优级师范学堂，虽然增长了知识，但是，他在这所学校只读了两年，就感到"学政"腐败。该校的学政强迫学生身穿长袍马褂，戴着"顶子"，向孔子的牌位行三跪九叩之礼。学政则不学无术，官气十足。看到这种情景，此时此地，李达认为中国之所以贫穷落后到这种地步，是由于知识不发达。只有发展教育事业，普及科学知识，唤起人民的觉悟，才能国强民富，才能消除愚昧落后。于是他有了教育救国的理想。

1911 年 10 月 10 日晚，武昌起义爆发，一举成功。不久，湖南、陕西、江西、山西、云南、贵州、江苏、浙江、广西、安徽、广东、福建、四川等省先后响应，宣告脱离清政府而独立，清朝统治迅速解体。12 月，孙中山由海外归国，被 17 省都督府代表会议推选为中华民国临时大总统。1912 年 1 月 1 日，孙中山在南京宣誓就职，组成临时政府。2 月 12 日，清朝末代皇帝溥仪被迫宣告退位。从此，中国结束了两千多年的封建君主

---

① 《李达全集》第 19 卷，人民出版社 2016 年版，第 418 页。

专制统治，民主共和国的观念逐渐深入了人心。李达和全国人民一样为此振奋，"以为这一回，中国得救了"。但是不久，孙中山在帝国主义和封建势力的压迫下，宣布辞职。代表大地主大买办阶级利益的袁世凯窃取了临时大总统的职位，以袁世凯为首的北洋军阀取代了清王朝。辛亥革命失败了，中国依然处于半殖民地半封建社会的深渊中。全国人民很失望，李达也很失望。是年秋，京师优级师范暂时停办，他只好返回故乡。次年，他到祁阳中学教书半年，继而就读湖南工业专门学校。两个月后，因缺乏食宿费，转入湖南优级师范。

李达深受孙中山"大办实业，以利国富民强"的思想影响，决定"放弃'教育救国'的理想，主张'实业救国'"，"决定不学师范，改学理工科"。他"参加统考到日本去留学，就是抱着这个目的去的"[①]。

1913年，李达以优异成绩考取了湖南留日官费生。他想借这个机会发挥自己的聪明才智，实现他"实业救国"的志愿。

在留日官费生中，李达名列第二，仍觉自己没有考好，他认为应该考第一。以后，在日本真的考了第一名。短短一年光景，他首先集中精力学习外语，不知疲倦、夜以继日地学，不仅学会了日语，后又学会了英文和德文。因用功过度，得了肺病。贫病交加，他不得不于1914年辍学回国。回国后，他在家与一位中医师合伙开办"博记药店"，一面当药剂师，发药卖药，一面养病。过这种"药商"生活将近三年，肺病算是好了。

1917年春，李达第二次去东京，考入日本第一高等学校，学理科。那时，中国政府规定：凡是考进日本的五个国立学校之一的，都给官费。五个高校中，最著名、最为当时青年所倾慕的是日本第一高等学校。李达考入了这所学校，当然非常高兴。他觉得这下不但经济问题可以解决，而且"实业救国"的理想也可以实现。入学以后，他天刚亮就起床，晚上11点

---

① 《李达全集》第19卷，人民出版社2016年版，第419页。

才睡觉，每天学习 12—13 个小时。他满以为只要刻苦攻读理工科，就可以达到拯救祖国的目的。但是，由于中国已经沦为帝国主义列强的半殖民地，在帝国主义和封建军阀的残酷统治下，且不说发展实业和科学，就连民族独立、主权完整也谈不上。随着时间的推移，李达后来逐步意识到了这一点。

在日本留学期间，他和中国的留学生饱尝了不堪忍受的欺凌侮辱。学校里的教师，大都瞧不起他们，认为中国是弱国，中国人当然是低能儿。"这些低能儿怎么能同我大和民族的后代相比呢。"日本同学也如此说。走到外面，连小孩子也成群结队地跟在后面指着骂他们是"亡国奴""猪尾巴"，日本大人则在一旁嬉笑或袖手旁观。这种侮辱性的叫嚷，实在令李达和其他留日同学难以忍受。日本小孩嘲弄别人时，总是爱说："笨蛋笨蛋，你的老子是个支那人"。"支那"一词出自日本人之口时，鼻头一皱，鼻音拉长，极尽鄙视之态。在留日学生听来，一种被侮辱、绝望、悲愤、隐痛之情，涌上心头，反感至极！

报纸杂志充满了掠夺中国的叫嚣声，中学地理课本上和小学常识课本上，竟画"一头猪"来代表中国。中国人被当作贱民，走到哪里都抬不起头来。轻侮他们的日本人不限于某一阶层、某一职业。上自教师、同学、记者、编辑、警察，下至房东、下女、车夫，几乎无所不有。

在这种情形下，李达和中国留日学生，普遍感到耻辱，并产生了反日情绪。留日学生乃至中华民族绝对不是天生的排日或反日，而是日本人与其政府对华侵略野心和行动联系在一起的对中国人的侮辱——这种侮辱并不只是对留日学生的侮辱，而且也是对中国、对整个中华民族的侮辱，才激发了留日学生的排日、反日意识。

1914 年第一次帝国主义间的世界大战爆发以后，英、法、德、俄等帝国主义国家因忙于欧洲战争，暂时放松了对中国的侵略，日本帝国主义乘机大规模地进行对中国经济的、政治的侵略。攻占了原来德国所盘踞的胶州湾，占领了山东。1915 年 1 月 28 日，日本利用袁世凯急于称帝的心理，更是乘机提出了旨在独占中国的"二十一条"。主要内容包括：承认日本接管德国在山东所享有的一切权利，并加以扩大；延长租借旅大及南满、安奉两铁路，期限为 99 年，承认日本在南满及内蒙东部的特殊权利；中日合办汉冶萍公司，附近矿山不准他人开采；中国沿海港湾及岛屿，不得租借或割让给其他国家；中国政府须聘用日本人充当政治、财政、军事顾问，中国警政由中日合办，军械半数以上应采自日本，或设立中日合办的军械厂等。"二十一条"严重地损害了我国的主权和民族利益，是日本帝国主义侵略中国的又一严重步骤。留日学生闻讯，愤起反对。他们和全国人民一样，开展了"反日救亡"运动，发通电、开大会、散发传单，表示强烈抗议。可是在当时的日本，连开会的会场也很难找到。费了九牛二虎之力租到一所会场，刚刚开会，警察就跑来驱散他们。他们沉痛地感到，日子再也过不下去了，如果不找新的出路，中国一定要灭亡。可是，新的出路在哪里呢？李达后来回忆说："这对我们仍是茫然的。当时我们就像在漫漫长夜里摸索道路的行人一样，眼前是黑暗的，内心是极端苦闷的。"[1]

从爱国主义者、激进的民主主义者转变为马克思主义者

正当李达为找不到救国救民的出路而极端苦闷的时候，俄国十月革命一声炮响，给中国送来了马克思列宁主义。它震动了全世界，也震动了中国人，特别是震动了富于政治敏锐性的中国知识分子。

李达和许多先进分子一样，在十月革命的影响下，在斗争实践的基础上，终于找到了马克思主义这个放之四海而皆准的救国救民的普遍真理。

---

[1] 《李达全集》第 19 卷，人民出版社 2016 年版，第 419 页。

在东京，李达从日本报纸上知道了十月革命的消息。他听说列宁领导的"过激派"实行"过激主义"，领导推翻了沙皇政府，建立了劳农专政，认为这是破天荒的大好事。他后来回忆说："自己对于这样一个国家感到无限的喜悦，就留心看报纸上这一方面的消息，才知道所谓'过激派'和'过激主义'就是布尔什维克和布尔什维主义，而布尔什维主义就是列宁主义，列宁主义又是马克思主义，这才知道马克思主义、列宁主义的名称。"① 这时，也只有在这时，中国人从思想到生活，才出现了一个崭新的时期。这批探求救国救民出路而不得其解的中国先进分子也就开始把寻找的目光从西方转向东方、从欧美日转向俄国，从资产阶级民主主义或爱国主义转向无产阶级的社会主义。

当时，日本的社会主义者对马克思列宁主义的介绍还是很零碎的，而且这些零碎的介绍又要受到反动当局书报检查机关的禁止和删减，如日译本的《共产党宣言》就被删去了很多，人们也就无法系统地了解马克思列宁主义的理论。李达从十月革命的胜利，看到了中华民族和中国人民解放的新希望，于是，不顾马列著作的缺乏和反动当局的禁止，开始学习、研究指导十月社会革命胜利的马克思主义学说。从马克思主义中得到的重要启迪促进了他对中国革命道路的思考，促进了他由爱国主义者逐步转变为具有初步共产主义思想的知识分子。

在十月革命的鼓舞下，李达积极地投入了中国留日学生的反帝反封建的革命运动。斗争的实践进一步加深了这个青年爱国者对俄国革命道路的认识。特别是他率领留日学生赴京救国团回国请愿那次斗争，对于他由爱国主义者向马克思主义者转变，起了决定性的作用。

1918年5月，段祺瑞政府同日本政府签订了丧权辱国的《中日共同防敌军事协定》。根据协定，日本军队可以在中国的北满等所谓"军事行动

---

① 《李达全集》第18卷，人民出版社2016年版，第318页。

区域之内设置谍报机关"，中国还要为日军提供"军事共要之地图及情报"，供给"共同防敌所需之兵器及军需品并其原料"，中国地方官员，对军事行动区域内的日军"须尽力协助"。协定还规定，在日军进攻苏俄时，凡加入共同行动之中国军队"应入日本军司令指挥之下"[①]。日本的意图是在中日共同抗苏俄的名义下，以协同作战为幌子，编练中国军队，掌握中国的军事大权，使中国军队成为自己的仆从军，进而干涉中国内政。

尽管日本政府严密封锁消息，但中国报纸仍有隐约的披露。留日学生闻之大哗，当即召集大会，坚决反对日本帝国主义的强盗行径，反对段祺瑞政府的卖国勾当，并且议决全体归国，唤起国内舆论。在五四以前，国内学生运动未起，每次反帝爱国的群众运动都是由留日学生充当先锋和主力。5月6日，即中国人民的"五七"国耻日前夕，留日学生代表在东京神田的维新号饭店召开秘密会议，进一步商讨救国大计。正当会议进行之时，日本警察数十人与侦探数人持枪闯入，不问情由，拳打脚踢。顿时，桌椅翻倒，杯盘狼藉，场面混乱不堪。"连三名女学生在内，一共46人全被逮捕至西神田警署"[②]。

为了抗议日方的暴行，唤起国人救亡图存，学生们纷纷罢学。据当时日本警察厅调查，东京各校中国留学生罢课者在96%以上。[③]另据当时中国方面的统计，在3548名留日学生中，归国者2506人，占总数70%以上。

这两千多名留日学生组成"救国团"回国请愿。李达、李汉俊、黄日葵等都是这时回国的。他们回国后，以上海为大本营，在京津沪等地往来奔走从事救国运动，进行宣传联络。"留日学生赴京救国团为首的就是李达"（许德珩语）。此外还有黄日葵、王希天、阮湘等人。他们5月中旬到达北京，下榻于湖南会馆。旋即到北京大学进行联络，同北大学生领袖邓

① 王芸生：《六十年来中国与日本》第7卷，三联书店1981年版，第254、253、259页。
② 实藤惠秀：《中国人留学日本史》，三联书店1981年版，第410页。
③ 《日本外交文书》（大正七年）第2册上卷，第360—362页。

中夏、许德珩等"商量好发动一个群众性的反日爱国运动"①。20日晚，又共同在北京大学西斋饭厅召开大会。会上，留日学生归国团代表发表了慷慨激昂的爱国演说，陈述在东京遭到的种种欺凌和屈辱。会议决定第二天到"总统府"请愿。

5月21日，归国的留日学生和北大、高师、高工等校学生两千多人，聚集在新华门"大总统府"门前，坚决要求取消丧权辱国的《中日共同防敌军事协定》。他们推举许德珩、易克嶷等八名代表，向当时北京政府的大总统冯国璋递交了请愿书。"这是中国学生第一次的游行请愿运动，为五四运动的前奏"②。

这次请愿，由于时间仓促，准备不周；由于请愿学生在思想觉悟、政治经验和斗争方式上幼稚；由于未能唤起全国各界特别是工农基本群众的一致响应；由于段祺瑞政府玩弄反革命的两面手法以及队伍内部傅斯年、范恺、吴澄等人的破坏捣乱，所以没有达到预期的目的。最后，在北洋政府严令取缔、社会舆论的冷遇和父母兄弟的劝告下，归国留日学生大多只好忍辱负重，重返日本复学。

请愿斗争的失败，给李达震动很大，他深切地觉悟到：要想救国，单靠游行请愿是没有用的；在反动统治下，"实业救国""科学救国"的道路也行不通。唯一的出路，"只有由人民起来推翻反动政府，像俄国那样走革命的道路。而要走这条路，就要加紧学习马克思列宁主义的理论，学习俄国人的革命经验。"③这是从回国请愿斗争的失败教训中获得的深刻教训，对李达由爱国主义者、激进的民主主义者转变为马克思主义者，发生了决定性作用。

---

① 许德珩：《回忆国民杂志社》，《五四时期的社团》（2），三联书店1979年版，第37页。
② 许德珩：《五四运动六十周年》，《五四运动回忆录》（续），中国社会科学出版社1979年版，第44页。
③ 《李达全集》第19卷，人民出版社2016年版，第420页。

这年 6 月返回东京以后，他毅然放弃理科专业，停止物理、数学的学习，专门攻读马克思列宁主义。这时，他如饥似渴地初步学习了马克思的唯物史观说、剩余价值说、阶级斗争说，学习了马克思的《资本论》第一卷和列宁的《国家与革命》。虽然那时他对马克思主义的了解还是肤浅的，但是，他攻读马列的目的是明确的，相信只有马列主义才能救中国。经过自己的刻苦磨炼，不断改造旧的世界观，逐步树立新的无产阶级世界观，五四运动以后，李达终于成了一个马克思主义的笃信者和宣传者。

1919 年 5 月 4 日，中国爆发了反帝反封建的五四爱国运动，标志着中国新民主主义革命的伟大开端。五四运动促进了马克思主义在中国的传播。当时，李达在日本。他热烈拥护和坚决支持这个伟大的革命运动。6月，他得知"五四运动的总司令"陈独秀被捕，立即赶写了《陈独秀与新思想》一文寄回国内发表。他的文章除了热情赞颂陈独秀、强烈谴责段祺瑞政府外，还坚定地表示要用革命的"新思想"改造旧制度，建设"新国家"。他满怀信心地指出："顽固守旧的政府能捕得有'新思想'、'鼓吹新思想'的陈先生一个人，不能捕得许多有'新思想'、'鼓吹新思想'的人。纵使许多人都给政府捕去，那许多人的'精神'还是无恙的。"① 他认为，若不用"新思想"去"建设改造""新国家"，就"不能立足在二十世纪!"所谓"新思想""新国家"，李达虽未点明，但实质上是指马克思列宁主义和苏俄式的国家。

五四运动以后，中国掀起了以马克思主义为主流的社会主义思想运动。这个运动刚刚兴起，李达在日本就积极为国内报刊撰稿。早在 6 月 18 日和19 日，他第一次在上海《民国日报》副刊《觉悟》上公开发表了《什么叫社会主义？》和《社会主义的目的》两篇文章。这是现已搜集到他最早的两篇珍贵文稿。这两篇文章的基本思想，都是宣传科学社会主义思想的。

---

① 《李达全集》第 1 卷，人民出版社 2016 年版，第 14 页。

李达

第一篇文章，初步阐述了社会主义的原理，简明扼要地回答了"社会主义是什么"这个问题。当时，社会主义学说在中国已经开始广泛传播，然而人们头脑中的社会主义观念是十分模糊的，还分不清社会主义各派及其主张的界限，张冠李戴的社会主义层出不穷。针对这种情况，李达首先阐述了社会主义与共产主义的区别与联系，指出："共产主义是社会主义终极的理想"，私有制是最终要消灭的。但是"现在社会主义的纲领，还没有主张到这个田地。"① 这就是说，社会主义和共产主义的纲领和政策是不能相提并论的。两者的区别按照李达并不科学的表述是："社会主义是主张共同的生产及支配，共产主义是主张共同的生活。社会主义是主张全废私有资本，没有主张全废私有财产。共产主义是主张全废私有财产，各人应以财产献出给社会共有的。"② 但他从生产、分配和财产所有关系上说明社会主义与共产主义的区别，却是从本质上认识问题的。其次，他又说明了社会主义同无政府主义的区别，指出无政府主义的根据是所谓"个人主权的哲学"，他们的主张是说人人都是主权者，没有受政府统治的必要。"全然不承认有'国家的组织'"。社会主义虽然也不承认资本主义"这样的国家，这样的政府"，但是主张"要组织一种社会主义的政府"，这"和那无政府主义根本打破政府组织是不一样的"。再就他的手段说来，也是不同的。李达无情地嘲笑那种张冠李戴的假社会主义，指出："社会主义、共产主义、无政府主义各有各的主张，不能笼统说的。近时很有人把社会主义当作共产主义，也有人把无政府主义置在社会主义头上，实在可笑得很，又是可怜得很。"③ 这是李达对假社会主义的最初批判。这种从理论上对社会主义与共产主义同无政府主义进行区分的思想，在当时马克思主义传播中无疑是很有意义的。

① 《李达文集》第 1 卷，人民出版社 1980 年版，第 1—2 页。
② 《李达文集》第 1 卷，人民出版社 1980 年版，第 1 页。
③ 《李达全集》第 1 卷，人民出版社 2016 年版，第 2 页。

第二篇文章，论证了社会主义的历史必然性，说明了社会主义的经济、政治目的。社会主义学说传入中国后，某些资产阶级思想家认为它是古已有之的社会理想和伦理思想。李达针对这种曲解，在《社会主义的目的》一文中指出："社会主义是十九世纪的产物。"19世纪以前虽然也有类似思想，但是作为一种主义或学说，造成时代的一种势力，并成为学者研究的目的物即对象，"的确是19世纪初期的事实。"这是因为法国资产阶级革命的成功，对于劳动者阶级来说，不仅在经济上没有受到它丝毫的恩泽，而且更加遭受资本家"惨无人道"的压抑。"结果弄到贫者愈贫（这是劳动者），富者愈富（这是资本家），贫富相差愈远。"社会上受了这不平等的刺激，近世社会主义便应运而生了。社会主义的目的，归根到底"是要改掉十九世纪的文明弊病"[1]，消灭资本主义。"社会主义有两面最鲜明的旗帜，一面是救经济上的不平均"，即消灭经济上的剥削，"一面是恢复人类真正平等的状态"[2]，即铲除政治上的压迫。只有坚持这两面旗帜，才能实现社会主义的目的。

在当时各种假社会主义鱼目混珠特别是无政府主义在中国一度占优势的情况下，李达的《什么叫社会主义？》和《社会主义的目的》这两篇文章尽管表述不够科学，但对帮助中国的先进分子分清真假社会主义却发生了启蒙的作用。

1919年10月，李达发表了《女子解放论》一文，在文中首先阐述了个人与社会的辩证关系。他认为人类社会是一个大系统，人类社会的"真意义"就在于"社会是个人的系统，个人是社会系统的一员。有个人而有社会，有社会而有个人"。"离个人没有社会，离社会没有个人。社会与个人是相对的，实在的"。就女子解放的角度而言，他说："社会称为个人的有机体的集合体，即可称为男女两性结合的大系统。""个人是组织社会的

---

① 《李达全集》第1卷，人民出版社2016年版，第4、53页。
② 《李达全集》第1卷，人民出版社2016年版，第4页。

单位，男女两性是组织个人的基本单位。所以凡是社会上的道德、风俗、习惯、法律、政治、经济，必以男女两性为中心，方可算得真道德、真风俗、真习惯、真法律、真政治、真经济，否则是假的，是半身不遂的。"①

其次，李达初步运用唯物史观关于经济基础决定上层建筑的原理，分析了女子受压迫的经济原因和女子解放的根本条件。他认为女权衰落的原因，并非一朝一夕之故，乃是女子丧失独立经济能力的结果。"此时的女子，一无财，二无势，为了饥饿的缘故，不得已抛弃过去的独立光荣历史，到了这堕落与屈从的道路。"② 但是，"物极必反，女子岂能长此终古的么？"女子必然获得最终的解放。那么，女子如何才能解放呢？李达根据近世女权运动的经验，提出了我国女子解放的条件，其中最重要的有两条：一是"女子精神的独立"。他说："女子身体自由所以被束缚，由于精神的自由被束缚了的缘故。重男轻女的社会，百事以男子为先。"女子天赋的能力，简直没有发挥的机会。"精神上的压迫，比物质上的压迫更厉害。"女子要获得解放，"先求精神上的独立"③。二是"女子经济的独立。"李达指出："女子的地位，常随经济的变化为转移。""这是社会所必需的经济要素，是左右个人的重要问题。"女子若想求得解放，"惟有发挥自己的经济能力，求得经济的独立"④。以上所说的女子精神的独立和经济的独立也就是女子精神的自由和物质的自由。那么两者的关系如何呢？李达在该文的结论中指出："女子所以屈从男子的，因为精神上的自由被束缚的缘故。精神上的自由所以被束缚的，因为物质上的自由先被束缚的缘故。如今要将女子解放，须先使恢复物质上的自由。女子物质的自由的欲望，达到了最高点的时候，那精神的自由的欲望，自然而然的勃发起来。那时真正的

---

① 《李达全集》第 1 卷，人民出版社 2016 年版，第 16 页。
② 《李达全集》第 1 卷，人民出版社 2016 年版，第 17—18 页。
③ 《李达全集》第 1 卷，人民出版社 2016 年版，第 23 页。
④ 《李达全集》第 1 卷，人民出版社 2016 年版，第 23—24 页。

自由，方可完全实现。"① 这是完全符合唯物辩证法的，也是符合唯物史观的基本原理的。综观李达的《女子解放论》，其意义远远超出了女子解放本身的范畴，而是属于唯物史观在中国的初步运用，对唯物史观在中国的传播无疑是有重要意义的。

为了及时而系统地在国内传播马克思主义，推进中国的社会主义运动，李达还以《战前欧洲社会党运动的情况》为题，在上海《民国日报》副刊《觉悟》上，连续发表了九篇短文，向国内介绍欧洲各国社会主义政党的情况。文章称，第一次世界大战后，欧洲社会党势力日益壮大，这与战前欧洲社会党运动密不可分。文章主要概述了战前俄国和英国的社会主义运动开展情况。这种介绍自然很有必要，但尤为重要的是1918年秋至1920年夏，他在国外翻译了介绍马克思主义三个组成部分内容的三本著作，即《唯物史观解说》《马克思经济学说》《社会问题总览》。这些书于1921年5月前后由中华书局正式出版。《社会问题总览》一书着重介绍科学社会主义的理论和各国社会党的实践以及社会政策、工会问题、妇女问题。全书共分3册，自1921年4月至1933年8月，重版11次。这是一部难得的好书。《马克思经济学说》② 着重介绍剩余价值理论，此书也多次再版，最初还被李大钊创办的马克思学说研究会列为重要学习文献之一。尤其值得重视的是《唯物史观解说》这本译著。到1936年8月，共印行14次。书中有李达的两篇附录，一篇是《马克思唯物史观要旨》，另一篇是《译者附言》。李达在《译者附言》中说明了著译者的目的。他说："这部书是荷兰人郭泰为荷兰劳动者作的，解释唯物史观的要旨，说明社会主义必然发生的根源，词义浅显，解释周到。""凡是要研究社会主义的人"，"至少非

① 《李达全集》第1卷，人民出版社2016年版，第26页。
② 汪信砚在《武汉大学学报（哲学社会科学版）》2012年第6期发表的《李达传播马克思主义的重要史实勘误之———关于李达是否翻译过考茨基〈马克思经济学说〉的考辨》一文中认为，李达并没有翻译过考茨基的《马克思经济学说》。

把这书读两遍不可"。这部书是李达用德文本和日文本两书对照译的,"可算是完全译本"①。在《唯物史观要旨》这篇附录中,李达对唯物史观的产生及其重大意义作了扼要说明,并着重翻译了马克思和恩格斯关于唯物史观的重要论述,主要把马克思《〈政治经济学批判〉序言》中和恩格斯1888 年 1 月为出版《共产党宣言》英译本所写《序言》中有关阐明唯物史观最精辟的论述辑录在一起,这对我国的先进分子直接从马克思主义创始人的论述中学习、掌握唯物史观的基本原理是很有作用的。在当时国内马克思主义著作非常缺乏,一些先进分子包括某些早期马克思主义者还不能直接阅读外文书籍的情况下,《唯物史观解说》等三部译著的出版,对促进马克思主义在中国的传播起了重要作用。

由上可以看出,1919 年间,李达先后发表的几篇文章,说明他确实已经开始接受了马克思主义,表明他已经转变为马克思主义者。随后,他翻译介绍马克思主义的三部著作的出版,说明他在理论上的起点较高。

从爱国主义者或激进的民主主义者转变为马克思主义者,曾经是许多先进分子共同的思想历程。经过反复的探索,种种事实明白地告诉人们,只有在无产阶级先进的思想体系即马克思主义的指导下,才能找到救国救民的真理,"只有马克思主义才能救中国",这是不以人们意志为转移的历史结论。李达早期的思想历程,充分证明了这一点。他经历了求索、失望、再求索、再失望的痛苦过程,终于找到了马克思主义,实现了由爱国主义者、激进民主主义者到马克思主义者的转变,"走进了中国第一批共产主义者的行列"。②

---

① 《李达全集》第 1 卷,人民出版社 2016 年版,第 477 页。
② 陶德麟:《〈李达全集〉总序》,《李达全集》第 1 卷,人民出版社 2016 年版,第 3 页。

"播火者"

论战主将

　　著名马克思主义史学家和哲学家侯外庐曾经提出："在中国现代革命史上，李达同志是一位普罗米修斯式的播火者。"[1]在中国这块土地上，他同其他早期共产主义者一道，传播了马克思主义的火种，促进了中国共产主义运动的兴起，但马克思主义在中国广泛传播，是通过斗争实现的。五四时期中国思想界开展的"问题"与"主义"之争、"关于社会主义的辩论"以及马克思主义与无政府主义的论战，就是这种激烈的思想理论斗争的集中体现。李达除了第一次论战因在国外未能参加外，在后两次论战中，他是主将。他一直站在斗争的最前列，发挥了核心作用和骨干作用，成为早期马克思主义者的杰出代表。正如杨献珍所说："若要在中国早期宣传和传播马克思主义的理论界选举一位总司令的话，我认为李达是可以入选的，是可以当之无愧的。"[2]

　　1920年暑假，李达从日本回国后不久，就和中国早期马克思主义者一道，积极投入了反对基尔特社会主义的论战。这次论战又称为社会主义的论战。

　　五四运动以后，以梁启超和张东荪为首的研究系分子，眼见马克思主义的传播和中国共产主义运动的兴起而惶恐不安。他们打着"社会主义"的幌子，大肆贩卖基尔特社会主义，提倡社会改良，反对社会革命，妄图阻止共产主义运动的开展。

　　基尔特是英文"行会"的音译。基尔特社会主义就是"行会社会主

---

① 侯外庐：《为真理而斗争的李达同志》，《光明日报》1981年6月18日。
② 王炯华：《李达与马克思主义哲学在中国》，华中理工大学出版社1988年版，第2页。

义"，是将国家社会主义和工团主义糅合在一起的旨在抵制社会革命的改良主义理论。梁启超、张东荪等人请罗素到中国讲学宣扬的就是这种理论。罗素说，基尔特社会主义"可以免掉欧洲资本制度之弊害及俄国不幸命运之事"[①]。他反对暴力革命和武装夺取政权，宣扬和平长入社会主义；认为中国实业不发达，当务之急是发展实业，兴办教育。1920 年 10 月，张东荪陪同罗素到湖南讲演。回到上海后，于 11 月 6 日在《时事新报》上发表了一篇《由内地旅行而得之又一教训》的时评，接着又发表《大家须切记罗素先生给我们的忠告》等文章，进一步宣扬和发挥罗素的观点。张东荪学着罗素的腔调，公开宣称："救中国只有一条路"，"就是增加富力"、"开发实业"，"而不是欧美现成的甚么社会主义"[②]。

张东荪这一反动主张刚一抛出，就遭到中国早期马克思主义者的迎头痛击。李达用江春的笔名写了《张东荪现原形》一文。李达指出：张东荪"有一种人所不能的特长，就是前言不顾后语，自己反对自己。这是因为他善变，所以前一瞬间的东荪，与后一瞬间的东荪是完全相反的"。"原来他是一个假社会主义者，'东荪自己把假面具揭破了'"，"现出原形"[③]。李达这篇文章，实际上是马克思主义者对张东荪假社会主义开始反击的标志。

不久，李达又写了《劳动者与社会主义》和《社会革命底商榷》两篇重要文章，标志着反假社会主义的论战日益深入。为了从根本上驳倒假社会主义，李达根据马克思主义创始人在《共产党宣言》和《哥达纲领批判》中的有关原理，首先对社会主义的真义作了明确的解释，指出："社会主义主张推倒资本主义，废止财产私有，把一切工厂、一切机器、一切原料都归劳动者手中管理，由劳动者自由组织联合会，共同制造货物。"社会主义实行"各尽所能，按劳分配"的原则。这就表明李达主张消灭生产资

---

① 罗素：《社会主义》，《时事新报》1921 年 2 月 22 日。

② 张东荪：《由内地旅行而得之又一教训》，《时事新报》1920 年 11 月 6 日。

③ 《李达全集》第 1 卷，人民出版社 2016 年版，第 35、36 页。

第二章·「播火者」

025

料的资本主义私有制，实行社会主义的公有制，要否定几千年来建立在生产资料私有制基础上的"劳者不获，获者不劳"的人剥削人的分配制度，也表明他对科学社会主义的真义达到了较好的理解和把握。接着，他痛斥了张东荪一类"走狗学者"的假社会主义，他说："社会革命，社会革命的呼声，在中国大陆一天一天的高了。有许多走狗学者也讲起社会主义来了。可是，他们只是口头讲，心里未必赞成，也只是胡乱地讲，却未必十分懂，恐怕这班不久便会连口头赞成都要取消。""他们是社会主义的障碍，是我们的敌人。"李达还批驳他们所谓无地主资本家、没有阶级区别、不能提倡社会革命的谬论，指出中国不仅有国际的资产阶级，而且有本国的资产阶级，他们对中国无产阶级进行最严重最残酷的剥削和压迫；农村中"富者田连阡陌，贫者土无立锥"，"中国田主佃户两阶级的分立，是固有的；现在受了产业革命的影响，又形成了资本劳动两阶级。无产阶级和有产阶级的对立越发显明，无产阶级的贫困增大，有产阶级的财富增加，社会革命的机会到了。"他在文章中强调说："社会主义是解决社会问题"的根本出路，只有社会主义才能使劳动者不饿死不冻死，不受资本家的压迫，因此，"劳动者非信奉社会主义，实行社会革命把资本家完全铲除不可"①。

　　研究系分子在他们的谬论遭到批判以后，又进行了反扑。1920 年 12 月 15 日，张东荪在《改造》杂志上抛出了《现在与将来》的文章，系统地阐述了他的反社会主义观点。这篇文章发表不久，梁启超于 1921 年 2 月 15 日发表了《复张东荪书兼论社会主义运动》的长篇文章。他竭力支持并进一步发挥和补充了张东荪的反社会主义观点，实际上抛出了一个走资本主义道路、抵制社会主义运动的改良主义纲领。他们从资产阶级的政治立场出发，起劲地反对阶级斗争，反对社会革命，反对马克思主义和工人运动，反对在中国建立无产阶级政党，其目的是继续维护半殖民地半封

① 《李达全集》第 1 卷，人民出版社 2016 年版，第 37、43、44 页。

李达

建的黑暗社会，不准把中国引上社会主义道路。

梁启超、张东荪的谬论，对于科学社会主义的传播和中国社会主义运动的开展是极端有害的，正如 1921 年 4 月 1 日《新青年》的署名文章《社会主义与中国》所指出："他们这种似是而非的论调"，"一般老顽固见了，必定兴高采烈，把它当作新四书五经互相号召；一班资本家见了，必定欢天喜地，把它登在报纸上，借以骗钱，和南洋兄弟烟草公司把'罗素博士之名言'登在报上骗钱一样；一班脑筋简单的青年见了，必定为它所惑，对于社会主义不肯加以研究"；"就是一班欢迎社会主义的青年见了，也未必不呈一种徘徊歧路和裹足不前的状态。"可见问题的严重性，因此张、梁的文章发表后，中国早期的马克思主义者就在《新青年》和《共产党》等刊物连续发表反驳文章，对他们展开了坚决的反击。在这场反对假社会主义的斗争中，李达是一员坚强的主将。

1921 年 5 月，李达发表了长达 13000 多字的《讨论社会主义并质梁任公》的论文，这是一篇批驳假社会主义最有分量的战斗檄文，也是早期马克思主义者最具代表性的纲领性文章。文章一针见血地指出，这次关于社会主义问题的辩论，实质上就是"表同情于资本家与表同情于劳动者的两派"之争，是"社会主义与反社会主义两方面"之争。梁启超的《复张东荪书讨论社会主义》是"主张资本主义反对社会主义"的一篇代表作。李达的文章就是针对着这篇文章写的。他明确宣告："我为忠实主义起见，认定梁任公这篇文字是最有力的论敌，所以借着这篇文字作一个 X 光线，窥察梁任公自身和梁任公所代表的知识阶级中一部分人总括的心理状态。"[①]

李达对假社会主义的反动理论体系作了全面系统的清算。

第一，批判了所谓"马克思主义不适合中国的国情"、"中国无劳动阶

---

① 《李达文集》第 1 卷，人民出版社 1980 年版，第 57—58 页。

级"、不能提倡社会主义的谬论。

梁启超认为马克思主义不适合中国的国情，中国和欧美不同，中国"实业不发达"，"产品贫乏，无法均产"；中国无产阶级"目前最迫切之问题，在如何而能使多数之人民得以变为劳动者"，"有业无业乃第一问题，而有产无产转成第二问题"①，因此，社会主义在中国行不通。李达批驳了这种谬论，有针对性地指出："中国工业的发达虽不如欧美、日本"，但"中国无产阶级所受的悲惨，比欧美、日本无产阶级所受的更甚"。"中国是劳动过剩，不能说没有劳动阶级"。因此，"社会主义运动的根本原则"，不能因为"中国现时社会实况与欧美略有不同"而改变，它是"不能独异的"②，它也是适合中国的国情的。

第二，痛斥了所谓中国唯一的出路只能是"奖励"资本家"开发实业"，走资本主义道路的谰言。

梁启超认为奖励资本家"开发实业"，发展资本主义，使"游民"有工可做，才是中国的唯一出路，并胡说只有先通过这个办法"造成"劳动阶级，然后社会主义才有"凭借"。李达指出，社会主义者并不反对开发实业，问题是用什么方法去开发实业，什么是中国的真正出路。他分析对比了社会主义同资本主义两种制度的本质区别，论证了世界朝着社会主义方向发展的历史趋势，指明了把中国引向社会主义道路的必要性和重要性。他在文章中说："将来社会的经济组织必归着于社会主义"，"在今日而言开发实业，最好莫如采用社会主义。"他进一步指出，在帝国主义互相争夺下的中国，要想发展资本主义，"恐怕要糟到极点了，梁任公认此是唯一可行之道，我看这唯一可行之道，反不免是空想罢。"③帝国主义决不会帮助中国发展实业，不会让中国发展资本主义，而是要使中国永远成为它

---

① 梁启超：《复张东荪书讨论社会主义》，《改造》第3卷第6号。
② 《李达文集》第1卷，人民出版社1980年版，第62、66—67、63页。
③ 《李达文集》第1卷，人民出版社1980年版，第64、65、66页。

们的殖民地。

第三，揭露了所谓"矫正资本家""务取劳资协调"的欺骗性。

梁启超声称要"唤起"资本家的"觉悟"去"矫正"资本主义的"弊病"，以缓和劳资两阶级之矛盾，企图使社会主义运动纳入资产阶级改良主义的轨道。对此，李达尖锐指出，社会主义运动是要"完全撤废"资本家"私有财产"这个"现社会中万恶的根源"，而改良主义的社会政策只是"略略缓和社会问题，并不是想根本的解决社会问题的"。"劝诱"资本家"宽待劳动者"，只能使劳动者永远"呻吟于资本家的掠夺支配之下"，资本家是决不能靠空话"劝诱"就会觉悟的。"他们宽待劳动者，无非是免得受罢工的损失，即可以安稳的扩张资本势力；换句话说，即是使劳动者安于奴隶状态而不思反抗。"①

第四，宣传和捍卫了马克思主义关于社会革命的原理。

在同假社会主义的论争中，李达对社会革命的含义、社会革命的根源和目的，以及社会主义运动的内容及其实现的手段等问题，都做了充分的分析和论证。

李达根据马克思主义唯物史观指出："马克思所说的社会革命，就是使社会的组织完全解体的意思"，即破坏和清除旧的经济基础和上层建筑，建立和发展新的经济基础和上层建筑，实现由一种新的更高级的社会形态代替另一种旧的社会形态的变革。他又指出："社会革命就是为实现社会主义而行的革命。"② 这个革命就是要推翻资本主义社会制度和资产阶级专政，建立社会主义制度和无产阶级专政。

那么，社会革命的根源是什么？李达初步运用马克思主义关于生产力与生产关系、经济基础与上层建筑的矛盾运动发展的原理，明确指出："一切革命的原因，皆由生产交换的方法手段而生，不是人的智力发明出来的，

---

① 《李达文集》第 1 卷，人民出版社 1980 年版，第 68、69 页。

② 《李达文集》第 1 卷，人民出版社 1980 年版，第 203、232 页。

也不是抽象的真理产生出来。简单说，社会革命不是在哲学中探求而得的，乃是发生于现社会的经济状态之变动。"① 任何社会形态的变革，都是社会基本矛盾运动的结果。

李达进一步分析了社会主义运动的内容和社会革命的目的，指出："社会主义运动，就是用种种手段方法实现社会主义社会。""社会革命的目的，在推倒有阶级有特权的旧社会，组织无阶级无特权的新社会"②，即推翻资本主义，最终实现共产主义。

李达还着重论述了实行社会革命的手段，根据马克思主义的阶级斗争学说，明确指出：要达到社会革命的目的，"概括地说起来，就是厉行非妥协的阶级斗争"。为了揭露资产阶级改良主义的欺骗性和反动性，李达深入分析比较了议会政策、工会运动和直接行动三种不同的具体手段，认为议会斗争在现存的资本主义制度特别是中国半殖民地半封建社会制度下"难以达到社会革命的目的"。无产阶级的议员要想在议会中通过一项除去自己阶级痛苦的法案，"是断然办不到的"，工会运动也"不能算作社会运动唯一的手段"。何况，中国是一个半殖民地半封建的国家，无议会可以利用，无组织工人举行罢工的合法权利。在这种情形下，只有"直接行动"才"可以称为社会革命的唯一手段"。所谓直接行动，"就是最普遍最猛烈最有效力的一种非妥协的阶级斗争手段"。阶级斗争不仅包括经济斗争、政治斗争，还有武装斗争。武装斗争是阶级斗争的最高形式。通过上述三种手段的分析比较，李达得出结论："要采取劳农主义的直接行动，达到社会革命的目的。"而要采取劳农主义的直接行动，李达认为：一方面，中国社会主义者必须实行下列计划："一、中国社会运动者，要联络中国人民和世界各国的人民，在社会主义上会合。二、为中国无产阶级谋政治的经济的解放，作实行社会主义的准备。三、采社会主义生产方法开发中国产业，努力设法避去欧美资本制

---

① 《李达文集》第 1 卷，人民出版社 1980 年版，第 47 页。
② 《李达文集》第 1 卷，人民出版社 1980 年版，第 62、52 页。

产业社会所生之一切恶果。四、万一资本主义在中国大陆向无产阶级磨牙吮血，则采必死之防卫手段，力图扑灭。五、联络世界各国劳动阶级，图巩固的结合，为国际的行动，与世界资本阶级的国际行动对抗。"这里不仅指明了中国无产阶级解放的道路和开发中国产业的方法，而且提出了要联合世界各国劳动人民特别是各国无产阶级，结成国际统一战线，反对帝国主义的侵略，反对国际资产阶级的联合行动。另一方面，为实现上列计划，中国的社会主义者务必做到："一、网罗全部劳动者失业的劳动者，组织社会主义的工会，为作战之训练。二、培养管理支配生产机关的人才。三、结合共产主义信仰者，组织巩固之团体，无论受国际的或国内的恶势力的压迫，始终为支持共产主义而战。四、社会党人不与现政党妥协，不在现制度下为政治活动，要行有效的宣传为具体的准备。"[1] 这里最重要的是要联合共产主义信仰者，建立共产主义者的组织，始终为共产主义而战。这个组织便是随后不久成立的中国共产党。党是实现无产阶级彻底解放和完成无产阶级历史使命的领导核心和政治保证。

　　五四时期开展的关于社会主义的这一场大争论，究其实质而言，是中国走资本主义道路还是走社会主义道路，是采用革命的方法还是采用改良主义的方法来改造中国的大争论。在这场大争论中，李达最早参战，发挥了先锋骨干作用和主力军的作用，是马克思主义一方的主要代表。他不仅运用唯物史观分析社会革命的原因和社会主义代替资本主义的必然性，明确指出中国革命的社会主义方向以及实现社会主义的前提和物质基础，而且把唯物史观和科学社会主义二者结合起来，对假社会主义的主要代表梁启超和张东荪的荒谬论点逐一加以批驳，还从正面阐述了中国决不能走资本主义道路而必须走社会主义道路，"只有社会主义才能救中国"；阐明要通过无产阶级暴力革命的手段（劳农主义的直接行动）达到社会革命的目

---

① 《李达文集》第 1 卷，人民出版社 1980 年版，第 52、53、72、56、68、73—74 页。

的，而不能采用资产阶级改良主义的方法；要实现无产阶级的彻底解放，实现社会主义，必须建立共产主义者的组织，建立共产党。这些宝贵思想是在建党前夕提出的，极为难能可贵。它更加证实了李达在这场社会主义问题的论战中所起的主导和核心作用。

在这场争论中，李达同所有的早期马克思主义者一样，难免也有缺点。他们对中国的基本国情即半殖民地半封建的社会性质还缺乏科学的认识，因而主张直接进行社会主义革命。但他们肯定资本主义道路在中国行不通，坚持社会主义方向，坚持要建立中国共产党，等等。这些观点则是正确的。

在同研究系分子鼓吹的基尔特社会主义即假社会主义进行论战的同时，李达和早期马克思主义者又投入了对无政府主义思潮的批判。

无政府主义是打着理想主义招牌同马克思主义作对的一种小资产阶级思潮，早在辛亥革命之后，先于马克思主义传入中国。在我们这个"两头小，中间大"小资产阶级（分散的小农经济）众多的国度里，且有着自由散漫的传统习惯，无政府主义在这里有着广泛深厚的社会基础。

在五四时期，无政府主义在当时的各种各样的"社会主义"流派中曾占着优势，据不完全统计，当时宣传无政府主义的书刊达70余种之多。它在青年知识分子中流传甚广。因为大批的小资产阶级知识分子不满现状，无政府主义又以"革命"的面目出现，很符合开始具有反抗旧社会意识的小资产阶级知识分子的口味。在中国特殊的历史条件下，许多无政府主义者奔走呼号，对于揭露和批判封建军阀的专制统治，帮助人们了解十月革命和新思潮的过程中都起过一定的积极作用。但它对马克思主义在中国的传播起着混淆视听、以假乱真的破坏作用。

随着马克思主义的广泛传播，无政府主义的反动性更加暴露无遗。从1919年到1921年，以黄凌霜、区声白为代表的无政府主义者，先后发表了《马克思学说的批评》《我们反对"布尔扎维克"》等许多攻击马克思主义的文章。他们鼓吹以个人为中心的"绝对自由"，宣扬社会的"绝对平均", 攻击布尔什维克党是"杀人放火的强盗", 反对一切权威, 反对一切强权, 反对无产阶级夺取政权的斗争, 反对无产阶级专政, 反对建立有严格组织纪律的无产阶级政党, 反对"各尽所能, 按劳分配"的原则, 鼓吹立即实行"各尽所能, 按需分配"。他们披着"共产主义"的外衣, 向马克思主义公开挑战。这种反动思潮, 成为马克思主义的危险敌人, 成了成立中国共产党的严重障碍。在这种情况下, 揭露无政府主义思潮的反动本质, 就成了马克思主义者不可推卸的责任。唯其如此, 才能引导更多的革命知识分子和进步青年免受无政府主义的影响而逐步走上马克思主义的轨道, 才能使共产主义者的队伍——共产党早期组织更加纯洁、巩固和发展。

从 1920 年起, 当时的早期马克思主义者以《新青年》和《共产党》月刊为主要阵地, 展开了对无政府主义的批判。陈独秀写的《谈政治》、李大钊写的《自由与秩序》、施存统写的《我们要怎么样干社会革命》等文章旗帜鲜明地批判了无政府主义。李达更是积极地参加了反对无政府主义的斗争, 他是站在马克思主义方面的主要代表之一。

早在 1919 年 6 月, 李达就发表了《什么叫社会主义?》一文, 拉开了反无政府主义的序幕。1920 年 11 月以来, 李达主编的《共产党》月刊从第 1 号到第 5 号的《短言》都批判了无政府主义。特别是 12 月和次年五六月, 李达先后发表了《社会革命底商榷》《无政府主义之解剖》和《马克思派社会主义》等颇有影响力的政论文章, 有力地驳斥了无政府主义的荒谬主张。

第一, 批驳了所谓"一切国家都是祸害"的谬误, 论述了无产阶级专政的必要性和重要性。

无政府主义者极力反对马克思主义关于无产阶级专政的学说, 他们不承认国家是阶级斗争的产物, 硬说国家是人类互相"仇视"和"相侵夺""相杀相害"的根源; 他们无视无产阶级专政同资产阶级专政的本质区别, 硬说二者是一样的。因此, 他们标榜反对一切国家, 反对一切强权。

针对无政府主义者这种谬误，李达首先阐述了马克思主义的国家观。他援引马克思、恩格斯和列宁的观点，指出："国家是阶级支配的一个机关，是一阶级压迫他阶级……的机关。"国家并不是从来就有的，"国家是一定发展阶段之中的社会的一个产物；是阶级的冲突和经济的利益不能和谐的一个证据"。据此，李达批驳了所谓"一切国家都是祸害"的谬误，指出必须区别两种性质根本不同的国家。他认为，说资产阶级的国家是特权阶级的国家是可以的，若说无产阶级的国家是特权阶级的国家便不对了。"若嫌特权阶级国家不好，只好把特权阶级打倒建设无特权阶级的国家就好了。""若说一切国家都是特权阶级的国家，就不免是独断了。"① 这就从理论上驳斥了无政府主义的国家观。

　　同时，李达对无产阶级专政的必要性和重要性作了论述。他引证了马克思在《法兰西内战》一书中的一段话："工人阶级不能简单地掌握现成的国家机器，并运用它来达到自己的目的"②，说明无产阶级要取得革命的胜利，就必须彻底打碎资产阶级的国家机器。他又引证马克思在《哥达纲领批判》一书中的名言："在资本主义社会和共产主义社会之间，有一个从前者转变为后者的革命转变时期。同这个时期相适应的也有一个政治上的过渡时期，这个时期的国家只能是无产阶级的革命专政。"③ 据此，李达明确指出："资本阶级的独裁只能变为劳动阶级的独裁政治"，即资产阶级专政只能为无产阶级专政所代替。为了镇压敌人的反抗和防御外敌的入侵，无产阶级专政的"监狱也要""警察也要""军队也要"④。李达主编的《共产党》月刊第5号发表署名文章，公开宣告："我们共产主义者，主张推翻有产阶级的国家之后，一定要建设无产阶级的国家，否则，革命就不能

---

① 《李达文集》第 1 卷，人民出版社 1980 年版，第 102、83 页。
② 《马克思恩格斯选集》第 2 卷，人民出版社 1972 年版，第 434 页。
③ 《马克思恩格斯选集》第 3 卷，人民出版社 1972 年版，第 21 页。
④ 《李达文集》第 1 卷，人民出版社 1980 年版，第 88、90 页。

完成，共产主义就不能实现。……我们的最终目的，也是没有国家的。不过我们在有产阶级没有消灭以前，却极力主张要国家，而且是主张要强有力的无产阶级专政的国家的。阶级一天一天趋于消灭，国家也就一天一天失其效用。我们的目的并不是要拿国家建树无产阶级的特权，是要拿国家来撤废一切阶级的。"[①]

第二，揭露了所谓"绝对自由"的欺骗性。

在自由问题上，无政府主义者鼓吹"绝对自由"。它的代表人物黄凌霜说："社会主义，不应当压制个人的自由"，攻击无产阶级专政是"抹煞个人""滥用强权""独裁专制"[②]。它的另一个代表人物区声白也说："无政府主义的社会是自由组织的，人人都可以自由加入，自由退出。"[③]

李达深刻地揭露了这种谬论的欺骗性和反动性，指出："无政府共产社会"是"空中楼阁"，不要中央集权是"蔑视时间空间的空想"。"绝对自由""绝对平等"的抽象思想是没有的。他写道："实在的说起来，资本阶级并不怕人提倡什么绝对自由绝对平等的社会那种抽象的思想，他们所怕的，还是那种最有力的具体的即时可以实现的社会主义制度。"[④] 个人的"绝对自由"和社会的"绝对平等"是有利于资产阶级不利于无产阶级的一种不切实际的幻想。

第三，揭露了无政府主义的个人主义世界观。

李达追根溯源，抓住要害，揭露各派无政府主义共同的根本错误及其个人主义的世界观，点明各派无政府主义的共同要素，"就是否认一切政府，一切国家，一切权力"[⑤]。

那么，各派无政府主义的整个世界观的基础是什么呢？列宁说："无

---

① 施存统：《我们要怎么样干社会革命》，《共产党》第 5 号。
② 黄凌霜：《马克思学说的批评》，《新青年》第 6 卷第 5 号。
③ 区声白：《讨论无政府主义（通信）》，《新青年》第 9 卷第 4 号。
④ 《李达文集》第 1 卷，人民出版社 1980 年版，第 87、88 页。
⑤ 《李达文集》第 1 卷，人民出版社 1980 年版，第 80 页。

政府主义是改头换面的资产阶级个人主义。个人主义是无政府主义整个世界观的基础。"①李达正是抓住世界观这个要害问题进行批判的。李达指出，无政府主义的鼻祖施蒂纳"所创的无政府主义是极端的无政府主义，又是极端的个人主义"。"他否认一切政府，否认一切国家。""他连社会都要否认的。""他要无限制的发挥自我。""我要上天就上天，我要入地就入地"。李达又指出，普鲁东的无政府主义，"是准据个人主义的"。"他的无政府主义是没有科学的体系和哲学的基础的。"巴枯宁的团体的无政府主义，"在理论上不能成立"。"他的无政府主义主张，是从对于国家和教会的感情上的偏见发生出来的。"克鲁泡特金"是无政府主义的集大成者"。"克氏的思想，也和那些把小我人格与大我人格合为一致的人的思想相似，一大半可以当作宗教看的"，几乎"都是迷信、空想"。李达通过对无政府主义各种流派的批判得出结论说："能够成为无政府主义的只有个人主义。"②中国无政府主义的主要代表黄凌霜也供认不讳并公然宣称："无政府主义以个人为万能"，"无政府主义乃是个人主义的好朋友"③。所以，无政府主义者在实质上大多是一些在革命词句、口号掩盖下的极端个人主义者。

第四，批判了生产管理上的分散主义和分配上的绝对平均主义观点。

在生产管理上，李达指出："无政府主义的生产组织是分散的"，"主张破坏中央的权力，要将一切生产机关，委诸自由人的自由联合管理"。无政府生产组织的最大缺点是"不能使生产力保持均平"，是"无政府的状态"，"与资本主义的生产组织差不多"④。

在分配问题上，李达批评了无政府主义者不顾社会的发展阶段和生产力水平而主张实现"各尽所能，按需分配"的空谈，阐述了在社会主义阶

① 《列宁选集》第1卷，人民出版社1972年版，第218页。
② 《李达文集》第1卷，人民出版社1980年版，第81、82、84、89、90页。
③ 黄凌霜：《评〈新潮〉杂志所望今日世界之新潮》，《进化》第2号。
④ 《李达文集》第1卷，人民出版社1980年版，第49、50页。

段只能实行"按劳分配"的原则。指出：按需分配"非待世界的产业发达到极境的时候，不能办到"，"只有社会的生产力发达到无限制的程度，生产物十分丰富，取之不尽，用之不竭"，"各取所需的分配原则"才"可实行"。在"生产力未发达的地方与生产力未发达的时期内，若用这种分配制度，社会的经济的秩序就要弄糟了"。[①]这就深刻地揭露了无政府主义的小资产阶级绝对平均主义的错误倾向。

李达对无政府主义的批判，系统深刻，击中要害。

五四时期的社会思潮错综复杂。中国是小生产为主体的国家，众多的知识分子出身于小资产阶级或属于小资产阶级范畴。他们所处的阶级地位，决定他们自发地倾向无政府主义。五四时期不少知识分子特别是知识青年信奉无政府主义。他们在探求中国的出路时，由于思想上理论上的不成熟，分不清马克思主义和无政府主义的界限，自觉或不自觉地把无政府主义当作马克思主义加以宣传。他们中间有的人虽然接受了一些错误的东西，但主观上却是要革命的。对于他们，不能与黄凌霜、区声白以及梁启超、张东荪等人一样看待，而应该向他们讲清道理，团结他们，争取他们走上正确的革命道路。鉴于这种情况，李达非常重视思想政治教育。在批判无政府主义时，他把无政府主义的理论和信仰无政府主义的人严格地区别开来；对无政府主义的理论观点毫不留情地给以彻底批判，但对受无政府主义影响的或被蒙蔽的人们却是热情帮助，争取他们提高觉悟，转变立场。李达写作《无政府主义之解剖》一文，始终注重思想教育。文章开宗明义指出要告诉那些要求革命的朋友，"不要向着那不可通行的道路上前进，免得耗费有用的精神干那于革命无益的事"。而"务必择定那必定可以通行的道路上前进"。文章申明，批判无政府主义的目的是"要约同这些朋友们加入我们的队伍里，共同对世界资本主义作战，共同剿灭世界资本制度，

---

① 《李达文集》第 1 卷，人民出版社 1980 年版，第 51 页。

以便早期实现社会主义社会，所以写了这篇文字出来和各位朋友们商量一下"①。批判无政府主义的几篇文章也都贯彻了坚持说理,以理服人的精神。这对帮助那些信奉无政府主义的革命青年认识真理，改正错误，提高觉悟，是非常有益的。

五四时期同无政府主义的争论，持续了一年多时间。这场争论，实质上是关系到建立什么样的党的争论。是建立主张无产阶级专政、实行民主集中制、具有严格组织纪律的马克思主义政党呢，还是建立反对无产阶级专政、主张"绝对自由"、不受任何纪律约束的小资产阶级的无政府党？由于李达和其他早期马克思主义者的共同努力，经过这场论争，解除了中国无政府主义的思想理论武装，基本划清了马克思主义与无政府主义的界限。它不仅使原来信奉无政府主义的大多数革命知识青年转变了立场，走上革命的道路，而且纯洁了共产主义者的队伍，把当时混杂在共产党早期组织中的极少数顽固不化的无政府主义分子清除出去，这就在思想上和组织上为确立马克思主义的优势奠定了基础，也为中国共产党的诞生和成长铺平了道路。经过这场斗争，马克思主义取得了胜利，并在中国思想界确立了优势地位，共产主义者明确了在中国应当建立主张无产阶级专政、有严格组织纪律的共产主义政党而不是无政府党。因此，这场斗争的胜利对于建立一个马克思主义的无产阶级政党具有重要的历史意义。

对修正主义思潮的批判

修正主义又称社会民主主义，是一种资产阶级社会改良主义思潮。当时，在西方工人运动中，伯恩施坦修正主义还有很大势力，而在中国工人

① 《李达文集》第1卷，人民出版社1980年版，第79、78页。

运动中，修正主义的影响很小。因为近代中国的社会矛盾特别尖锐，中国工人阶级中，不存在欧洲那样的工人贵族阶层，缺乏社会改良主义的经济基础；中国也没有经过欧洲那样的资本主义"和平"发展时期，中国工人阶级根本不可能进行和平的议会斗争。因此，在中国工人阶级和工人运动中，第二国际修正主义并无多大影响。

但是，问题就在于有一些自命为"马克思主义者"的资产阶级知识分子宣称，不要阶级斗争，主张和平长入社会主义的修正主义观点是"可取"的。在《解放与改造》杂志上，张东荪竟然把修正主义说成是马克思主义的补充和发展，攻击马克思主义过分强调物质而忽视精神，大叫要"从唯物主义移到精神主义"，"去马克思主义而返于康德"。张君劢为修正主义的德国社会民主党和资产阶级的魏玛共和国大唱赞歌，对经历了十月革命的苏俄则极其诬蔑诽谤之能事。戴季陶在一些报刊上也发表宣扬修正主义的文章。我国早期的共产主义运动仍然面临着遭受修正主义侵蚀的危险。

当时的马克思主义者很注意这个问题。为了按照马克思主义完整的科学世界观和社会革命论建立中国共产党，他们著文批判修正主义，揭露第二国际修正主义为资产阶级效劳的本质。陈独秀坚决反对修正主义的议会政策，认为无条件地加入议会，就是向资产阶级投降，就是和资产阶级同化，压迫劳动阶级反对社会主义。在批判修正主义思潮的斗争中，李达更是勇往直前，针锋相对，始终站在斗争的最前列。

1920 年 11 月 7 日，李达以胡炎作笔名在《共产党》创刊号上发表了《第三国际党（国际共产党）大会的缘起》一文，谴责第二国际搞的"并不是社会主义"，而是"和资本家妥协"的"改良主义""议会主义"。李达明确指出："国际共产党联盟（指共产国际——笔者注）的主旨，就是实现马克思的共产主义，即革命的社会主义，由公然的群众运动，断行革命，至于实现的手段，就是采用无产阶级专政。"他满怀豪情激励共产主义者说："现在代表国际社会主义的权威，就是这个国际共产党。世界的共产主义者呵！我们望着这个目标前进呀！"^①这就从纲领上划清了马克思主义与修正主义的界限。李达的文章闪烁着无产阶级建党思想的光辉。毋庸置疑，共产国际的宗旨说明党的指导思想是马克思主义，党的纲领是要用暴力革命夺取政权，建立无产阶级专政，最终目标是实现共产主义。

为了从根本上批判修正主义，李达于1921年1月，在《新青年》第8卷第5号发表《马克思还原》一文，进一步论述马克思主义的原理，揭露修正主义对马克思主义的背叛，同时，热情赞颂列宁捍卫马克思主义的功勋。

李达把马克思的社会主义即科学社会主义看作是无产阶级的一个十分完备而严整的思想理论体系。他在概述这一原理时，把"马克思所述社会革命的原理、手段、方法及其理想中的社会"归纳成如下七条：

"一、一切生产关系财产关系，是社会制度的基础；一切社会、宗教、哲学、法律、政治等组织，均依这经济的基础而定。

"二、社会的物质生产力，发展至于一定程度时，就与现社会中活动而来的生产关系财产关系发生冲突。资本家利用收集生产物的剩余价值，坐致巨富，劳动者仅赖工钱以谋生。富者愈富，贫者愈贫，遂划分社会的有产者无产者两大阶级。

"三、人类的历史是阶级斗争的历史。资本制度发展到了一定阶段，大多数的无产阶级就与少数的有产阶级互相对峙起来。劳动者发生阶级的心理与阶级的自觉，互相联合成一大阶级，与有产阶级为猛烈的争斗。

"四、资本主义的跋扈，渐带国际的倾向，而无产阶级的作战，亦趋于国际的团结。于是全世界一切掠夺，压迫，阶级制度，阶级斗争，若不完全歼灭，全世界被压迫被掠夺的无产阶级，不能从施压迫施掠夺的有产阶级完全解放。

"五、无产阶级的革命，在颠覆有产阶级的权势，建立劳动者的国家，

① 《李达文集》第1卷，人民出版社1980年版，第27—28、29页。

实行无产阶级专政。

"六、无产阶级借政治的优越权，施强迫手段夺取资本阶级一切资本，将一切生产工具，集中到劳动者的国家手里，用最大的加速度，发展社会生产力。

"七、国家是一阶级压迫他一阶级的机关，若无产阶级专政，完全管理社会经济事业，把生产工具变为国家公产以后，则劳动阶级的利益，成为社会全体的利益，就没有奴隶制度，没有阶级差别，生产力完全发达，人人皆得自由发展。国家这种东西自然消灭，自由的社会自然实现了。"[1]

不难看出，以上七条概括了马克思主义关于生产力与生产关系、经济基础与上层建筑、阶级与国家、无产阶级革命与无产阶级专政的基本原理。所以，李达把它当作"是马克思社会主义的概观"，并得出结论说："马克思社会主义的性质，是革命的，是非妥协的，是国际的，是主张劳动专政的"。"马克思社会主义是科学的"[2] 社会主义。他对马克思社会主义即科学社会主义的这种精辟概括，从根本原理上传播了马克思主义的科学社会主义，给当时追求革命的人们提供了辨别真假马克思主义的客观标准。

第二国际修正主义是马克思主义的叛徒，对此，李达作了无情的揭露和批判。

首先，考察与分析了第二国际修正主义产生的过程与原因。

李达以德国社会民主党为例分析和考察了该党背叛马克思主义的具体过程和原因。该党堕落的过程有三步。第一步，国际主义派与国家主义派互相提携，结为一党，实是一种变态。第二步，从前主张阶级斗争，此时主张阶级调和，从前反对议会政策，现在反而赞成议会政策了。第三步，以前反对帝国主义战争，后来对于战争的态度完全改变了。第一次世界大战期间，德国除了卢森堡、蔡特金等少数几个人外，差不多没有社会主义

① 《李达文集》第 1 卷，人民出版社 1980 年版，第 30—31 页。
② 《李达文集》第 1 卷，人民出版社 1980 年版，第 31 页。

第二章·「播火者」

者了。马克思主义至此已完全消失了。李达愤怒地说："马克思社会主义，经过德国社会民主党的蹂躏，精彩完全消失，由国际主义堕落到国家主义，由社会主义堕落到自由主义，由革命主义堕落到改良主义，由阶级斗争堕落到阶级调和，由直接行动堕落到议会主义。"①

德国社会民主党的堕落有主观原因和客观原因。从主观上说，德国社会民主党的领袖们把马克思主义的唯物史观变成"机械史观的宿命论"，崇拜自发论。于是社会党无须干社会革命，只听资本主义自然发展好了。社会主义者也无须鼓吹革命，只要努力去开发实业好了，国家当然可以利用，阶级当然可以调和了。于是"不相信革命的必然主义，以为从旧社会到新社会的过程，只有进化而无革命，只有运动而无目的，而所谓修正派的运动，于是盛行了"②。这是堕入修正主义的重要思想根源和理论根源。

从客观形势看，19世纪中叶以后的几十年中，世界资本主义利用掠夺殖民地的办法转嫁了国内经济危机，同时迫于国内阶级斗争的压力调整了某些政策，使劳资矛盾有所缓和，社会主义运动出现了暂时的低落。这种情况是当年马克思所未料及的。欧洲各国社会党人在暂时不利的客观形势面前，对工人运动的前途丧失了信心，对马克思主义发生了怀疑，"一般马克思主义者，窥见当时的形势，以为与其求速成而无效，不如取渐进主义，愈改变而愈离奇，竟弄出非驴非马的马克思主义来了"③。

李达强调指出，德国社会民主党虽然以马克思主义相标榜，但实际上"马克思的真面目"被伯恩施坦、考茨基之流"湮没殆尽了"。第二国际从理论到实践已经完全堕落变质。只有伟大的列宁才"将马克思主义的真相阐明表彰出来"，"恢复了马克思的真面目"。所以李达大声疾呼地说："马

① 《李达文集》第1卷，人民出版社1980年版，第34页。
② 《李达文集》第1卷，人民出版社1980年版，第35、36页。
③ 《李达文集》第1卷，人民出版社1980年版，第38页。

李达

克思还原！"①

　　后来，李达在《新青年》第 9 卷第 2 号发表了《马克思派社会主义》一文，逐个分析批判了所谓"正统派社会主义""修正派社会主义"以及"工团主义"和"组合社会主义"。他着重指出，以考茨基为代表的正统派"自然是标榜纯粹马克思主义的"，"但是正统派有一种根本的谬误的地方，就是误解马克思的学说，坚守民主主义，支持议会政策"。这样的"正统派社会主义"实际上是假马克思主义。关于"修正派社会主义"，李达指出，修正派的代表首推伯恩施坦。"他著了很多修正马克思学说的论文，要从社会主义内部，改革社会主义。他对于马克思的'唯物史观说''剩余价值说''资本集积说''资本主义崩坏说''阶级斗争说'都加了严格的批评，要大行修正运动。"②从根本上全面"修正"马克思主义。

　　在这篇文章中，李达进一步论述了无产阶级专政的一系列重大的理论问题和实践问题。

　　无产阶级专政的国家与前此一切类型的国家有着本质的不同。李达指出："劳动专政的本质，即是一阶级对于他阶级而行的革命的强有力的国家。换句话说，所谓劳动专政，就是劳动者的国家。""资本阶级的国家是资本阶级专政，劳动者的国家是劳动阶级专政。"这里所指的劳动阶级专政即无产阶级专政，是无产阶级和广大劳动者对于资产阶级"运用的强力政治"③。

　　李达认为无产阶级专政至少有三种职能：一是"要对付反对共产主义的人""要对抗资本主义的敌国"，这也就是通常所说的要镇压国内被推翻的反动阶级的反抗，防御外部敌人的侵犯和颠覆。二是"征服资本阶级，根本铲除资本主义的一切思想、风俗习惯和制度，确定社会主义的根基"，"经过这政治的过渡时期，巩固新社会的基础"。这就是说铲除资本主义的

① 《李达文集》第 1 卷，人民出版社 1980 年版，第 34、39 页。
② 《李达文集》第 1 卷，人民出版社 1980 年版，第 93—94、94 页。
③ 《李达文集》第 1 卷，人民出版社 1980 年版，第 102 页。

第二章·「播火者」

经济基础及其上层建筑，建立和巩固社会主义制度。三是"用最大的加速度，发展全生产力"①，即组织经济文化建设，尽快发展社会生产力。

苏维埃共和国是无产阶级专政的政治形式之一，李达完全赞同、拥护这种形式，说"典型的劳农会共和制度"②即苏维埃制度是无产阶级专政适宜的政治形式。

李达不仅阐明了无产阶级专政的本质、职能和形式，而且还指出了无产阶级民主和资产阶级民主的根本区别，以及无产阶级民主和无产阶级专政的辩证统一。从马克思主义的观点来看，任何国家都包含着专政和民主两个方面的内容，而任何专政和民主都有阶级性。李达坚持了这一正确观点，他写道："据列宁说，一切民主主义都是对立的，换句话说，就是阶级的民主主义"，没有一切阶级的民主。资产阶级民主只是对资产阶级说的，而对无产阶级及一切被剥削的劳动者则是专政。"资本阶级的民主主义，不过是资本主义专制的表现。"无产阶级专政也只是对资产阶级说的，而对人民则是民主的。"所以劳动阶级的民主主义（劳动专政）要努力把资本阶级的民主主义打破。""资本主义虚伪的主张一切阶级的政府，而在事实上却是一阶级的政府。所以劳动阶级的革命也率直的组织劳动阶级的政府"③。无产阶级民主和资产阶级民主是根本对立的，而无产阶级的专政制度和无产阶级的民主制度则是不可分割的辩证统一。

李达在批判第二国际修正主义、捍卫马克思主义的斗争中，有着不朽的历史功绩。他通过一系列文章充分论述了科学社会主义的基本原理，阐述了无产阶级专政的光辉思想，传播了马克思主义。这次思想批判，有利于提高人们对修正主义这种冒牌马克思主义的认识，帮助人们划清马克思主义与修正主义的界限，并且表明中国的共产主义运动一开始就坚持了革

① 《李达文集》第 1 卷，人民出版社 1980 年版，第 90、103、31 页。

② 《李达文集》第 1 卷，人民出版社 1980 年版，第 103 页。

③ 《李达文集》第 1 卷，人民出版社 1980 年版，第 101 页。

李
达

命的方向。

对"左"倾思潮的批判

第三国际建立初期，欧美一些国家的所谓共产主义"左"派，于1921年10月在德国柏林开会，拼凑了"第四国际"。

第四国际根本不懂得马克思主义的政党学说，也不懂得马克思主义的战略策略。他们站在"左"的立场上，否定党的领导，反对建立无产阶级政党；否定共产党人在资产阶级议会和黄色工会中进行革命工作的必要性，反对利用一切可能的合法斗争；否定工农联盟；反对俄国的新经济政策。由于这股错误思潮严重危害国际共产主义运动的健康发展，列宁坚决反对了国际共产主义运动中的"左"派幼稚病。这种"左"派幼稚病，必须加以克服。为了使刚刚成立的中国共产党，免受这股错误思潮的影响，李达在1922年4月，及时地撰写了《评第四国际》一文，系统地批判了第四国际的错误理论与策略。

第一，批判了否定党的领导的谬论，论述了坚持无产阶级政党的必要性和重要性。

依照马克思恩格斯的观点，无产阶级在反对资产阶级的斗争中，只有组成独立的革命政党，才能作为一个阶级来行动，才能保证社会革命获得胜利和实现这一革命的最终目标——消灭阶级。

第四国际虽然自称"信奉"共产主义，"赞同"无产阶级专政，但"不赞成无产阶级有独立的政党"，以为无产阶级革命应由全体无产阶级的加入，而"不承认"由先进分子组成的"共产党立在指导地位"[①]，因此，主

---

① 《李达文集》第1卷，人民出版社1980年版，第133页。

张取消党的领导。李达在《评第四国际》一文中，从无产阶级革命的目标、无产阶级的历史使命、阶级和政党的关系、党的性质和作用以及无产阶级革命的经验教训诸方面，批判了第四国际的错误观点，论证了无产阶级政党领导的必要性和重要性。

从无产阶级革命的目标看，李达指出："无产阶级革命的目标在夺取政权实行劳工专政。政权必须用武装方能夺得到手，既用武装就不能不有严密的组织，什么劳动者自由的结合，完全没有用处。阶级斗争，就是战争，一切作战计划，全靠参谋部筹划出来，方可以操胜算。这参谋部就是共产党。"因此，"无产阶级要实行革命，必须有一个共产党从中指导，才有胜利之可言。"①

从阶级和政党的关系看，第四国际混淆阶级与政党的界限，不赞成无产阶级有独立的革命政党。李达批驳了这种观点，明确指出："'阶级'与'政党'并不是一样的东西"。当无产阶级大多数还不觉悟时，就会受"邪说所迷，还不感觉无产阶级革命的必要，甚至有时还甘愿为有产阶级所利用"，"无产阶级若没有一个共产党来领导，决不能从有产阶级手里，从那班昏迷的领袖们手里解放出来"。所以，"无产阶级革命，应先由有阶级觉悟的工人组织一个共产党作指导人"②。

从无产阶级革命的经验教训看，无产阶级政党的领导也是绝对必要和重要的。李达举例说："1917 年俄国革命之所以成功，与 1871 年巴黎共产团（巴黎公社——笔者）之所以失败，就是因为一个有共产党任指挥而一个没有。"③ 所以，有无共产党的领导是决定革命成败的关键。

从党的性质和作用看，李达生动形象而富有哲理地指出："共产党是无产阶级的柱石，是无产阶级的头脑。"他认为党应该是"少数有革命精

---

① 《李达文集》第 1 卷，人民出版社 1980 年版，第 133 页。

② 《李达文集》第 1 卷，人民出版社 1980 年版，第 133、134 页。

③ 《李达文集》第 1 卷，人民出版社 1980 年版，第 133 页。

神的""少数有阶级觉悟的"工人组织的"一个精密的团体"。应该"从事组织、训练"多数工人，并"散布到全体中间宣传革命，实行革命"①。

从无产阶级的历史使命看，要实现全人类的解放，要达到共产主义社会的最终目标，始终需要共产党的领导。李达着重指出："共产党不仅在革命以前是重要；即在革命时也是重要；革命之后……尤其重要。除非到共产主义完全实现的时代，共产党不可一日不存在。"②

李达的上述论述是完全符合马克思主义的建党学说和国际共产主义运动的实践经验的，或者说是以此为根据的，并在一定程度上发挥了党的领导作用的原理。其基本精神至今仍是适用的，不仅在革命中要坚持党的领导，而且在社会主义现代化建设事业中更要坚持党的领导。

第二，批判了拒绝利用合法斗争、否定工农联盟等错误主张，阐明了党的正确的策略思想。

李达认为党的战略目标是"夺取政权实行劳工专政"③，建设社会主义最终实现共产主义。而要实现这个战略目标必须有正确的策略。他在《评第四国际》一文中，批判了第四国际对待黄色工会、资产阶级议会和农民的错误政策，阐明了党的正确的策略思想。

第四国际完全否认共产党人在黄色工会里进行工作的必要性。李达指出，对待黄色工会的态度关系到党和工人阶级的关系问题。因为"共产党的天职是以组织训练无产阶级为己任的，所以一面要组织劳动组合以外的劳动者而加以训练，一面要唤醒劳动组合员而引为同志。这样，共产主义军队的势力才能够雄厚起来，方有胜利的希望"。而第四国际却把一切黄色劳动组合都看作腐败不堪的东西，主张共产党人一律退了出来。其结果势必分裂无产阶级。李达认为共产党员应该"加入各组合中组织共产主义

---

① 《李达文集》第 1 卷，人民出版社 1980 年版，第 134 页。

② 《李达文集》第 1 卷，人民出版社 1980 年版，第 134 页。

③ 《李达文集》第 1 卷，人民出版社 1980 年版，第 133 页。

的核心，散布共产主义种子使它发酵起来"，促使"黄色组合都共产主义化"。但第四国际却偏要和旧式组合同盟绝交，拒绝利用一切可能和必要的合法手段。李达批驳说，这"是用关门的法子以进行部落式的共产主义"[1]，于革命极端有害。

在对待资产阶级议会问题上，第四国际根本反对共产党人参加议会，"主张对第三阶级（资产阶级——引者注）议会同盟绝交"。李达明确指出："第三阶级的议会却不是绝对不可利用的。共产党对于革命运动，凡在可能的范围内，没有不利用。共产党人若是抱着革命目的跑进议会去，利用议会而不为议会所利用，定可以得到很好的成绩。"共产党人应当利用议会讲坛和资产阶级报纸去"宣传主义"，"揭露资产阶级政府的虚伪，陈述资本主义的罪恶，宣布共产主义的好处，唤起劳动阶级的自觉"[2]。

对于农民，第四国际反对西欧各国的城市无产阶级联络农村无产阶级进行革命，说"西欧各国农民至少也有一片土地，纯粹农村无产阶级很少"。李达给予驳斥，指出："社会革命，工业劳动者固然是主力军，而非与农村无产阶级联合，就不易成就。"即使在西欧各国，"社会革命最初实应联络农村中这种半无产阶级，至少也要运动他们严守中立，才可以减少阻碍力"[3]。

李达关于利用黄色工会和资产阶级议会发展革命力量、进行合法斗争的论述以及对农民作用的分析，对于我党制定正确的战略策略不无意义。

第三，驳斥了第四国际对俄国新经济政策的非难，阐明了党在农村以及利用资本主义发展社会主义的经济政策。

第四国际非难俄国的新经济政策，反对"和农民妥协"，反对"和资本主义国家通商"，认为这是"违背共产主义原则"。李达反驳说："这种

---

[1] 《李达文集》第 1 卷，人民出版社 1980 年版，第 135、135—136、136 页。
[2] 《李达文集》第 1 卷，人民出版社 1980 年版，第 136、136—137、137 页。
[3] 《李达文集》第 1 卷，人民出版社 1980 年版，第 138 页。

非难，实在没有理由。劳农俄国之行新经济政策，是否违背共产主义原则，我想共产主义者必能了解，决不会像资本阶级那样诽谤的。"因为实行新经济政策是十月革命期内"所预定的计划，而且在俄国共产党执政的第一年（一九一八年）内已实行过或准备实行的"，由于国内战争的持久和小资产阶级的怠工而不得不采取离开原来计划的方法。"现在的改变，不过回复到以前的地位罢了"①。由此看来，俄国共产党自执掌政权以来，他们的政策与现在是一样的。

关于和农民妥协，允许私人贸易。李达指出，在国内战争期间，"一切需要都是以他是否为战争所需要为评判的标准。因此大部分的粮食都以之供给军队和城市中军火工业的工人。但他们不能由和平方法取得，所以迫而采用强制的方法征发农民的剩余粮食"。战争结束后，农民"就不能忍受这种征发"。这时如不改变党在农村的经济政策，就会加剧无产阶级和农民阶级的矛盾，危及新生政权，必须"重新采用以前所定的政策，以增加农民的生产量，以缓和农民的反感"。这种妥协"只要不是卖主义的，只要是为环境所迫，也是可以许可的"②。

关于和资本主义国家通商，李达指出："系出万不得已。"因为，一方面"租让政策是以一部分不重要的实业租与外国资本家开发，同时又由外国取得大机械自己开发本国实业"，发展国民经济，巩固国防；另一方面当时俄国处在资本主义国家重重包围之中，"若使西欧果有几个大社会主义国家出现，俄国又何至于降格和资本主义国家通商！"③后面这种说法虽然不准确，但本文的基调是好的，旨在驳斥西方国家和第四国际对俄国新经济政策的诽谤和非难。

第四国际所兴起的这股"左"的错误思潮，客观上是为资产阶级效劳

---

① 《李达文集》第 1 卷，人民出版社 1980 年版，第 138、113—114 页。
② 《李达文集》第 1 卷，人民出版社 1980 年版，第 115、116、117 页。
③ 《李达文集》第 1 卷，人民出版社 1980 年版，第 138、119、138 页。

的。但是，正如列宁所指出的，第四国际内除了少数个人野心家和阴谋家外，绝大多数是一些年轻幼稚的人。列宁认为这种幼稚病症"在一定条件下，可以容易地医好，但是必须用绝大的努力来着手医治"[①]。李达以此为据，把对第四国际的批判同对第二国际和"第二半国际"[②]的批判相区别，他希望第四国际抛弃错误立场。"和第三国际并合起来，完成世界革命。"[③]

《评第四国际》一文是李达研究国际共产主义运动的重要理论著作。他在此文中阐明了党的领导作用，阐述了无产阶级对资产阶级和农民的基本态度，肯定了俄国的新经济政策，从而为我国新民主主义革命乃至社会主义现代化建设提供了历史借鉴。同时，通过对第四国际"左"倾思潮的批判，使刚刚诞生的中国共产党排除了外来干扰，有利于中国共产党自身的发展。

通过上述对各种反马克思主义和非马克思主义思潮的批判，有利于人们澄清理论是非，划清思想界限，有助于引导人们坚持马克思主义的指导地位、坚持党的领导、坚持社会主义道路、坚持无产阶级专政。

李达是中国最早的比较系统地阐释和传播马克思主义理论的先驱者之一。在李达的理论活动和早期著作中有两个最显著的特点，一是发挥马克思主义的批判精神。马克思主义本质上是批判的革命的。对各种反马克思主义和非马克思主义思潮，无论是来自右的方面还是"左"的方面的错误思潮，他都是站在马克思主义的立场上予以坚决的反击，并且起着先锋作用、骨干作用和核心作用。他在论战中宣传马克思主义，在批判中捍卫马克思主义，在革命中坚持马克思主义。正是从这种意义上说，他是"一位普罗米修斯式的播火者"（侯外庐语），在黑暗的中国大地上点燃了马克思

---

① 列宁：《共产主义运动中的"左派"幼稚病》，人民出版社 1972 年版，第 256 页。
② 即"社会党国际工人联合会"，又称"维也纳国际"。它的会章宣布：凡未参加第二国际和第三国际的一切社会党均得为该联合会会员。因此，又称它为"第二半国际"。
③ 《李达文集》第 1 卷，人民出版社 1980 年版，第 139 页。

主义的火种，散布了共产主义的种子。如果没有马克思主义批判的革命的精神，这是不大可能的。二是注意理论联系实际。把马克思主义的世界观、方法论、社会发展原理和科学社会主义理论运用于中国的具体实际，对于早期马克思主义者来说，这种困难是难以想象的。但李达决不屈服于任何困难，总是在困难中摸索着前进，努力探讨解决中国革命的理论和方法。他早在《马克思学说与中国》一文中，从鸦片战争后中国逐步沦为半殖民地的这一特点出发，指出中国共产党"组织无产阶级，企图社会革命"是有"理论上事实上的根据"的，但无产阶级究竟怎样来进行政治运动，"这一点，马克思在共产党宣言中并未为中国共产党筹划"，那是要"按照中国国情"① 来决定的。在那时有这样的看法尽管是初步的，却是难能可贵的。

诚然，李达早期发表的论著中也有不准确、不精当乃至错误的地方。由于历史条件和环境的局限，如同其他共产主义者一样，他也未能把马克思主义基本原理和中国革命的具体实践相结合，未能正确地解决中国的社会性质、革命性质以及革命步骤等问题。他不完全了解中国社会的半殖民地半封建性质，认为中国社会与欧美、日本等资本主义社会相比只有工业发达程度不同，并没有质的差别。他也不了解中国革命的新民主主义性质，不懂得中国革命的两个步骤，以为中国革命一开始就是社会主义革命。他还分不清中国民族资产阶级与买办资产阶级的区别，把整个资产阶级都当作是中国革命的主要敌人。这几乎是同代革命者的共同缺陷。这种难以避免的理论上的缺陷，决不能抹杀李达在我国早期马克思主义传播中所立下的重大历史功绩。过去有的回忆录说，李达是"合法马克思主义"的拥护者，这是完全违背历史真实的。李达在建党前后的全部理论和实践活动充分表明，他不仅没有拥护过"合法马克思主义"，他也从未认为"只是在书斋中进行研究，至多只能进行一些理论的宣传"，而且恰恰是同它作坚

---

① 《李达文集》第 1 卷，人民出版社 1980 年版，第 211 页。

决斗争的，是战斗的马克思主义者。他对各种反马克思主义和非马克思主义思潮的批判，对无产阶级革命和无产阶级专政理论的阐发，对坚持马克思主义指导、坚持共产党领导、坚持社会主义道路的论证，在当时马克思主义者中是很突出的。李达不愧是在中国传播马克思主义的先驱者之一，他为建立中国马克思主义的无产阶级政党做出了杰出的理论贡献，为党的建立进行了思想理论准备。

在李达的理论活动和早期论著中有几个鲜明的特点：一是以唯物主义世界观的原理作指导的。唯物主义世界观，是按照世界的本来面目去认识和改造世界，而不附加任何外来的成分。李达是忠诚的马克思主义者，他把真正的马克思主义理论传播给了中国人民。二是有战斗性。发挥了马克思主义的批判精神。李达对各种反马克思主义和非马克思主义思潮，无论是来自右的方面，还是"左"的方面的错误思潮，他都是站在马克思主义的立场上予以坚决的反击。不论在同基尔特社会主义的论战中，还是同无政府主义的论战中，抑或在批判第二国际修正主义和批判第四国际"左"倾思潮中，他始终站在斗争的最前列，发挥核心作用和骨干作用，是早期马克思主义的杰出代表，是"普罗米修斯式的播火者"。三是开始注意理论联系实际，探讨解决中国革命的理论和方法。李达在《马克思学说与中国》一文中明确指出：中国共产党"组织无产阶级，企图社会革命"是有"理论上事实上的根据"的，但怎样应用马克思学说改造社会，"这一点，马克思在《共产党宣言》上并未为中国共产党筹画（划）"，那是"要按照目前中国国情"来决定的。那时就有这种认识是难能可贵的。尽管这种认识是初步的，却迈开了马克思主义中国化的第一步。

第三章

建党前后

中共发起组代理书记

在中国工人阶级成长壮大、马克思主义在中国广泛传播并与工人运动日益结合的历史条件下，中国共产主义者开始酝酿和准备建立中国共产党。

最早酝酿在中国建立共产党的是李大钊和陈独秀。早在 1920 年初李大钊和陈独秀交换了建党的意见。他们从实践中开始认识到，要用马克思主义改造中国，走十月革命的道路，就必须像俄国那样，建立一个无产阶级革命政党。他们交换了建党的意见后，相约分别在南方和北方进行建党的准备工作。"南陈北李，相约建党"的说法即由此而来。

中国建立共产党的准备工作，也得到了共产国际（第三国际）的支持和帮助。经共产国际批准，俄共远东局派出维经斯基（化名吴廷康）为首的包括他的妻子库兹涅佐娃以及马马耶夫、萨赫雅诺娃、杨明斋（俄籍华人，翻译）在内的俄共党员小组，于 1920 年 4 月先到北京，经北京大学俄籍教授鲍立维和伊万诺夫介绍，见到李大钊。李大钊邀集北京各界的进步人士与他们交谈，并举行欢迎会、演讲会。随后，经李大钊介绍去上海，找陈独秀商谈建党问题。他们向中国的朋友介绍了共产国际和国际共运的情况和经验。他们了解到中国工人阶级成长壮大和马克思主义在中国传播的情况后，认为中国已经具备建立共产党的条件，并鼓励、帮助李大钊和陈独秀从事建党的准备工作。

1920 年夏，李达抱着"回国寻找同志干社会革命"的目的，从东京回到上海。首先访问了陈独秀，谈起组织社会革命党的事。陈独秀告诉李达，他和李汉俊等正在准备发起组织中国共产党，并邀李达参加。李达欣然同意。当时，李达住在《新青年》社内，与陈独秀交往非常方便。他以留日学生会理事的身份，在博文女校参加中国学生联合会的领导工作。

李达

8月，陈独秀和李汉俊、李达、俞秀松、陈望道、沈玄庐、施存统发起，在上海环龙路渔阳里2号《新青年》编辑部开会，正式成立了上海共产党早期组织。会上，根据列宁领导的共产国际的宣言和决议的精神，大家一致主张成立中国共产党，并推选陈独秀为党的书记。那时，他还草拟了一份简单的党纲草案，以统一大家的思想与行动。不久，邵力子、茅盾、李启汉、沈泽民、李中等人也加入了这个组织。上海共产党早期组织是我国的第一个共产主义组织，实际上也是中国共产党的发起组，它推动了各地建党工作的开展。

1920年11月，上海发起组制定了《中国共产党宣言》，明确宣布要组织一个革命的无产阶级政党——中国共产党。这一宣言的制定，是统一的中国共产党诞生前夕围绕党的性质、指导思想、最终目的等问题进行讨论的总结。宣言指明了共产主义者的理想和奋斗目标，是要"创造一个新的社会"，"要铲除资本制度，只有用强力打倒资本家的国家"，通过暴力革命推翻资产阶级专政。宣言阐述了夺取政权的途径，论证了建立无产阶级专政的必要性。《中国共产党宣言》寄往各地，成为当时各地党的组织发展党员的标准，它第一次比较系统地表达了中国共产主义者的理想和主张，起了临时纲领的作用。

12月，陈独秀应陈炯明之邀到广州，担任广东省教育委员会委员长。书记职务暂由李汉俊代理。

1921年2月，李汉俊和陈独秀在商谈党组织采用中央集权制还是采用地方分权制问题时发生分歧，李汉俊辞去书记职务，由李达代理书记。从这时起到党的第一次全国代表大会召开前夕，李达一直主持党的发起组工作。

党的发起组建立后，加强了对马克思主义的研究和宣传工作，开展了对反马克思主义思潮和无政府主义思潮的批判，在工人中进行宣传和组织工作，建立社会主义青年团和创办外国语学社。这些工作，都取得了显著成绩。李达是党的发起组的重要成员，在上述工作中特别是在研究和宣传马克思主义，批判反马克思主义思潮和无政府主义思潮，以及介绍列宁建党学说方面发挥了重大的作用。

为了广泛传播马克思主义，1920年9月，《新青年》从第8卷第1号开始，改为党的发起组机关刊物，开辟了《俄罗斯研究》专栏，全面介绍十月革命后俄国的政治、经济、军事、文化等情况。同时，《新青年》还发表了列宁的某些著作的译文和列宁的生平简介。

李达除参加编辑工作外，还经常为《新青年》写稿。据统计李达以本名或其他笔名在《新青年》发表的重要文章有《劳工神圣颂》（1920年12月第8卷第4号）、《马克思还原》（1921年1月第8卷第5号）、《讨论社会主义并质梁任公》（1921年5月第9卷第1号）、《马克思派社会主义》（1921年6月第9卷第2号）、《评第四国际》（1922年7月第9卷第6号）。这些文章几乎都是宣传马克思主义，批判反马克思主义和非马克思主义思潮的重头文章。此外，李达还在《新青年》发表了多篇重要译著，如《劳农俄国底结婚制度》（山川菊荣著）、《俄国农民阶级斗争史》（佐野学著）（均刊载于1921年4月第8卷第6号）、《从科学的社会主义到行动的社会主义》（山川均著）（1921年5月第9卷第1号）、《列宁的妇人解放论》（译自列宁所著《劳农俄罗斯劳动的研究》之一节）（1921年6月第9卷第2号）、《劳农俄国底妇女解放》（山川菊荣著）（1921年7月第9卷第3号）。据此，茅盾回忆说："那时候，主张《新青年》不谈政治的北京大学的教授们都不给《新青年》写稿，所以写稿的责任便落在李汉俊、陈望道、李达等人身上。"① 李达在《新青年》发表的多篇论著和译著，从一个侧面证明了茅盾的回忆是可信的。

李达不仅是《新青年》的编辑人和撰稿译稿人之一，而且是"新时代

① 茅盾：《复杂而紧张的生活、学习和斗争》，《新文学史资料》1979年第4期。

李达

丛书社"的创办人之一。1921年3月，李达同陈独秀、李大钊、李汉俊、陈望道、茅盾、夏丏尊等15人组织创办了"新时代丛书社"，编辑出版新时代丛书。

为了培养革命干部和输送革命青年去苏俄学习，1920年秋，党的上海发起组创办了外国语学社，由杨明斋和维经斯基夫人教授俄语，李达教日文，李汉俊教法文，李震瀛教英文，学生多时达50—60人，其中有刘少奇、任弼时、萧劲光、罗亦农、柯庆施、彭述之、李启汉、汪寿华、王一飞、许之桢、梁柏台等人。社会主义青年团从这里挑选了一批人，先后分派去苏俄学习。

新渔阳里6号挂上外国语学社的牌子，是以公开办学的形式，掩护党的革命活动。在这里，除了有上海发起组成员俞秀松为书记的上海社会主义青年团机关外，还有杨明斋办的一个华俄通讯社，专发介绍俄国十月革命的稿件。这些稿件主要送《民国日报》副刊《觉悟》刊登。李达的《张东荪现原形》《"五一"运动》《神秘》《神秘主义》《古典主义》《浪漫主义》《自然主义》《新浪漫主义》《象征》《象征主义》《唯美主义》等文章就是在这个副刊上发表的。同时，党的发起组的公开或半公开的活动，也都是在这里进行。

为了向工人宣传马克思主义，启发他们的阶级觉悟，党的发起组创办了专门供工人阅读的刊物《劳动界》。李达积极撰稿，发表了《劳动者与社会主义》，以通俗易懂的道理，向工人们宣传社会主义的科学原理。

为了扩大共产主义的影响，党的发起组在代理书记李达的主持下，于1921年夏历新年，铅印了几万张实际上是革命传单的贺年片。正面印着"恭贺新年"四个醒目的大字，背面却印了一首进行共产主义宣传的《太平歌》。其歌词是："天下要太平，劳工须团结。万恶财主银钱多，都是劳工汗和血。谁也晓得，为富不仁是盗贼。谁也晓得，推翻财主天下悦。谁也晓得，不做工的不该吃。有工大家做，有饭大家吃，这才是共产社会太平国。"这些传单分发给工人群众，并在市内最热闹的大世界和南市等地沿街散发。李达和陈望道、茅盾等早期共产主义者一道积极参加了这一活动。人们见到"贺年片"后，无不惊呼："共产主义的幽灵游荡到上海来了。"工人们拿到贺年片非常高兴，感到说出了自己的心里话。只有帝国主义和反动派惊恐万分。这也恰恰说明上海早期党组织所开展的这项宣传活动产生了广泛的影响，正如北京《工人周刊》登载这首《太平歌》时所指出的："希望工友们时时吟诵，身体力行，那国家就真会'太平'哩！"

《共产党》月刊主编

各地共产党早期组织建立后，怎样才能使这些分散的组织，从思想上组织上统一起来，建立一个全国性的无产阶级政党，这是迫在眉睫的一项特别重大的任务。从当时中国的情况看，这一任务尤为艰巨。由于我党初创时期理论准备不足，早期共产主义者对建立一个统一的无产阶级政党还缺乏认识，对列宁建党学说还缺乏了解。同时，假社会主义的改良主义思潮和无政府主义思潮还有一定的市场和影响。因此，思想认识上的不统一，组织上的分散，这与俄国社会民主工党创建之初有近似之处。根据列宁的建党经验，首先创办一个党的机关刊物是极为重要的。列宁在1900年底就亲自创办了全俄性的马克思主义的秘密的《火星报》，并领导了《火星报》的全部工作，把大批马克思主义者团结在《火星报》周围，形成了一个拥护列宁建党路线的火星派。

根据列宁的建党经验，党的上海发起组继《新青年》改为自己公开的机关刊物外，又于1920年11月7日创办了半公开的、政治性更强的党刊《共产党》月刊，由李达主编。这是党在创建时期宣传马克思主义、进行党的基本知识教育的一个重要的政治理论刊物，也是建立统一的无产阶级政党的"第一个实际步骤"。并且是使建党不断向深广发展的一个纲。这个刊物第一次在中国树起"共产党"的大旗，阐明中国共产党人的基本主张。该刊《短言》明确宣告："我们共产党在中国有二大使命，一是经济的使命，一是政治的使命。"号召中国无产阶级"举行社会革命，建设劳工专政的国家"①，"跟着俄国的共产党一同试验新的生产方法"②，用最大的加速度发展社会生产力。

根据建党工作的需要，这个刊物在宣传建党思想方面是最为突出的。它着重宣传列宁的建党学说和共产党的基本知识，介绍俄国共产党和国际共产主义运动的建党经验，并旗帜鲜明地批判无政府主义和第二国际修正主义，探讨中国革命的理论和实践问题。据初步统计，《共产党》月刊共发表文章53篇，其中有关探讨建党思想的占38篇；发表世界和国内消息短讯78篇，其中有关各国建党的现状与动向的占52篇，两项合计长短文共有131篇，与探讨建党思想有关的90篇，占2 / 3。李达个人在这个刊物发表长篇文章有《社会革命底商榷》《无政府主义之解剖》等2篇；介绍国际共运建党经验的短讯、消息30篇；参与撰写或亲自执笔的带社论性的《短言》6篇。以上累计长短文38篇，约占该刊全部文章的34%。特别值得重视的是列宁起草的《加入共产国际的条件》等重要文献，也是在这个刊物全文刊登。以上表明《共产党》月刊为建党所做的贡献最显著最突出。

《共产党》月刊完全是为适应建党的需要而创办的。为什么要建党？建立什么样的党？党在中国应该干什么？对这样一些必须首先明确解决的问题，它都做出了力所能及的系统宣传，并收到了良好的效果，博得了共产主义者的一致好评。李大钊领导的马克思学说研究会在一则《通告》中

---

① 《李达全集》第2卷，人民出版社2016年版，第31、49页。
② 《李达全集》第1卷，人民出版社2016年版，第27页。

向会员和进步学生推荐这个刊物。北京共产党早期组织的成员不仅自己认真学习，而且1921年1月在长辛店创办的劳动补习学校里，把《共产党》月刊和《中国共产党宣言》等书刊一起介绍给工人学习，并向工人通俗讲解"工人为什么要有政党"[①]。毛泽东在长沙组织学习这个刊物的同时，还把其中刊载的《俄国共产党的历史》《列宁的生平》等文章推荐给长沙《大公报》发表。他在1921年1月21日给蔡和森的信中，谈到建党问题时，高度赞扬《共产党》月刊"颇不愧'旗帜鲜明'四个字"[②]。它以各种方式发行各地，成为早期共产主义者学习列宁建党学说和党的基本知识的必读教材，并在一些进步知识分子中广为流传，其发行量高达5000份，可见影响之广。

当时，在北洋军阀的反动统治下，主办这样一个传播共产主义原理直接为建党作准备的党刊，需要大无畏的革命精神。因为那个时候，反动军阀政府视共产主义和共产党为洪水猛兽，革命者写文章不能署真名，主办人更有遭杀头的危险，稿件随时都可能被没收，刊物也可能被查封。例如《共产党》第3号的首篇文章第一页没有原文，上面写着"此面被法捕房没收去了"几个醒目大字，就是敌人没收稿件的有力证明，也是对帝国主义者和反动派的严重抗议。

出版这个党刊，经费也很困难。李达和在商务印书馆当编辑的茅盾商量，大家写稿子卖给商务印书馆，以所得的稿酬充作党的经费。在最紧张的时候，从写稿到发行，全部工作几乎由李达一个人承担。

《共产党》月刊从1920年11月创刊到1921年7月以后停刊，虽然只出了6期，但对中国共产党的创建起了指导和推动作用。这是党的上海发起组共同努力的结果，作为上海发起组代理书记兼主编的李达，做出了重大贡献。

[①] 《北方的红星》，作家出版社1960年版，第68页。
[②] 《毛泽东书信选集》，人民出版社1983年版，第15页。

为了强化马克思主义的宣传教育，党的上海发起组全体成员除了各人自己阅读李达主编的《共产党》月刊外，每一星期还有一次学习会。每次学习 3—4 小时。学习会采取一人讲解，大家讨论的方式。担任讲解的是李达和从苏俄回国的杨明斋两人。他们还编了《马克思主义浅说》《阶级斗争》和《帝国主义》等讲义，这都是随编随讲的。这一点，也再次证明了李达在宣传马克思主义中所起的作用。

党的一大的筹备人和组织者

经过党的上海发起组和各地共产党早期组织的积极准备，成立一个统一的共产党的条件已经成熟。

1921 年 6 月，共产国际代表马林和共产国际远东书记处代表尼克尔斯基（又译名为尼可洛夫）来到中国。他们在上海首先与李达、李汉俊晤谈。李达报告了上海及其他各地党的早期组织的工作情况。国际代表认为组党时机确已成熟，建议及早召开党的全国代表大会，宣告中国共产党正式成立。[1] 根据原先的酝酿和共产国际代表的建议，李达分别与在广州的陈独秀和在北京的李大钊联系商讨，确定在上海召开中国共产党第一次全国代表大会。作为党的上海发起组代理书记，李达担负了党的一大的筹备组织工作。

李达代表党的发起组，并与李汉俊分别写信通知北京、武汉、长沙、广州、济南等地共产党早期组织以及日本留学生中的党员，各派两名代表到上海出席党的第一次全国代表大会。他在发信通知后，又给每个代表汇出旅费。各地代表先后启程前往上海。

---

[1] 《李达文集》第 4 卷，人民出版社 1988 年版，第 612 页。

1921 年 7 月 23 日晚，中国共产党第一次全国代表大会在上海法租界望志路 106 号（今兴业路 76 号）开幕。参加会议的代表有上海的李达、李汉俊，北京的张国焘、刘仁静，长沙的毛泽东、何叔衡，武汉的董必武、陈潭秋，济南的王尽美、邓恩铭，广州的陈公博，旅日的周佛海；包惠僧受陈独秀派遣，出席了会议。他们代表着全国 50 多名党员。共产国际代表马林、尼克尔斯基也出席了会议。

大会期间，李达除参加起草委员会草拟的党的纲领和工作计划外，还负责处理大会事务。一大会址的选定和转移以及代表的住宿等具体事务都是由他负责解决的。

一大代表中，除了陈公博住在公共租界豪华的大东旅馆与其新婚妻子欢度蜜月外，各地到上海的其他代表都住在法租界蒲柏路私立博文女校（今太仓路 127 号）。因为暑期休假，博文女校的教员和学生都回家去了。只有厨工 1 人，做饭兼看门。代表们的伙食都是吃包饭。毛泽东睡在两条长凳架起来的一张单人木板床上，房间很暗，一个人住。据说这是因为他个子很高，爱打呼噜的缘故，特给他如此"特殊照顾"。其他代表没有床，都在楼板上打地铺，一人一张席子睡在地板上。李达和李汉俊仍住在他们原来各自住的地方，即李达住公共租界渔阳里 2 号。李汉俊住法租界贝勒路树德里 3 号（解放前改为望志路 106 号，现为兴业路 76 号）。

外地代表的住宿问题，几乎都是李达委托他的夫人王会悟（上海女界联谊会理事、《妇女声》杂志编辑、社会主义青年团团员）解决的。一天，李达对王会悟说："我们要开个会，需要你帮助找个地方给代表住。你是上海人，上海你熟悉。"王会悟满口答应。王会悟在参加上海女界联谊会的活动中，结识了博文女校校长黄绍兰。黄绍兰思想倾向进步，曾在上海女界联谊会的一次会议上，拍案痛骂袁世凯。王会悟考虑到博文女校离一大开会地址不远，行动方便，加之正值暑假，师生都已离校，代表在此住易于保密。于是，经黄绍兰同意后，王会悟便以"北京大学暑期旅行团的名义",租借了博文女校楼上的三间房。租得房间后,王会悟购买芦席铺地,以当床铺。代表们住下后,风趣地说:"很好,凉快!"

至于一大的会址,想到李汉俊的哥哥李书城夫妇在外地避暑,李公馆的房子空着,她就去找李汉俊商量,李汉俊当即满口答应。

中国共产党第一次全国代表大会就是在李书城家中开幕的。李公馆是一幢一楼一底的普通住房。从正面看,青砖墙,黑色大门,红色门楣,是一座老式的石库门堂。进入大门是一个小天井。通过天井,便是一间只能容纳十几个人的小客堂。这就是当时一大的会场。"房间不大,中间摆了一张餐桌,四面摆上十几张椅子,十几个人坐下来,差不多挤得满满的"①。

在开幕会上首先由马林致辞,由李汉俊、刘仁静翻译。马林指出,中国共产党的成立,在世界上有很重大的意义,第三国际增添了一个东方支部,苏俄(布)增添了一个东方的朋友。并希望中国同志努力革命工作,接受第三国际的指导。尼克尔斯基也在会上讲了话。他对中国共产党的成立表示祝贺,并介绍了赤色职工国际和第三国际远东局的情况。

在开幕会议上,代表们就大会的议程和任务进行了具体的商讨,一致确定先由各地代表向大会报告本地区的工作,然后讨论和通过党的纲领,制订今后的工作计划,最后选举党的中央领导机构。

7月24日举行的第二次会议上,由各地代表向大会报告本地区的工作情况,李达代表上海发起组报告了自成立以来所进行的工作。

根据马林的建议,决定由张国焘、李达、董必武等人组成起草委员会,用两天时间起草党的纲领和今后的工作计划。所以,这个期间即7月25—26日两天休会。

7月27—29日,分别举行了三次会议,代表们集中精力详尽地讨论了起草委员会提供的《中国共产党的第一个纲领》。他们发言踊跃,讨论热

---

① 包惠僧:《党的一大前后》,《百科知识》1979年第2期。

烈，既有共同认识，又有意见分歧。但这三天的讨论是富有成果的，基本上确定了党的纲领即最终奋斗目标和党的组织原则。

7月30日晚，举行第六次会议。这天的会议同前几天一样晚上8点开始，全体代表除周佛海因病缺席外都参加了会议。马林和尼克尔斯基也到会。这次会议却遭到了法帝国主义者及其走狗的破坏。会议刚刚开始不久，突然有一个陌生的中年男子，从后面闯入。这是法租界巡捕房的一个密探。王会悟立即问他找谁，此人提出一个显然是捏造出来的名字，然后虚伪地说声"弄错了"便匆匆离去。王会悟马上将情况报告了大会主席张国焘和翻译。马林颇有地下工作经验，他机警地从座位上一跃而起，以手击桌说，此人可疑，建议会议立即停止，所有的人分头离开。说完后，他同尼克尔斯基先走，各代表随之散去。李汉俊说他是屋主不能离开，陈公博留在那里与他做伴。果然10分钟后，法国巡捕房就开来了抓人的警备车，巡捕带着十几个警察来到这所房子进行搜查。探捕问李汉俊和陈公博为什么开会，他俩说大家都是北大学生，因为要出一种杂志和丛书，所以开会商议。巡捕又问为什么有两个外国人？回答说这两人是北大的特邀教授，请他们来指导。帝国主义分子及其走狗扑了空。

这个突然事故发生以后，一大会议不宜在上海租界内继续举行。多数代表于当晚12时左右聚集在渔阳里2号李达的寓所，商讨转移会议地址时，王会悟非常热心地提出，如果在上海找不到适当的地点，可以到她的家乡去。王会悟的娘家在浙江乌镇，位于嘉兴南湖之畔，从上海乘火车去只需一个多小时。那里风景优美，可以雇一只大画舫，代表们一面游湖，一面开会，即使在那里开几天会也不成问题。于是，代表们商定最后一天的会议转移到浙江嘉兴南湖的游船上举行。

上午10时左右，代表们先后到达嘉兴车站。王会悟在车站迎候。第一批代表先在鸳湖旅社稍事休息。王会悟还带着几位代表登上南湖名胜烟雨楼，借以观察周围环境，选择画舫行游路线和停泊地点。第二批代表抵达后，大家一起来到湖畔，通过摆渡的小船，登上了事先租定的画舫。

根据回忆，这只画舫，大约 14 米长，2.8 米宽。两侧有玻璃窗，前舱搭有凉棚，后舱设有床榻，中舱是一个客堂，客堂中间放一张方桌，两旁摆着靠椅、茶几。为了会议的安全，代表们带着麻将牌和乐器，并在中舱的桌子上备有酒席，以游山玩水作为掩护。王会悟也装扮成歌女模样，坐在船头望风放哨，充当会议的"哨兵"，也就是党的卫士。事先约定，她一敲舱板，大家就得打麻将。王会悟见有别的游船靠近，就哼起嘉兴小调，手指敲着舱门打节拍，中舱里立即传出"一索""二索"的叫声，装作打麻将。

这一天是阴天，开始周围还有一些小船在划行，过了一个小时，小雨霏霏，游人渐渐散去。代表们乘坐的画舫在湖上缓缓划行，会议就在 11 点左右开始了。

这次会议可以说是上海第六次会议的继续，完成当时未能进行的议程。首先讨论和通过《中国共产党的第一个纲领》和《中国共产党的第一个决议》。这两个文件是中国共产党人初步运用马克思主义党的学说解决本国党的建设实际问题的重要文献。它对党的名称，党的基本任务和最终奋斗目标，对党员条件和入党手续，对党的组织机构和组织工作制度，对党的目前任务和党的领导问题都作了规定。

一大党纲，确定党的名称是中国共产党，规定党的纲领是"革命军队必须与无产阶级一起推翻资本家阶级的政权"；"承认无产阶级专政，直到阶级斗争结束，即直到消灭社会的阶级区分"；"消灭资本家私有制，没收机器、土地、厂房和半成品等生产资料，归社会公有"。党纲明确提出，"把工人、农民和士兵组织起来，承认党的根本政治目的是实行社会革命。"其实质是要实行无产阶级革命和无产阶级专政，以社会主义代替资本主义，最终实现共产主义。

党纲规定，入党的条件是："凡承认本党党纲和政策，并愿成为忠实的党员者，经党员一人介绍，不分性别，不分国籍，均可接收为党员，成为我们的同志。但是在加入我们的队伍以前，必须与那些与我党纲领背道而驰的党派和集团断绝一切联系。"新入党的"候补党员必须接受其所在地的委员会的考察，考察期限至少为两个月。考察期满后，经多数党员同意，始得为正式党员，如果该地区有执行委员会，应经执行委员会批准。"

党纲还规定，在全党建立统一的组织和严格的纪律。"在党处于秘密状态时，党的重要主张和党员身份应保守秘密。"[①]地方组织必须接受中央的监督和指导。

一大通过的《关于当前实际工作的决议》，决定全党要集中力量领导工人运动，首先是组织工会和教育工人。决议对开展工人运动的组织工作和宣传工作都做了具体的规定。

一大通过的党纲，确定以实现社会主义、共产主义为党的根本政治目的。这表明中国共产党同一切资产阶级政党及其他非无产阶级政党有着本质的不同，它以简洁明确的语言表达了列宁建党思想一些重要原则，说明中国共产党一开始就是按照列宁的建党原则建立起来的。当然，也无须否认，党的纲领条文比较简单，内容和结构不够完善，特别是提出党的奋斗目标时，没有把民主革命与社会主义革命区别开来，而是照搬别国的经验。但党纲的这些缺陷，并不影响它的历史功绩。

下午天气开始转晴。党的第一次全国代表大会最后选举陈独秀、李达、张国焘组成中央局。由于陈独秀是当时有很大影响力的社会主义宣传者和党的主要创始人之一，大会选举他为中央局书记，李达为宣传主任，张国焘为组织主任。大会宣告了中国共产党的正式成立。

中国共产党的成立是中国开天辟地的一件大事。从此在中国出现了完

[①] 有关《中国共产党的第一个纲领》的引文，均见《中共中央文件选集》第 1 册，中共中央党校出版社 1982 年版，第 5—7 页。

全新式的、以社会主义和共产主义为目的、以马克思列宁主义为行动指南的、统一的工人阶级政党。"自从有了中国共产党，中国革命的面目就焕然一新了。"① 李达作为大会的筹备者和组织者，为一大的胜利召开和中国共产党的诞生作了非常重要的贡献。联系他先前为建党所做的巨大的思想理论贡献，无可置疑地表明，李达是中国共产党的主要创始人之一。

党的早期重要领导人之一

党的第一次全国代表大会产生的中央局，实际上就是党的中央领导机构。李达是中央局的成员。自担任中央宣传主任之日起，便全力以赴地担负着全党的宣传领导工作，并卓有成效地开辟了全党宣传工作。

建立人民出版社　　根据中央局的决定，一大以后不久，即 1921 年 9 月 1 日，李达主持建立了我党的第一个出版机构——人民出版社。

人民出版社设在李达的寓所上海南成都路辅德里 625 号（今静安区老成都北路 7 弄 30 号）。因为是个秘密的出版机构，为了避免帝国主义和北洋军阀的搜查和破坏，所以在人民出版社出版的书刊下，故意印着"广州人民出版社"的字样，社址则印为"广州昌兴新街二十六号"。

人民出版社的主要任务，是出版发行马列主义的理论著作。李达在《新青年》第 9 卷第 5 号发表《人民出版社通告》，说明了人民出版社出版各种书籍的目的、出版品的性质以及对编译者的要求。《通告》指出："近年来新主义新学说盛行，研究的人渐渐多了，本社同人为供给此项要求起见，特刊行各种重要书籍，以资同志诸君的研究。""本社出版品的性质，在指示新潮底趋向，测定潮势的迟速，一面为信仰不坚者祛除根本上的疑

---

① 《毛泽东选集》第 4 卷，人民出版社 1991 年版，第 1357 页。

惑，一面为海内外同志图谋精神上的团结。各书或编或译，都经严加选择，内容务求确实，文章务求畅达，这一点同人相信必能满足读者底要求。"

《通告》还公布了人民出版社的出版计划，准备出"马克思全书"15种，内有《马克思传》、《工钱劳动与资本》(《雇佣劳动与资本》)、《价值价格与利润》(《工资、价格与利润》)、《哥达纲领批评》(《哥达纲领批判》)、《共产党宣言》、《法兰西内乱》(《法兰西内战》)、《资本论入门》、《剩余价值论》、《经济学批评》、《革命与反革命》、《自由贸易论》、《神圣家族》、《哲学之贫困》、《犹太人问题》、《历史法学派之哲学的宣言》；"列宁全书"14种，如《列宁传》《国家与革命》等。此外，还打算出"康民尼斯特（共产主义）丛书"11种，其他理论书籍9种，包括恩格斯的《空想的科学的社会主义》(《社会主义从空想到科学的发展》)。

从计划出版的"马克思全书"和"列宁全书"的书目看，显然，包括了马克思主义哲学、政治经济学、科学社会主义三个组成部分的基本内容，既有马克思、恩格斯成熟时期的著作，又有他们的早期著作，还有新的历史时期列宁的著作。由此可见，李达的意图是想通过出版"马克思全书"和"列宁全书"，有助于读者能够系统地了解马克思主义的基本内容及其产生和发展的历程。出版"康民尼斯特丛书"则是为了对党员和革命群众进行共产党和共产主义的教育。

这个宏伟的出版计划，由于反动势力的迫害和物质条件的限制未能完全实现。李达克服种种困难，在短短一年内出版了"十五种"革命理论书籍，其中包括"马克思全书"三种：《共产党宣言》(陈望道译，当时署名为陈佛突)、《工钱劳动与资本》即《雇佣劳动与资本》(袁让译)、《资本论入门》(马尔西原著，李漱石即李汉俊译)；"列宁全书"五种：《劳农会之建设》(李立译)、《讨论进行计划》(成则人、沈泽民译)、《共产党礼拜六》(王静译)、《劳农政府之成功与困难》(李墨耕译)、《列宁传》(张亮译)；"康民尼斯特丛书"四种：《共产党的计划》《俄国共产党党纲》《第

李达

三国际决议案及宣言》《劳动革命史》；其他编著三种。

人民出版社出版的马克思主义经典著作，除了《共产党宣言》是重印陈望道的译本外，其余都是第一次以单行本出版的新译本。这些经典著作在党的初创时期，成为许多共产主义者的启蒙读本，对促进马克思主义在中国的广泛传播，起过很大作用。

人民出版社是我党的第一个秘密的出版机构，它高举马克思主义的旗帜，在我国第一次有组织有计划地出版马克思、恩格斯和列宁的著作，开拓了我国出版事业的新路子。

在北洋军阀的反动统治下，出版马克思主义经典著作和其他革命理论书籍是非法的，随时都有被查抄没收乃至坐牢的危险。李达为建立人民出版社，出版发行马列经典著作及其他革命理论书籍承担了种种风险，付出了艰巨的劳动。那时，除了著译书稿之外，"丛书的编辑、付印、校对、发行工作"都由他"一人承担"。在党的出版事业发展史上，李达发挥了拓荒者的作用。李达领导的一切出版工作和任何出版物，无论是中央的还是地方的，都维护了中央的权威，坚持了共产党的党性原则。这对宣传出版工作而言，也具有指导意义。

主办上海平民女学　党成立后，集中致力于工人运动，并把妇女解放运动作为重要任务之一。上海是我国工人阶级最集中的地区，这里纱厂、烟厂多，女工多，党急需派一批妇女骨干去开展工作。而当时，我党却非常缺乏这种干部。这样，培训妇女骨干，以适应革命的需要就成为亟需解决的迫切问题。

同时，由于全党的领导中枢设在上海，前来请示汇报工作的同志络绎不绝。还有一些同志在当地从事革命受挫，再也待不下去，便带上家属来到上海。当时，李达的寓所又是中央局的一个机关。各地同志来上海后就先找李达接洽。党成立初期的活动经费非常缺乏，在安排来沪干部及其家属的食宿问题方面极感困难。有些干部家属文化程度低，缺乏谋生技能，他们的食宿困难，亦须解决。

基于这些缘故，陈独秀就和李达商议"在上海创办一个平民女校，以期养成妇运人才，开展妇女工作"①，顺便帮助一些干部家属一边学习文化知识，一边掌握劳动技能。

但是，在帝国主义和北洋军阀统治下的上海，共产党完全处于秘密状态，不能公开办学。李达夫人王会悟是上海女界联合会成员，李达和陈独秀便同她商量能否用女界联合会的名义。王会悟即同女界联合会会长黄宗汉商谈。黄宗汉是同盟会元老黄兴的夫人，在社会上很有声望，与陈独秀、李达都有交往。她对开办平民女学欣然赞同，连说："好极了，好极了，我们就是要多做点事情才好。陈先生、李先生都是有名望的人，这么一来，对妇女很有好处，女界联合会的声望也就提高了。"于是，平民女学就借用上海女界联合会的名义进行筹办。

接踵而来的是房子问题。上海用房特别紧张。恰好李达住所后门的斜对面有一所房子急于出租，租资只要 50 元。鉴于党的经费缺乏，李达就将自己的工资和稿费的一部分拿出来，租了这幢房子来做平民女学的校舍，并着手其他各项筹备工作。

经过三个多月紧张而有秩序的准备工作，一切筹备就绪。1922 年 2 月，我党领导创办的第一所女子学校——平民女学，在上海正式诞生了。这所学校的主要负责人是李达，他的公开身份是校务主任。王会悟协助管理学校的行政事务。

平民女学的地址设在上海南成都路辅德里 632 号 A（今老成都北路 7 弄 42 号和 44 号）。校舍规模不大，仅是一幢两楼两底的房子。教室、工场、工作室与宿舍都设在里面，设备简陋。客堂里摆了副缝纫案板，客堂后放了几台织布机。楼上两间教室，各挂着一块黑板，摆着几排带椅凳的旧课桌。

① 《李达自传》（节录），《党史研究资料》第 2 集，四川人民出版社 1981 年版。

李达

学校分设高级班、初级班。学生不多。有王剑虹、王一知、丁玲（蒋冰之）、王醒锐、王苏群、薛正源、傅戎凡、蒋鞠伊、黄玉衡、傅一星、高语英、高君曼、黄淑英等高级班学生和钱希均、张怀德、秦德君、卢亮等初级班学生共约 30 人。初级班学员多是年长失学的女子，"有的是挣脱顽固家庭羁绊来求学的，有逃脱封建婚姻出来革命的，也有党员和革命者的家属"，文化水平比较低。高级班则录取具有较高文化程度的学生，她们"都是不满足在官办或私人办的贵族女校受贤良教育，为追求革命真理而来的进步青年"[1]，"平民女校虽窄狭简陋"，"她们却毫不在乎，反觉得自己有如出笼的小鸟，到了自由的天地，可以自由飞翔了"[2]。

学校还特设一个工作部，内分缝纫、织袜、编织三个组，实行半工半读。李达非常重视工作部的工作，特地写了一篇文章，要求参加工作部的学生努力做到："第一，须有刻苦耐劳之精神，切不可好逸恶劳，懒于操作。第二，须有严格自制的意志，切不可倚赖他人或仰助学校。"并声明："本校工作部是为一般愿作工读书的女子而设的，凡入工作部的人，都要靠自己作工维持生活，本校尽可能设法代为介绍工作，却没有能力给以经济上的补助。"[3] 可见，李达是我党最早主张勤工俭学、半工半读的先导者。

课程设置是根据学生的文化程度而确定的。高级班开设语文、英文、数学、理化、教育学等课程。陈望道、邵力子、高语罕教语文；茅盾、沈泽民教英文；李达教代数；周昌寿（商务印书馆物理编辑）教物理。初级班的课程设有语文、算术、初级英语等。王会悟、高君曼教语文；张秋人教初级英语；柯庆施教算术，并负责工作部的成品销售。

平民女学是专为平民女子设立的一所新型女校，它的组织法与贵族学校根本不同，这是平民求学的地方，不是贵族小姐们进去消遣光阴的地方。

---

① 王会悟：《党创办的第一所平民女校》，《妇运史研究资料》1986 年第 1 期。

② 王一知：《走向革命》，《光辉的五四》，中国青年出版社 1959 年版。

③ 鹤：《说明本校工作部底内容》，《妇女声》第 6 期，1922 年 3 月 5 日。

李达高度赞扬说："平民女校实是以前所未有的学校"，"的确是为女子解放而办的第一个学校"，"平民女学是达到新社会的第一步"[①]！

平民女学是我党训练妇女干部的一个革命摇篮。教员都是具有新思想的知名人士，有的还是党的早期领导人。陈独秀、李达、陈望道、恽代英、茅盾、沈泽民、高语罕、施存统、邵力子、刘少奇、张太雷、张秋人等都为平民女学讲过课或作过演讲。在李达主持下，"各教师所选的教本，都是适应新思想，又合乎平民的"，讲义自编，非常详细明了。教授法也极好，讲解非常透彻。教员除了按规定讲课外，"每周还有两小时的讲演，由本校教员轮流主讲，讲的都是关于平民女子切身的问题，这一课别的学校是没有的"。[②]特别令人满意的是，从前学生悬着很多问题，找不到解惑的人，而在这时，随时都可以找得到。因为常来平民女学的，都是当时 C·P· 或 C·Y· 的工作同志。党的领导人和党员革命工作者常在平民女学接头、开会。平民女学的学生，不仅学科学文化知识和马列主义的理论，而且还经常做支援罢工的工作。平民女学学生常去杨树浦、小沙渡、闸北支援罢工。她们 3—5 人一队，打着"支援罢工"的旗帜，抱着竹筒，在大马路上，在"大世界""新世界"娱乐场门口募捐。她们把各地支援罢工的款子和募捐所得，发给罢工工人。她们散发传单，贴标语，在工人群众中进行宣传鼓动。工人群众把她们当作"自己人"，她们也以自己为工人阶级的同志感到自豪。

上海平民女学学生不多，为时也只有一年，但它在中国教育史和妇女运动史上，却写下了光辉的一页。这所革命学校的诞生，反映了我党对革命教育事业和妇女解放运动的关怀与重视。平民女学的学生在党组织和李达等人的培养、教育下，初步受到了马列主义的熏陶，学习了新的文化、科学知识，并开始走上革命的征途。经过以后长期艰苦的革命斗争的锻炼，

① 《李达文集》第 1 卷，人民出版社 1980 年版，第 130 页。
② 王会悟：《入平民女学上课一周之感想》，《妇女声》第 6 期，1922 年 3 月 5 日。

她们中间有的同志成了坚强的革命家和社会活动家，有的成了我党著名的作家、文学家和教育家。

李达主办的上海平民女学，功不可没。

指导妇女解放运动　　李达支持、热情赞助和悉心指导妇女解放运动。除主办上海平民女学之外，还热心指导《妇女声》半月刊的编辑出版，并为该刊审阅、修改许多重要文稿。《妇女声》半月刊是党在成立初期，向广大妇女开展革命宣传、争取妇女解放的一个重要阵地。

李达极为关注中国妇女解放运动，并努力研究妇女解放的种种问题。他不仅先后翻译了《社会主义底妇女观》《列宁底妇人解放论》《劳农俄国底妇女解放》《女性中心说》《绅士阀与妇女解放》《产儿制限论》等苏俄和日本社会主义宣传者有关妇女解放的论著，而且亲自撰写和出版了《女子解放论》《〈女性中心说〉中译本序言》《告诋毁男女社交的新乡愿》《介绍几个女社会革命家》《平民女学是到新社会的第一步》《说明本校工作部之内容》《女权运动史》等论著。这些论著除了《女子解放论》是建党前即 1919 年 10 月发表的，其他论文都是党成立以后撰写和发表的。

在以上这些文章中，李达以马克思主义的妇女观为指导，论述了关于妇女解放的基本思想。对妇女受压迫的根本原因、妇女解放的实质、妇女解放运动潮流的趋向、女权运动与社会主义运动的关系、妇女解放的目标及其与共产党领导的关系诸种问题，都作了正确的分析。

为什么妇女受压迫最深重？李达认为，妇女之所以沦为男子的玩物和奴隶，并不是从人类历史以来就是如此，相反，在原始社会的一段很长时期内，还是女子当权。但是在母系社会解体之后，随着私有制的产生才发生了妇女受压迫的现象。就是说，妇女之所以受压迫是一定社会历史条件的产物，是在私有制和阶级对立的基础上产生发展的。他明确指出，由游牧社会进入农业社会，私有财产制度产生，经济的全权操在父系家长之手，女子在经济上开始处于隶属的地位。"男子完全成为治者阶级，女子完全成为被治阶级，女子除了做男子的玩物和奴隶以外，几乎失去了存在的意义。"从那以后，世界成了男子的世界，社会成了男子的社会。"支配社会的一切道德、风俗、习惯、法律、政治、经济，都以男子为中心，女子的人格，堕落在万丈深坑的底下去了！"[1]

什么是妇女的解放？为什么要解放妇女？李达一一作了明确坚定的回答。他说："因为女子被锁闭得如囚犯一般，所以这囚犯是应该解放的。因为女子被压迫得如奴隶一般，所谓这奴隶是应该解放的。"所谓解放女子，"也可叫做解放奴隶囚犯"。[2] 要使女子摆脱奴隶囚犯和男子玩物的地位，就应该使女子知道自己既不是奴隶囚犯，也不是男子的玩物，而是一个享有独立人格的"人"。并从精神上特别是物质上获得真正的解放。男子既然晓得世界大势，标榜人道，就应该赶快帮助女子解放。所以，李达主张通过女权运动即妇女解放运动，来恢复女子自己独立的人格和尊严，求得精神上物质上真正的解放。

李达考察了女权运动的历史，预测了女权运动的趋势，认为妇女解放运动的潮流，犹如汹涌澎湃，锐不可当，无论是哪一个国家，"只有顺应的，决不可以抵抗的"，而"中国的国情，比欧美更加有解放女子的必要"。李达分析了中国的国情，指出："中国本是农业国家，数千年间，完全是农业经济时代。男性中心的社会制度，男尊女卑的道德习惯，一直流行了数千年。中国妇女在过去所受的压迫和苦痛，比欧美各国过去的妇女所受的有过之而无不及。"由于受了资本主义的影响，中国社会经济的变化，已是不许女子继续苟且偷安的生活了。所以，"中国的女权运动自然要盛行起来"。李达认为"中国的女权运动，也必是要受同样的社会进化的原则所支配"[3]。

① 《李达文集》第 1 卷，人民出版社 1980 年版，第 147、11 页。

② 《李达文集》第 1 卷，人民出版社 1980 年版，第 11 页。

③ 《李达文集》第 1 卷，人民出版社 1980 年版，第 11、148、149 页。

李达从对女权运动的由来之考察中，得出了符合历史唯物主义的科学论断。因为"女权运动是由经济组织的变迁和社会制度的演进产生出来的"，所以女权运动，从客观上说，"实是使女子适合现时经济组织的社会的改造"①。从而揭示了妇女解放运动发生发展的深厚的社会经济根源。

李达认为，欧洲女权运动经历了中流阶级（资产阶级）女权运动和无产阶级女权运动两个时期。资产阶级女权运动的最大目标是打破男权专制，要求法律上、社会上、经济上、政治上一切方面的男女机会均等。然而，随着经济的变化并进，资产阶级女权运动必然被无产阶级女权运动所代替。李达得出结论说：女权运动，终究要变为劳动运动。"劳动问题解决了，妇女问题自然会消灭。"②这就是说，妇女的解放，归根到底，是阶级的解放。这时的女权运动，自然就成为社会主义运动的一部分。

那么，妇女解放的最终目标是什么？怎样才能实现妇女的彻底解放呢？依照李达的观点，要实现妇女的彻底解放，只有在共产党领导下，通过社会革命，推翻地主资产阶级的统治，建立社会主义共和国，才能实现。而女权运动的最终目标是实现共产主义。

李达考察了欧洲各国的女权运动之后，经过综合分析、横向比较，非常高兴地说："更要大书特书的，便是共产主义的妇女运动了。"他赞扬德国无产阶级的妇女们和男子们，"通力合作，来干共产主义的运动。"并把卢森堡和蔡特金，当作"共产主义的妇女运动的急先锋"，"是世界无产妇女底明星"③。

李达对俄国的妇女运动推崇备至，特别热情讴歌十月革命后的俄国妇女解放。他认为俄国布尔什维克党领导的十月社会主义革命从根本上否定了剥削阶级"神圣的私有制"，彻底铲除了妇女受压迫和男女不平等的根

———

① 《李达文集》第 1 卷，人民出版社 1980 年版，第 146、147 页。
② 《李达文集》第 1 卷，人民出版社 1980 年版，第 148 页。
③ 《李达文集》第 1 卷，人民出版社 1980 年版，第 170、112 页。

源。这是世界上过去任何一个政党、任何一次革命都不敢做到的。李达援引列宁的话说："最近十年之中，世界最进步的民主国中，无论什么民主的党派在解放妇女上，能够做到我们专政后第一年所做事业百分之一的，一个也没有。在我们国内，凡有关屈辱意义（系性质——笔者注）的法律，如拒绝妇女底权力，害怕自由离婚，处罚私生子等法律，现在都废止了。"李达说："这是列宁对妇女解放的演说。他所说的全是事实，凡是观察过劳农俄国的人，没有一个人不承认的。"李达认为，与号称民主国家的英法等国的妇女运动相比，俄国妇女运动之所以"早日奏效"，"成功如此之速"，其原因就在于它的最初目的，就在结合国内与她们处同样境遇的男子们，共同向专制政府及大地主贵族资本家作战，就在于俄国的妇女运动，"始终一贯都是带着革命性质的"①。

李达在考察了德国和俄国女权运动的基础上，深深感到共产主义的妇女运动是女权运动"最高的"阶段，只有在共产党"能够取社会民主党政府而代之的时候"，在共产党执掌国家政权并"建设了男女平等的社会主义共和国"的时候，"真正的女子解放就可实现了"②。

李达之所以着力叙述欧洲各国女权运动的历史，是为了"使女权运动者知道社会进化的定律，能够于过去的历史中，寻求根本解决的目的和手段。"通晓俄国革命的妇女解放运动，做女权运动的人们就可以明白"社会主义与妇女解放的关系如何"③。就是说，只要在共产党领导下，通过社会革命，推翻地主资产阶级的统治，建立"男女平等的社会主义共和国"，就可以达到妇女解放的根本目的。

李达不仅研究世界的女权运动史，而且更致力于中国妇女解放运动的研究。

---

① 《李达文集》第 1 卷，人民出版社 1980 年版，第 180、181 页。
② 《李达文集》第 1 卷，人民出版社 1980 年版，第 171、184、171 页。
③ 《李达文集》第 1 卷，人民出版社 1980 年版，第 149、184 页。

李达认为，男女同校，共同教育，废除买卖婚姻和包办婚姻；实行恋爱自由和婚姻自由；保持精神独立和经济独立；废止家庭恶习，禁绝娼妓，与男子共同奋斗以争得普选权，是中国妇女解放的必要条件。而当前摆在中国妇女面前的伟大事业，就在根本改造旧社会，创造男女平等的新社会。只有走民族解放、阶级解放之路，才能实现中国妇女的真正解放。所以李达指出："社会根本的改造的大事业，横在我们面前，有志改造社会的男女们，彼此不可不有阶级的共存的自觉，共同携手参与改造事业，和那共同的社会的敌人奋斗"①，建设男女两性平等的新社会。

婚姻自由、男女社交是女子解放的重要内容。李达指出："在现社会制度之下，婚姻是极不自由的……凡是有知觉的人，都感觉得到。青年男女既然觉悟到恶劣的婚制结成恶劣的婚姻，就必然起来反抗旧婚姻制度。"②结果势必获得婚姻的自由。李达本人也是实行自由恋爱的先驱者。

男女社交自由也是合情合理的。因为"社会是由男女组织而成的，有男女始有社会，有社会就有男女，离男女两性无社会，离社会无男女两性。世间并没有纯粹男子的社会，也没有纯粹女子的社会的。"所以，男女社交是必然的，也是正常的。可是，那班诋毁男女社交的新乡愿们，各种谩骂的语调，处处都可听见。李达批驳说："他们是时代的落伍者。他们虽然生息于现社会之中，而对于现社会中事实却是盲然一无所知的。"③

女子受教育问题，是妇女解放的一个重要问题。李达分析了过去女子不能获得教育权的原因，指出："数千年来，所有一切教育权都握在有钱有势的人手里，都握在男子手里。法律的、社会的、经济的种种限制，使得无钱无势的人不能得到读书的机会，使得女子不能取得读书的资格。所以教育变成了特权阶级的特权，学校成了他们压迫欺骗民众的工具。"现

---

① 《李达文集》第1卷，人民出版社1980年版，第105页。
② 《李达文集》第1卷，人民出版社1980年版，第107页。
③ 《李达文集》第1卷，人民出版社1980年版，第107、106页。

在的各种学校，能够收容女子的，除了我党创办的平民女校之外，一个也没有。李达谈到平民女校的特点时指出："一，为无力求学的女子设工作部，替伊们介绍工作，使取得工资维持自己的生活，实行工读互助主义。二，为年长失学的女子设专班教授，务使于最短时间，灌输最多知识。三，为一般不愿受机械的教育的女子设专班教授，使能自由完成个性。"由此看来，"平民女校实是以前所未有的学校"，"的确是为女子解放而办的第一个学校"。李达大声疾呼，"大家不要把平民女学等闲放过了，注意呵，平民女学是到新社会的第一步哩！"①李达以自己主办平民女学的亲身实践，说明了女子受教育的必要性和可行性，并且是培训妇女干部的良策。

综上可知，李达关于妇女解放的思想，比较系统地阐明了妇女受压迫的根源、妇女解放运动的目标和方向，以及妇女解放的条件和途径等一系列基本问题，他所表达的基本观点，代表了早期共产主义者的妇女观，传播了马克思主义关于妇女解放运动的理论，促进了我国妇女解放运动的发生和发展。须知，妇女解放是社会解放的尺度。从这个意义上说，李达对妇女解放所起的作用，是决不会被历史遗忘的。

颂扬劳工 宣传苏俄　　李达一贯支持工人运动，注意向工人阶级灌输阶级斗争的意识。

建党前夕，即党的上海发起组成立后，从 1920 年 11 月 28 日起，至1921 年 5 月 1 日止，李达用立达、H·M、江春的笔名，在《劳动界》、《新青年》、《民国日报》副刊《觉悟》上，相继发表了《劳动者与社会主义》《劳工神圣颂》《"五一"运动》等文章，提出了劳动问题及其解决的根本方法、劳动者与社会主义、劳动创造世界、组织巩固的工会等一系列基本思想。李达指出，现时代最大的劳动问题，就是劳动者怎样不饿死不冻死、不受资本家剥削和压迫的问题。这个问题"有一个最大的根本解决

---

① 《李达文集》第 1 卷，人民出版社 1980 年版，第 128、129、130 页。

方法，就是社会主义"。所以"劳动者非信奉社会主义，实行社会革命把资本家完全铲除不可"。劳动问题，是劳动者自身死活的问题，劳动者自己非有觉悟不可。"劳动者要获得政治上、经济上的自由平等，就首先要团结起来，组织巩固之工会。"工会越巩固，势力越大。李达怀着满腔热情讴歌劳动者劳动创造世界的伟业，指出：劳动者"有如太阳一般大的原动力，投热于地面上，没有他的时候，人类一天都不能生存"。"劳动者是万物的创造主。""万物的所有权，属于劳动者。"[①] 李达的这些观点，表达了早期马克思主义者对劳动者与社会主义的基本观点；也表达了马克思主义与工人运动相结合的观点。

党成立以后，即 1922 年 5 月 1 日，第一次全国劳动大会开幕之际，他满怀激情地撰写了《对于全国劳动大会的希望》一文，赞扬全国劳动大会的召开"是中国劳动界破天荒的举动，与 1864 年万国劳动者的大会（第一国际成立大会——笔者注）有同样的重要意义"，并对全国劳动大会提出了殷切的希望。李达认为，中国劳动界应该组织一个全国劳动大同盟，作为劳动阶级解放斗争的策源地。他援引马克思的话说："劳动者是没有祖国的。"同样，劳动者也没有省界。劳动者若分地域的界限，劳动阶级便分裂了，分裂则势力减弱，就不能从资产阶级手里解放出来。他大声疾呼："各处工会要设法化除乡土观念。"工人要信奉社会主义，"不要怕社会主义"。主张劳动立法，要求政府至少承认劳动者有罢工权；制定工会法；实行八小时劳动制，保障童工、女工；制定劳动保护法。

1922 年 8 月，党为了推动工人运动，利用北京直系军阀政府宣称"要重开国会、制定宪法"的机会，发动了全国性的劳动立法运动。中国劳动组合书记部提出的劳动法大纲，包括劳动立法的四项原则（保护工人政治上的自由，改良经济生活，参加劳动管理，对工人实行劳动补习教育）和

---

① 《李达文集》第 1 卷，人民出版社 1980 年版，第 41、77、42、43 页。

劳动立法大纲 19 条，其主要内容有承认劳动者有集会结社、同盟罢工、缔结团体契约等权利；实行八小时工作制；保护女工、童工；保障劳动者的最低工资等。

对此，李达又写文章进行宣传。他揭露军阀统治者践踏法律蹂躏人民的种种罪行，指出："'中华民国约法'上所规定的自由，只有少数特权阶级能够享受，对于非特权阶级是要用法律来压制的。""约法就变成少数武人压迫人民的武器，而劳动人民就完全变成俯首帖耳听人宰割的奴隶了"[1]。又说：中国劳动者处在半殖民地半封建式的武人政治之下，"受不到法律的保障，军阀资本家可以任意杀人，若想用合法的手段取得真正的自由，当然是不可能之事。但是劳动者解放的第一步，至少必先取得结社自由和罢工权利。有了结社自由，无数万劳动者便可组成一大阶级和有产阶级对峙。有了罢工权利，劳动阶级就可以学得作战方略和有产阶级敌抗。所以在现在的中国要求劳动立法，一则可以获得组织、团结的机会，一则可以顾及目前的利害。凡是劳动者，都应急起直追，切不可观望不前"[2]。

李达还指出了劳动问题和劳动立法问题的极端重要性，认为"劳动问题本是个经济问题，但到劳动者感觉切肤之痛要起来实行解决的时候，就转成政治问题，所以劳动运动常易变成政治运动"。而且，"往往容易惹起暴动和革命的群众运动"[3]。但是，劳动者自谋解放的第一步，就要急起直追来干劳动立法运动。李达号召全国劳动者团结起来，"通力合作"，依靠自身的觉悟自己起来斗争，去打破旧法律，争取劳动立法运动的胜利。

由此看来，李达为劳动立法运动起了摇旗呐喊推波助澜的重要作用。劳动法大纲也得到各地工人的热烈拥护。封建军阀卵翼下的国会，当然不可能接受工人阶级的要求而通过这样的劳动法，但是，这次劳动立法运动

李达

---

[1] 《李达文集》第 1 卷，人民出版社 1980 年版，第 187 页。
[2] 《李达文集》第 1 卷，人民出版社 1980 年版，第 190 页。
[3] 《李达文集》第 1 卷，人民出版社 1980 年版，第 187 页。

仍然发挥了重要的作用，不仅推动了工人运动的高涨，而且提高了中国共产党和中国劳动组合书记部在工人群众中的威望，也显示了党的宣传工作的威力。

李达热烈拥护十月革命。从参加党的上海发起组起，他就把介绍十月革命的成就和经验，报道苏俄的消息，当作自己义不容辞的责任。中国共产党成立后，他更加积极地宣传苏维埃俄国，阐释布尔什维克党的重要政策。

1922 年初，在《先驱》第 1、2 期上，李达用李特的笔名连续发表《俄国的新经济政策》专文。他从俄国共产党执政时代预定的政策与现在政策之比较、俄国新经济政策实行之马克思主义的基础、俄国新经济政策实行以后的利害这三个方面，系统地论述新经济政策是俄共（布）根据马克思主义原理结合本国实际而制订的正确政策，郑重指出："即令自由贸易而发生私人的资本主义"，也"万无危及苏维埃政府存在的危险"。从而驳斥了共产主义敌人对苏俄的诬蔑和攻击，使国内许多人的糊涂观念得到澄清。并且得出结论说，俄国的新经济政策是建立在马克思主义的基础之上的，也是无背于共产主义的。李达的这篇文章，在现代国际共产主义运动中对于批驳那些极左派、捍卫列宁主义的新政策，无疑发挥了一定的作用。

为了帮助人们坚定走十月革命的道路，李达还译述了长达 377 页的《劳农俄国研究》一书，由商务印书馆于 1922 年 8 月出版，至 1926 年印行四版。可见影响之大，据 1923 年 2 月《申报之最近五十年》介绍说："是书专述俄国劳农主义经过之原委，对于俄国革命之历史，劳农政治之特质及其组织纲要与社会文化设施的方法，解放妇女之原由，均叙述綦详。读之，不仅明白劳农制度之现状，且可了解劳农主义的宗旨之所在。"

大量事实表明，李达不仅是中国共产党主要的创始人之一，而且是党的早期重要领导人之一，并是建党初期的著名宣传家。

第四章

党的宣传家

出席党的二大

中国共产党在成立以后的一年间，通过斗争的实践主要是工人运动的实践，对于国内外的形势，对于中国社会和中国革命的实际问题，开始有了进一步的了解。

当时，政治形势的基本特点是，各帝国主义国家重新加紧对中国的侵略，企图进一步宰割中国。

1921年底至1922年初，美国提议召开的几个帝国主义列强参加的华盛顿会议，通过了《九国公约》，确认了美国提出的"各国在华机会均等"和"中国门户开放"的原则，以遏制日本独占中国的势头，确认了帝国主义列强"协同"侵略、共同统治中国的局面。在帝国主义势力的操纵下，加剧了中国各派军阀之间的矛盾，引发了诸如直皖战争、直奉战争的军阀混战，使中国政局极度混乱。这些事实使中国共产党开始认识到，中国人民所受的最大痛苦，还不是一般的资本主义剥削，而是帝国主义的压迫和封建军阀的统治。1922年1月，中国共产党、中国社会主义青年团、中国国民党以及革命群众团体派遣自己的代表，参加了共产国际在莫斯科召开的远东各国共产党及民族革命团体第一次代表大会。这次大会阐明了列宁关于民族和殖民地问题的理论，大会宣言强调"民族解放运动的反帝反封建的双重性质"。会议期间，列宁抱病接见了中国代表，明确指出中国革命现阶段的任务是反帝反封建，并勉励中国工人阶级发挥更大的作用，推动革命运动的发展。列宁和共产国际的这些思想，对于中国共产党制定当前阶段的革命纲领给予了直接的帮助。

为了进一步正式确定党的革命纲领，1922年7月16日至23日，中国共产党在上海召开了第二次全国代表大会。陈独秀、张国焘、李达、蔡和森、高君宇、邓中夏、向警予、张太雷等 12 名代表出席了大会，代表 195 名党员。

大会的第一天，就是在李达的寓所南成都路辅德里 625 号举行的。会议期间，代表们在一起分析国际的局势，研讨国内的局势，接着要提出本党对于时局的主张，发表宣言、制订党的纲领，通过几项决议。于是大会代表分成几个小组，讨论各项问题。李达被指定为教育问题组和妇女问题组召集人，张国焘也在这一组。小组讨论时，张国焘也发表了意见，最后由李达归纳为几条，提交大会讨论。李达回忆道："当大会讨论时，张国焘首先发言，就前天我们所共同确定的几条，大肆批评。原来是根据他（从莫斯科）所带回的宣传品来批评的，……我当面质问他，昨天在小组会讨论时你为什么不提出你的高见，要留到今天才发挥？他回答说，昨天没有仔细想到。我听了这话，倒抽一口冷气，这阴谋狡诈的家伙，无非是踏倒别人，提高自己。"[1] 这是李达与张国焘之间发生的争论。

大会根据列宁关于民族殖民地问题的理论和党成立后对中国革命基本问题的初步探索，发表了具有重大历史意义的宣言。宣言在分析国际国内形势、中国的社会性质和革命性质的基础上制定了党的最低纲领和最高纲领。党的最低纲领即党在民主革命阶段的纲领是：消除内乱，打倒军阀，建设国内和平，推翻国际帝国主义的压迫，达到中华民族完全独立，统一中国为真正的民主共和国。党的最高纲领是："用阶级斗争的手段，建立劳农专政的政治，铲除私有财产制度，渐次达到一个共产主义的社会。"

为了贯彻执行党的民主革命纲领，大会通过了《关于民主的联合战线的决议案》，改变了党的一大文件中不同其他党派建立任何联系的规定。这是党在策略方针上的一大进步。

大会通过了《关于共产党的组织章程决议案》，制订了《中国共产党

---

[1] 《李达全集》第 16 卷，人民出版社 2016 年版，第 6 页。

章程》，还通过了《中国共产党加入第三国际决议案》。这些都标志着比一大前进了一步。

大会选举陈独秀、张国焘、蔡和森、高君宇、邓中夏为中央执行委员会委员，另选出三名候补执行委员，中央执行委员会推选陈独秀为委员长。李达之所以没有进入中央可能与张国焘有关。

中国共产党第二次全国代表大会在全国人民面前第一次破天荒地提出了反帝反封建的民主革命纲领，并指出要通过民主革命进一步创造条件，实现社会主义和共产主义。这是党对中国革命认识的一个重大进步，说明中国共产党人在中国革命最主要的问题上，开始把马克思列宁主义的普遍真理同中国具体实践结合起来。

不过，党在当时对中国革命问题的认识也还有缺点。它认为，"民主主义革命成功了，无产阶级不过得着一些自由与权利"。这就是说，中国民主革命的胜利将是资产阶级的胜利。中国共产党人当时是套用西方国家的革命模式而得出这种看法，但这个模式对中国革命是不适用的。这说明，中国共产党虽然已经分清了民主主义革命与社会主义革命的界限，但还不懂得新旧民主主义革命的界限，不懂得处在新的历史条件下的中国民主主义革命，应当是由无产阶级领导的新民主主义革命。

湖南自修大学学长

党的第二次全国代表大会上，李达因为遭受张国焘的排斥打击，促使他感到自己还是"要专心于马克思主义的研究"[①]。于是，大会以后，他便离开了中央，专事马列主义理论的研究与宣传。在此期间，李达对王会悟讲："我是一个有病的人，只能用笔杆子来作战。目前最大的任务之一是

---

① 《李达全集》第16卷，人民出版社2016年版，第8页。

李达

086

需要多多宣传马克思主义，多多介绍俄国十月革命的情况，介绍列宁领导无产阶级革命推翻沙皇夺取政权的榜样。"他还常说："我看湖南支部（注：应为区委）做得好！我初见润之就觉得他言出有理。他现在湖南有言有为，好！对，我必须要紧握这笔杆子，专为劳动人民效力。"[①]

1922 年 11 月间，李达接到毛泽东来信，说他们早在 1921 年 8 月间，利用船山学社的经费和社址，在长沙创办了一所自修大学，要他去做校长。这样，李达夫妇带着一个出生不久的女儿（注：长女，名心田，别号"小数点"）去了长沙，担任湖南自修大学校长。

他与毛泽东、何叔衡等同住长沙清水塘，共同担负起培养党的干部、研讨马列主义的光荣任务。据王会悟回忆，那时，毛泽东特别善于理论的思考，他一想起什么问题，就来找李达，常常深更半夜敲门，把李达叫起来商谈。

李达到长沙，湖南的共产党员特别欢迎他。毛泽东亲自陪同他与自修大学的学员们见面，介绍他曾任党的中央局成员、第一任中央宣传主任，说他马列主义水平高，特请来帮助大家学习马列主义。湖南《大公报》发表了他的就职消息。这一切引起了湖南省省长赵恒惕的注意，想拉李达到审计院任职，请李达赴宴，李达拒绝了。1923 年 1 月 8—10 日，李达在湖南《大公报》公开发表《李达启事》，明确宣告："鄙人别号鹤鸣，此次由沪返湘，单在自修大学担任教职，并未在他处就事。昨日各报载审计院公职人员中，有与鄙人名姓相同者一人，系另一李达，兹因各方友人之函询，特此登报声明。"表现了李达立场的坚定性。

自修大学是一所传播马列主义、培养革命干部的新型大学。毛泽东任校董，李达任校长，何叔衡、李维汉、罗学瓒、郭亮、夏明翰、毛泽民、毛泽覃、陈佑魁、陈昌、贺昌、贺尔康、姜梦周、夏曦、易礼容等曾在这

---

① 王会悟：《建党初期的一些情况》，《"一大"前后》（二），人民出版社 1980 年版。

里学习或工作过。

自修大学与官式大学不同。它"采取古代书院与现代学校二者之长，取自动的方法，研究各种学术，以期发明真理，造就人才，使文化普及于平民，学术周流于社会"①。它要求打破地主资产阶级垄断学校的旧教育制度，使"自修大学为一种平民主义的大学"。它强调学生要有明确的学习目的，树立正确的人生观、世界观，因此明确规定："学生不但修学，还要有向上的思想，养成健全的体格，煎涤不良的习惯，为革新社会的准备。"②它的办学"目的在改造新社会"③。这里孕育着德、智、体全面发展的教育思想，有明确的培养目标和办学目的，体现了教育制度的无产阶级性质。这些李达是切切实实地认真贯彻执行了。

自修大学设有文、法两科，以研究马列主义、探讨中国革命问题为中心组织教学。学习方法以个人研究、小组讨论为主。教师负提出问题、订正笔记、提供参考书目和资料、修改作文（一般为政论文）等责任。当时，湖南《大公报》有篇《省城各校现况调查记》写道：自修大学"纯重自修，除外国文外，皆无上课时间，各人自由研究或自由讨论"。学生"每人每日作读书录及填写作业本各一件。每月作文一篇。皆由学长考阅，以定成绩之良否。每月之作文，则择其优良者，于该校月刊上发表"。

自修大学非常注意劳动教育，强调脑力劳动与体力劳动相结合，并在校内设置园艺、工厂，以供劳动锻炼。该校的"组织大纲"规定：本大学"图脑力与体力之平均发展，并求知识与劳力两阶级之接近；应注意劳动"④。

自修大学还附设补习学校、法文专修科、中学，公开招生，为党培训

---

① 《湖南自修大学组织大纲》，《新时代》第 1 号，1923 年 4 月 10 日。
② 《湖南自修大学创立宣言》，《新时代》第 1 号，1923 年 4 月 10 日。
③ 《湖南自修大学入学须知》，《新时代》第 1 号，1923 年 4 月 10 日。
④ 《湖南自修大学组织大纲》，《新时代》第 1 号，1923 年 4 月 10 日。

青年干部。学生最多时达 200 余人。

李达主持校政和教学，负责"指导学友之自修，考察学友之成绩"，辅导大家学习马列主义。此外，还给补习学校、法文专修科、中学的学生系统讲授唯物史观、剩余价值理论、科学社会主义和社会发展史。他结合实际、针对学生提出的问题进行教学。

李达特别重视组织学习马克思主义的原著，亲自给自修大学的学员讲授《德国劳动党纲领栏外批评》即马克思的《哥达纲领批判》，并把它翻译成中文发表在校刊上。他还编写《马克思主义名词解释》，印发学员参考。通过听讲、自学和讨论，学员们初步懂得了一些马克思主义原理，并用它分析国内外的现状，加深了对帝国主义及其走狗军阀政府的本质的认识，明确了自己肩负的历史使命，感到将来实现社会主义、共产主义的任务是一件极其光荣伟大而艰难的事业，同时也明确了当前阶段革命的主要纲领是打倒帝国主义列强，推翻军阀政府。

自修大学既是一所传播马列主义、培养革命干部的学校，又是当时党在湖南地区的重要活动场所。学员大都是经过党组织严格挑选的党团员。他们在学习马列主义的同时，积极参加党领导的革命活动。当时，颇有影响的湖南学生联合会就设在自修大学内，党通过它领导学生运动。学联干事部主任夏曦、庶务毛泽民、会计彭平之、编辑委员夏明翰、张鼎，均是自修大学的学员。毛泽东调离长沙后，接任湘区党委书记的李维汉也是以自修大学学员兼补习学校教务主任的合法身份从事党的工作的。

自修大学受到了当时教育界有识之士的普遍赞赏。蔡元培著文说：他读了湖南自修大学组织大纲之后，"喜欢得了不得"，它"合我国书院与西洋研究所之长而活用之"，"可以为各省的模范"[1]。李石曾也说："湖南自修大学之成功，为高等教育普及之先导，为社会自由制度实现之先导。"[2] 有

---

[1] 蔡元培：《湖南自修大学的介绍与说明》，《新时代》第 1 号，1923 年 4 月 10 日。
[2] 李石曾：《祝湖南自修大学之成功》，《新时代》第 1 号，1923 年 4 月 10 日。

的文章指出，自修大学矫正"旧制学校之缺陷"，提倡"变'被动的'求学而为'自动的'求学；变'贵族式'的学校而为'平民化'学校；打破'虚荣的'心理，而趋重'实际的'功夫。……吾知未来之自修大学，必庄严灿烂于'湘水'之滨，而与'麓山'竞秀矣。"① 他们的这些看法，虽然没有从本质上认识自修大学的意义，却反映了自修大学当时在社会上所发生的广泛影响。

自修大学是湖南革命的摇篮。李达和毛泽东、何叔衡、李维汉等同志一起，为湖南党组织培养、造就了一批革命干部，这些同志以后成长为党的骨干和革命的栋梁。何叔衡、毛泽民、毛泽覃、郭亮、夏曦、夏明翰、陈佑魁、姜梦周、陈昌、罗学瓒等都是自修大学的学员，都是革命的精英，对革命事业做出了重大贡献，并先后献出了宝贵的生命。

主编《新时代》

为了宣传马列主义、研讨中国革命问题，毛泽东和李达以湖南自修大学名义，创办了《新时代》月刊，作为自己的理论阵地，李达任主编。

1923 年 4 月 15 日，《新时代》创刊号出版。《发刊词》说："本刊与普通校刊不同，普通校刊兼收并列，是文字的杂货店，本刊却是有一定主张和一定宗旨的。同人自信都有独立自强的精神，都有艰苦不屈的志气，只因痛感社会制度的不良和教育机关的不备，才集合起来，组织这个学问上的'亡命之帮'，努力研究致用的学术，实行社会改造的准备。……因此本刊出世的使命实在非常重要。将来，国家如何改造，政治如何澄清，帝国主义如何打倒，武人政治如何推翻，教育制度如何改革，文学艺术和其

---

① 王言纬：《湖南自修大学之未来与希望》，《新时代》第 2 号。

他学问如何革命，如何建设等问题，本刊必有一种根本的研究和具体的主张贡献出来，目的借此引起许多志同道合的人们从事这种社会改造的事业和研究。"这不仅阐明了这个理论刊物的任务与特点，而且表明，它是以研究中国社会问题，图谋社会改造为己任的。

当时，中国共产党已经明确提出民主革命的纲领，准备与孙中山领导的中国国民党建立统一战线。《新时代》月刊直接担负着宣传党的纲领，促进国共合作的重要使命。

毛泽东对创办《新时代》非常重视。他遭反动政府通缉拟离开长沙前夕，还为该刊的创刊号撰写了《外力·军阀与革命》的重要文章。在此文中，毛泽东分析了国内外的政治形势，阐明了建立革命统一战线的必要性。指明帝国主义与反动军阀相互勾结、狼狈为奸，势必使中国"政治更加黑暗，财政更加混乱，军队更加增多，实业教育更加停滞，压迫人民的办法更加利害"，然而"政治愈反动愈混乱的结果，是必然要激起全国国民的革命观念，国民的组织能力也会要一天进步一天"。革命分子必然"一天一天增加，组织一天一天强固"。毛泽东还运用辩证法的规律指出："现在是混乱时代，断不是和平统一时代，政治是只有更反动更混乱的。"但正是这种反动混乱的时代，恰恰"是和平统一的来源，是革命的生母，是民主独立的圣药"。只有革命民主派和革命人民团结起来，打倒帝国主义和封建军阀，"中国民主独立的政治……才算完成"。

1923 年 4 月至 7 月，《新时代》一共出版 4 期，16 开本，每期 100 多页、印 2000 份。李达在这个杂志上相继发表了《何谓帝国主义》、《为收回旅大运动敬告国人》、《德国劳动党纲领栏外批评》(《哥达纲领批判》的中译本)、《马克思学说与中国》、《中国工商阶级应有之觉悟》、《旧国会不死大盗不止》等论文。除译文外，文章着重宣传了党的民主革命纲领，阐明党的革命统一战线政策，目的非常明确，理论性和针对性都很强。

党的二大结束后不久，胡适著文公开反对中国共产党提出反帝反封建的民主革命纲领。他说"中国投资者"也"希望中国和平与统一"，说当时"中国已经没有很大的国际侵略的危险了"，污蔑中国共产党说国际帝国主义支持各派军阀打内战"很像乡下人谈海外奇闻，几乎全无事实的根据"[①]。竭力为帝国主义辩护。

针对胡适美化帝国主义的这些谬论，李达在《何谓帝国主义》一文中，用大量历史事实，揭露了帝国主义侵略中国、支持各派军阀混战、破坏国内和平与统一的种种罪行。严肃指出："中国的乱源"、"搅乱中国的两大障碍物，一个是国际帝国主义，一个是国内武人政治。我们民众要期待统一与和平，要获得自由与幸福，非首先组织起来打破这两大障碍物，绝对没有成功的希望。"李达还运用列宁关于"帝国主义论"的原理，通过大量材料，分析了帝国主义化的过程。指出："帝国主义是资本主义最终的形式。帝国主义的资本主义，资本主义的帝国主义完全是一个东西。"[②]

李达在《为收回旅大运动敬告国人》中再次强调，中国外交的历史完全是帝国主义列强侵略中国的历史。一切含有威胁屈辱的中外条约都应完全废弃，一切租界都要收回，一草一木之微也不许他们任意采摘。指出，中国人民处在国际帝国主义和国内武人政治的两重压迫之下，如水益深，如火益热。号召中国人民组织起来，开展一个国民革命运动铲除军阀，打倒国际帝国主义，建设统一的国民政府，建设独立自主的国家。李达的认识同党在中国革命和社会问题上的认识是同步的，同建党初期相比，是大大地前进了一步。明确地认识到中国革命不是一般地反对资本主义，而是反对国际帝国主义，打倒封建军阀。排除外力（国际帝国主义在华的侵略势力——注），推倒军阀，这几乎是天经地义的了。

李达的《马克思学说与中国》是《新时代》刊物上发表的一篇最重要最具代表性的长篇论文。此文长达1万字。其重要性就在于理论联系实

---

① 胡适：《国际的中国》，《努力》周报第22期，1922年10月1日。
② 《李达文集》第1卷，人民出版社1980年版，第192、197页。

际，寓马克思主义原理于中国革命的实际中。李达并不是一般地搬用马克思主义的公式，而是从鸦片战争后中国沦为半殖民地的这一特点出发，明确指出，中国共产党"组织无产阶级，企图社会革命，在理论上在事实上并不是没有确实的根据的"。同时又说，无产阶级究竟怎样来进行政治运动，"这一点马克思在《共产党宣言》上并未为中国共产党筹画（划）"，那是要"按照中国国情"①来决定的。当然，把马克思主义的世界观、方法论，社会发展原理和科学社会主义理论运用到中国的具体实际中去，绝不是一件很容易的事，当时他也不可能解决这个问题。但李达在那时有这样的思路和看法，却是极可宝贵的，迈开了马克思主义中国化的第一步。

从这一思路出发，李达驳斥了胡适散布的所谓马克思主义不适合中国国情的谬论，坚定而明确地指出，党的二大宣言所提出的纲领和政治主张，既符合马克思主义的基本原理又适合中国实际情况的。"马克思学说之在中国，已经由介绍的时期而进到实行的时期了。"必须研究中国如何"应用马克思学说改造社会"②的问题。很有必要讨论"马克思学说与中国"这一论题。李达的同名论文就是为此而提出的。

李达运用马克思主义的原理，结合党的二大通过的《民主的联合战线决议案》和共产国际《关于中国共产党与国民党的关系问题的决议》，阐明了自己对国共合作的见解，指出："中国共产党联合国民党推翻军阀政治的主张，在马克思学说上也是有基础的。"认为反帝反封建必须组成包括资产阶级在内的以国共合作为基础的革命统一战线，在统一战线中"共产党应注重'组织无产者成为一阶级'的工作，时时要保持独立的存在，免受他党所影响。"对于国民党的态度，共产党应"影响他们向左倾"。将来民主革命成功时，共产党务必"引导到无产阶级革命去。不然，共产党应该单独的严整无产阶级的阵（营——笔者注）"。李达还指出，中国无产

---

① 《李达文集》第 1 卷，人民出版社 1980 年版，第 211 页。
② 《李达文集》第 1 卷，人民出版社 1980 年版，第 202、212 页。

阶级身受国际帝国主义、国内封建势力和资产阶级的"三重压迫"，其革命性远远超过资产阶级；在民主革命过程中，无产阶级要努力执掌政权，一旦"掌握政权"，就"可以利用政治的权力把私的资本主义促进到国家资本主义去。"① 不必等待将来资本主义高度发达后，再进行社会主义革命。李达的上述观点，实际上批驳了陈独秀企图取消无产阶级领导权的"二次革命论"。这些看法，在那时看来也是很可贵的。

在这篇文章中，李达还根据马克思唯物史观说和科学社会主义理论，阐述了无产阶级社会革命和夺取政权的思想。指出："社会革命乃是由无产阶级举行政治革命夺取政权来实现的。""无产阶级为谋社会革命的实现，必须准备着政治革命；凡是资本主义发达的地方，共产党必须组织无产者成为一阶级，准备政治革命；无产阶级政治革命爆发的时机，完全由国际的地位和阶级决战的勇气决定。"②

这篇很有代表性的长篇论文，在中国马克思主义传播史上占有重要的地位。

《新时代》问世不久，就随自修大学一起，于 1923 年 11 月遭到湖南军阀赵恒惕的扼杀。《新时代》虽然被封闭了，但它在李达的主持下，对于宣传马克思主义、宣传党的纲领与策略，帮助干部提高理论水平以及指导中国革命的斗争，无疑是起了重大的作用。

批判江亢虎

李达在致力于马克思主义的传播时，非常注意对社会错误思潮的批判，在斗争中坚持马克思主义。

---

① 《李达文集》第 1 卷，人民出版社 1980 年版，第 212、214 页。
② 《李达文集》第 1 卷，人民出版社 1980 年版，第 204、209 页。

1923 年 7 月，湖南省赵恒惕政府集中各县教师，开办暑期学校，请中国社会党的发起人江亢虎讲演"社会主义概论"，并把江亢虎的言论连篇累牍地刊登在《暑期学校日刊》上，还把江亢虎在上海太平洋印刷公司印就的 484 份讲演录全部转交暑期学校，美其名曰"纠正本省青年对于社会主义的谬误观念"，实际上则是企图抵制科学社会主义在湖南的深入传播。

要戳穿湖南反动当局的阴谋，必须批判江亢虎的假社会主义。李达特意购买了一份《暑期学校日刊》，并查阅江亢虎的《新俄游记》和《讲演录》，以此作为批判的对象，他赶写了《社会主义与江亢虎》的长文，于同年 8 月中旬，连续五次发表在湖南《大公报》副刊《现代思想》栏上。

李达研究了江亢虎的全部言论，下了两个评语：

"第一，江君虽然号称社会主义大家，对于社会主义原来没有多大研究；

第二，江君虽然到过俄国，对于俄国的社会革命原来没有丝毫了解。"①

李达认为，江亢虎根本不懂社会主义，偏要制造社会主义来欺世盗名，谬种流传，贻害绝非浅显；江亢虎根本不了解俄国社会革命，偏要引用资本家攻讦劳农俄国的话来到处宣传，借以增添自己和军阀官僚接近的机会。李达大声疾呼："我们为忠实真理起见，不能不加以纠正"；"我们为分别真伪起见，也不能不加以辨白。"②

江亢虎在经济制度上主张实行"新社会主义"，在政治上主张实行"全民政治"的变相的"新民主主义"。他在社会革命以后是"不赞成"无产阶级专政而主张"全民政治的"。③

通过对江亢虎全部言行的分析批判，李达得出明确的结论说，江亢虎在民国元年"所提倡的社会主义并不是社会主义，实是温情主义"即资产

---

① 《李达文集》第 1 卷，人民出版社 1980 年版，第 222 页。

② 《李达文集》第 1 卷，人民出版社 1980 年版，第 222 页。

③ 《李达文集》第 1 卷，人民出版社 1980 年版，第 225 页。

阶级改良主义；在中国共产党成立以后，他所鼓吹的"新社会主义"，则是"官僚的社会主义""走狗的社会主义"。李达又指出，江亢虎的"新民主主义"，窃取苏维埃制度的形式，却加上了地主资本家的内容，既不是资产阶级的民主主义，也不是无产阶级的民主主义，这是"不三不四"的民主主义。① 他所鼓吹的所谓"全民政治"实际上是变相的资产阶级民主主义的代名词，他骨子里是"反对无产阶级专政"、反对无产阶级民主。这样，就戳穿了江亢虎的"新社会主义"和"新民主主义"的假面具，赵恒惕政府的阴谋也随之破产。

江亢虎自称"社会主义者"，又到苏俄考察过，并写了《新俄游记》。他居然攻击列宁的新经济政策，窃用西方资产阶级破坏俄国革命的宣传标语，竟是千篇一律宣传"俄国共产主义失败……"李达批驳说："江君的持论，在了解俄国的人看来只不过付之一笑，但那班不了解俄国的人，利用怀疑仇视的眼光观察俄国的人听了，却增加了反对俄国、反对社会主义的资料。"江亢虎"自命社会主义者而不了解俄国社会革命"，"反帮助资本阶级无理的攻击俄国，自鸣得意，借以和军阀官僚往来之便，我们觉得实在是可耻的"②。李达还举例说，江亢虎到俄国考察是以北洋军阀徐世昌的顾问兼中华社会党领袖的身份去的，俄国人因为他和徐世昌政府有关系，疑心他是到俄国做侦探，对于他很不信任，所以他一旦离开了俄国，便说俄国的坏话。这自命为社会主义者的江亢虎不攻自破，原来根本不了解俄国，是反对社会主义的。

李达在批判假社会主义的斗争中，进一步宣传科学社会主义的原理。

第一，阐述科学社会主义的理论根据。李达着重指出，大凡提倡一种主义必有理论的根据。"马克思提倡社会主义，首先根据他的唯物史观学说，说明社会革命的发生及其经过；根据他的剩余价值学说，说明资本主

---

① 《李达文集》第 1 卷，人民出版社 1980 年版，第 221、230、226 页。
② 《李达文集》第 1 卷，人民出版社 1980 年版，第 231、232 页。

义的发展及其崩坏；根据他的阶级斗争学说，说明无产阶级推翻资本阶级的方法及其手段。"①

第二，阐明科学社会主义实行的方法和具体的主张。李达认为，马克思的方法和主张是，联络共产主义者组织共产党，领导无产阶级向资产阶级作战，并主张无产阶级专政，通过它没收资产阶级的生产资料和私有财产归劳动者国家掌握，作为革命以后发展产业的步骤。"这样才够得上提倡社会主义"。②

第三，阐明社会革命的含义和实现社会革命的步骤。李达认为，社会主义是实行将一切生产机关收为社会公有，共同生产，共同消费，按劳分配。"社会革命就是为实现社会主义而行的革命"。根据马克思学说，李达把社会革命的步骤分为准备时期、夺取政权时期和发展产业时期，指出："这三个时期是社会革命必经的历程"。③ 他又将社会革命分为政治革命和经济革命。政治革命就是无产阶级夺取政权；经济革命则是无产阶级夺取政权以后，用社会主义原则，发展生产。

李达不只限于宣传科学社会主义，而且密切联系中国的实际，阐明中国革命的根据。李达坚信"社会主义必定征服全世界"，"社会主义在中国亦必有实现之日，中国将来迟早必有社会革命，任何人都不能否认。"但是，"必须根据中国现时的经济的政治状态"加以详细的分析，才能"对中国社会革命作出理论的说明"。他指出，自从鸦片战争以后，国家愈趋于贫弱，列强更肆其侵略，条约的束缚，利权的断送，竟使中国形成了半殖民地的状态。中国现在"外则受列强政治的压迫、经济的侵略；内则受本国武人政治的摧残、经济的掠夺"。社会主义者必须明白，处在这样的政治、经济状态之下，"要想达到社会革命的目的，首先要组织群众竭力

① 《李达文集》第 1 卷，人民出版社 1980 年版，第 223、224 页。
② 《李达文集》第 1 卷，人民出版社 1980 年版，第 224 页。
③ 《李达文集》第 1 卷，人民出版社 1980 年版，第 232、233 页。

打倒国际帝国主义，推倒国内军阀统治，建设统一与和平"，这样，可作为社会革命的第一步。说明中国社会革命的理由，"方有牢不可破的根据"。[①]这里体现了理论联系实际的特点，是继《马克思学说与中国》之后的又一个充足的证据。

通观全文，李达对江亢虎假社会主义的批判是充分说理的，体现了战斗唯物主义的精神。在批判中阐明了科学社会主义的原理，并联系中国现时经济的政治的状态，阐明了中国革命的根据，表达了对社会主义的坚强信念。

---

① 《李达文集》第 1 卷，人民出版社 1980 年版，第 224、225 页。

第五章

脱党之后

脱党原因

李达在建党时期是一位很有影响的马克思主义理论家和宣传家，也是中国共产党的创始人和党的早期领导人之一。可是，党成立后只有两年，1923年秋，他却脱离了自己曾积极参与创建并为之做出过重大贡献的中国共产党。

关于李达脱党的时间，过去党史学界总是说法不一。仅李达本人就有三种说法。根据李达重新入党时写的自传，说是1924年9月脱党；1956年3月，他写的另一份自传中说是1924年初；但他在1928年7月《现代中国》第2卷第1号发表的《中国所需要的革命》一文则说是在民国12年即1923年秋退党，这与1927年9月2日汉口《民国日报》刊登的《湖南李达号鹤鸣启事》关于脱党时间的说法是相同的。故将李达脱党的时间定为1923年秋，较为准确。

李达为什么脱党？笔者认为有如下原因：

一是，对理论研究与革命实践关系的片面了解。

1927年大革命失败后，李达谈到自己的脱党问题时说："那时候我主张党内对于马克思学说多做一番研究功夫，并且自己也努力研究马克思学说和中国经济状况，以求对于革命理论得一个彻底的了解。但当时党内的人多注重实行，不注重研究，并有'要求马克思那样的实行家，不要求马克思那样的理论家'的警句，同时我也被扣上研究系（指研究社会发展学说讲的）的头衔。"[1] 李达自认为对革命的实际工作不够积极，还是专心去研究理论为好。党的第二次代表大会以后，便辞去了中央宣传主任的职务，只做一个普通的党员。新中国成立初期，他在重新入党时所写的自传中，

---

[1] 李达：《中国所需要的革命》，《现代中国》第2卷第1号，1928年7月。

再次谈到这个问题，他说，那时，他"要专心于马克思主义的研究，不愿分心于他务"，不愿意用太多的时间去参加游行示威及其他社会政治活动。"在主观上，自以为专做理论的研究与传播，就算是对党的贡献，在党与否，仍是一样"①。脱党后，就专任大学教授，集中精力去著书立说。对于理论研究与革命实践关系的片面理解，不懂得研究马克思主义理论归根到底是为了指导革命实践，这是导致李达离开党的原因之一。

二是，不同意国共合作采取"党内合作"的组织形式。

关于建立统一战线的形式，1922年7月党的二大提出的设想本来是实行"党外合作"。李达是党的二大代表，完全赞成与国民党建立"党外合作"的统一战线。而共产国际驻华代表马林则主张"党内合作"，要求共产党员、青年团员一律加入国民党，把国民党改造成为各革命阶级的联盟。这年8月下旬，中共中央在杭州西湖举行特别会议，讨论共产党同国民党合作的形式问题。马林提出了"党内合作"的建议，开始时，就遭到包括陈独秀在内的大多数人的反对，认为"党内合作"会"混合"阶级组织和破坏我们党的独立政策。经过马林的再三解释，会议最后多数同志还是接受了马林的建议，原则同意采取"党内合作"形式同国民党合作。会议决定中共部分负责人首先以个人身份加入国民党，并决定劝说全体共产党员、青年团员加入国民党。这样就将"党外合作"改变为"党内合作"，这是我们党的方针策略的重大转变。1923年6月，党的第三次全国代表大会接受共产国际关于国共合作的决议，决定全体共产党员、青年团员以个人名义加入国民党，以建立各民主阶级的革命统一战线。无疑这是唯一正确的方针。李达自党的二大以后就离开了中央，既未参加杭州西湖会议，又未出席党的三大，对于中央的精神不甚了解，甚至对党的这一方针的重大转变"想不通"，"思想上确实有些抵触"。他"不同意党内合作"，"不愿意

---

① 《李达自传》（节录），《党史研究资料》第2集，四川人民出版社1981年版。

做国民党员"，还错误地认为，这是"模糊党的阶级性质"①。这里，李达自觉不自觉地犯了教条式的错误，固守原来党的二大设想的"党外合作"形式，不能随着形势的发展变化去正确地理解和执行党中央重新确定的"党内合作"的新方式。这也是李达萌发脱离党的想法的原因。

三是，不满意陈独秀的家长制作风，也不满意张国焘阴谋诡诈的伎俩。

对于张国焘当面一套背后一套"那种阴谋狡诈的伎俩"，李达在党的二大会上早已领教过。他说："张国焘阴险狡诈，眼眨眉动，诡计多端，我对他很不满。"②1923年暑假，李达从长沙到上海会见陈独秀，两人发生争吵，在谈起国共合作的问题时，陈独秀问李达的意见怎样，李达回答道："我是主张党外合作"。李达的话还没有讲完，陈独秀"便大发牛性，拍桌子，打碎茶碗，破口大骂，好像要动武的样子"③，并且威胁李达说："你违反党的主张，我有权开除你！"李达毫不示弱，针锋相对地回答说："被开除不要紧，原则性决不让步，我也并不重视你这个草莽英雄！"④李达在自传中写道："我心里想，像这样草寇式的英雄主义者，做我党的领袖，前途一定无望。但他在当时已被一般党员尊称为'老头子'，呼'老头子'而不名。我当时即已萌发了脱党的决心。"⑤李达未能采取正确的斗争方式去反对陈独秀草寇式的家长制作风，因而回到长沙后，即中断了与陈独秀和党中央的联系，1923年秋，他就在组织上离开了党。

综上所述，李达脱党的原因正如他自己在自传中所说的："归纳起来，小资产阶级意识过于浓厚，以致思想与实践脱节——这是当年离开组织的总原因。"⑥

① 《李达自传》（节录），《党史研究资料》第2集，四川人民出版社1981年版。
② 《李达自传》（1956年3月10日），《湖南党史人物传记资料选编》第2辑。
③ 《李达全集》第16卷，人民出版社2016年版，第7—8页。
④ 王会悟：《建党初期的一些情况》，《"一大"前后》（二），人民出版社1980年版。
⑤ 《李达全集》第16卷，人民出版社2016年版，第7—8页。
⑥ 《李达全集》第16卷，人民出版社2016年版，第7—8页。

继续宣传马列

李达脱党是他"生平所曾犯的"政治上组织上"最严重的、最不能饶恕的大错误"①。但李达脱党以后，仍与党保持着良好的关系，继续从事马列主义理论的研究与宣传。

他时刻想着，自己对于马列主义理论懂得太少，应当努力钻研，一面学习，一面宣传，虽然离开了党，却决不能离开马列主义，决不能做违背党的事情。

湖南党组织也没有因为李达脱党而嫌弃他。毛泽东、李维汉等负责人待他如党内同志一样，有什么工作仍叫他做，他也经常向湖南党组织推荐进步学生入党。

1923 年 11 月，湖南自修大学被军阀赵恒惕强令解散后，李达到湖南法政专门学校任学监兼教授。工作很忙，上午 8 点到下午 5 点都要到校办公，早晚准备讲义，简直没有一点空闲。除了日常工作和教学外，至多只能做点宣传的文字，或编写一些宣传册子。这时候，毛泽东已去广州，从事农运工作；李维汉和易礼容也已不在长沙。他却在勤勤恳恳地工作着。

后来，法政专门学校改为湖南大学法科，李达继续担任教授。湖大法科学长、李达留日同学、同乡好友李希贤亲自找到他家，当面聘请他去任教，李达不肯答应，李希贤再三恳求道："学生要求请你讲课，不请李达来，他们就要罢课了。我特为来请你的！"李达只好答应在法科讲授唯物史观。

他那时只有 33 岁，已是知名的马克思主义学者了。许多进步青年慕

---

① 《李达自传》（1956 年 3 月 10 日），《湖南党史人物传记资料选编》第 2 辑。

名而来，认真地听讲。有的学生则是党组织专门选送去听马列主义理论的。例如，当时在湖南大学理工科学习的吕振羽，就是由著名共产党人夏明翰介绍去听李达的课的。许多青年从李达那里开始接受马克思主义的启蒙教育，并走上了革命的道路。

李达每次上课都力求联系革命实际，并事先印发精心编写的讲义。为了进行合法斗争，瞒过反动派的眼睛，他把唯物史观讲义更名为《社会学》。一次，李希贤问他："我看过你的讲义，这不是我们在日本学的社会学啊！"李达回答说："你讲的是老社会学，我讲的是新社会学。"这部讲义，他题名为《新社会学》。

《现代社会学》出版

1926 年 6 月，湖南现代丛书社正式出版了李达的《现代社会学》，实际上是他的《新社会学》的最后定名。这是他在过去多年从事唯物史观教学与研究的基础上，用文言文写成的一本马克思主义哲学专著，是集介绍和宣传唯物史观学说之大成的一部系统的理论著作，代表了中国马克思主义者在当时所能达到的理论认识。

这部书共分 18 章，约 17 万字。前面 13 章论述历史唯物主义。因为历史唯物主义是科学社会主义的基石之一，所以它在本书中所占的篇幅最大，内容最丰富。概括起来主要是：

第一，运用唯物史观在批判、改造旧社会学的基础上，构造了新社会学。

李达不仅阐述了社会学的阶级性，而且着重论述了马克思的唯物史观对社会学的不可磨灭的贡献。他指出，作为社会科学之一的社会学，"其研究之目的在探求社会进化之原理；其研究之方法，在追溯过去以说明现在，更由现在以逆测将来"①。正因为追溯过去以说明现在，就不能不穷究现时社会之根底，以发现阶级对抗之本源，正因为说明现在以逆测将来，就不能不推论未来社会之理想，以确立人类平等之原则。于是乎社会学之阶级性必然显现。社会学的阶级性，乃是阶级斗争在社会学中的反映。马克思虽然没有著述社会学，也未尝以社会学家自称，然其所创之唯物史观学说，其在社会学上之价值，实可谓空前绝后。彼不仅发现社会组织之核心，且能明示社会进化之方向，提供社会改造之方针，其贡献之功实有不可磨灭者。

为了说明社会之本质，李达批判了旧有的西方的三大社会说，即契约的社会说、生物的社会说以及心理的社会说。他认为这三大历史的社会说，都不能说明社会的本质。因为契约说"过于重视意志"，生物说"过于注重社会进化与宇宙进化之真实关系及社会生活之固定性"，心理说"过于注重心理之要素"。它们都是非科学的。李达概括以上三说，"可得一共通之点，即三者皆拥护资本阶级"。契约说"为初期资本阶级树立民治主义之政治的论据"；生物说"为资本阶级树立自由主义之经济的论据"；心理说"为资本阶级树立温情主义之社会政策的论据"。②

李达通过对社会学创立和发展的历史之考察，明确提出改造旧社会学，建立新社会学，即建立以马克思主义为指导的科学社会学。科学社会学的使命在于发现社会组织之核心，探求社会进化之方向，明示社会改造之方针。他在该书中特此慎重提出："本书为完成社会学真正之使命，特力辟以上三说之谬误，而主张唯物史观社会说。"他不无自豪地说：此书"虽取材不宏，择焉不精之弊殆所不免，然对于斯学之体系，自信已略具规模，学者苟循此以求之，必了然于国计民生之根本，洞悉其症结之所在，更进

---

① 《李达文集》第 1 卷，人民出版社 1980 年版，第 236 页。
② 《李达文集》第 1 卷，人民出版社 1980 年版，第 239、240 页。

而改造之不难也。"①此书之作，是李达运用唯物史观改造社会学建立科学社会学的一种成功尝试。

李达以唯物史观为指导，阐明了人类社会的起源、进化和发展的历史，揭露了西方文明社会和中国的种种社会问题，提出了解决这些社会问题的途径与方法，因而使他论证的科学社会学别具一格。正如后来上海昆仑书店再版《现代社会学》的书刊介绍所说：此书"叙述详明，理论透辟，就学说言，是革命的社会学；就体裁言，是社会学的革命"。

第二，阐明了唯物史观的根本原理和社会本质说的精髓。

这部著作贯穿着彻底的唯物的一元论历史观，着重指出唯物史观的社会本质说的精髓是："社会生活的历程，即物质的生产历程，而物质的生产历程，完全受生产技术及生产力之支配。在物质的生产历程中，所谓精神文化，皆由物质的生产关系中产出，随生产力之发达而发达，随生产关系之变迁而变迁。社会之进步，亦即生产力之进步。此唯物史观的社会本质说之概要也。"②或者说可谓社会本质说的精髓，也可以称之为唯物史观的根本原理。《现代社会学》全书都贯穿着这一彻底的唯物史观的根本原理。它对唯物史观的论述全面周详，既反对唯心论，又反对机械论。它力辟"契约的社会说""生物的社会说"和"心理的社会说"这样三种流行的资产阶级社会学说的谬误，从一切社会发展和变革的最终决定力量是生产力的观点出发，把生产力与生产关系这一对基本矛盾当作社会构成的基础，然后据此立论，论述社会的起源、发展、变革和社会意识、阶级与国家、空想社会主义与科学社会主义。这一系列问题，都不能不联系于对唯物史观根本原理的理解和运用。如果背离了唯物史观的这一根本原理，要对上列诸问题做出正确的解释和结论，那是绝对不可能的，可见李达阐明这一根本原理的重要性和迫切性。

① 《李达文集》第1卷，人民出版社1980年版，第240、237页。
② 《李达文集》第1卷，人民出版社1980年版，第243页。

第三，系统地阐述了关于生产力与生产关系、经济基础与上层建筑相互关系的原理。

李达认为，生产力与生产关系是一个对立统一的概念。"两者互有密切之关系"：一是生产力决定生产关系，"生产力之发展必以劳动手段之变化为依归。人类一旦发明新劳动手段，即能获得新生产力，一旦获得新生产力，则必改造生产关系"。二是生产关系必须与生产力的状况相适应，"生产关系与生产力相适应，则生产力能在生产关系中发展，倘生产力继续发展至一定程度以上，而生产关系阻碍其发展时，当时之生产关系势必改造，生产力始有发展之余地"。但是，如果离开了现实生产力的水平，去任意改变生产关系，那么"生产力不但不能增进，反而有衰减之虞"①，故不能超越现实生产力去强制实行共产主义。可见李达对这个问题的理解和把握，是合乎辩证法的。

关于经济基础与上层建筑的相互关系，李达首先强调了经济基础对于上层建筑的决定作用，同时又指明上层建筑对于经济基础的反作用。他明确指出："社会之政治的、法律的上层建筑及其意识形态，皆依据经济关系而成立，复有维持经济关系之作用。"所谓维持经济关系之作用，是指上层建筑对经济基础的反作用。他逐项说明了这种反作用，即政治组织为阶级斗争之结果，国家为阶级统治之机关；法律为保障财产之利器，为规定财产关系之章程；科学为人类征服自然创造自然之工具；艺术为社会生活之神髓，为人类情感之具体表现；道德即人类社会之本能，社会之所以存在，实由此社会的本能所维持；宗教世界为现实世界之反映，为一阶级驾驭他阶级之无形武器；哲学之对象在理解人生与自然之根本原理，哲学上一切观念，均胚胎于物质世界。统治一时代人心之思想，常为统治阶级之思想。如此建立之哲学，即为特殊阶级之哲学。李达还指出，要正确地

---

① 《李达文集》第 1 卷，人民出版社 1980 年版，第 245、246、245、282 页。

理解和对待上层建筑的反作用，不要人为地去任意夸大这种反作用。他说：
"上层建筑仅能成为经济之量的变化之动因，而不能成为经济之质的变化
之主因"①。这就是说，上层建筑能够影响经济发展的速度，却不能改变经
济的性质。

关于生产力是社会发展的原动力，李达指出，推动整个社会发展的原
动力，"非由思想观念理性或精神而生，乃由物质生活关系发生者也"。"社
会进化之原动力即此生产力是也"②。这明白地告诉人们，生产力是最终决
定整个社会发展的根本动力，离开了生产力的发展就谈不上社会的进步。

以上这些论述，是完全符合马克思主义的创始人关于生产力与生产关
系、经济基础与上层建筑相互关系的原理的。

第四，全面地阐述了阶级与国家及社会革命的原理。

对于阶级与国家，书中作了详尽论述，阐明阶级的概念和国家的本质
以及国家起源、发展、消亡等问题。特别是对于阶级的概念和本质作了比
较精当的解说。李达指出："阶级者，社会的生产历程之结果，由生产条
件产生而出，因生产手段之分配，及社会人员被分配于生产历程中所构成
之社会的系统而生者也。"他认为分配是由生产决定的，所得之差异，财
产之差异，职业之差异，均不足以构成社会阶级之本质；同样，贫富之差
异，劳动与偷闲之差异，精神劳动与腕力（体力）劳动之差异，亦均不足
以构成社会阶级之本质。李达进一步强调说，"阶级概念为经济概念，同
时又为政治概念，欲于政治生活上理解政治生活方面之关系，必以阶级对
立为前提。阶级实构成于经济方面而活动于政治方面者也。是故经济上占
优势之阶级，即政治上之支配阶级也。"③

李达还对国家的起源和本质做出了明确的界定。指出国家是在原始

① 《李达文集》第 1 卷，人民出版社 1980 年版，第 246、249 页。
② 《李达文集》第 1 卷，人民出版社 1980 年版，第 343 页。
③ 《李达文集》第 1 卷，人民出版社 1980 年版，第 317、319 页。

氏族社会瓦解后建立起来的，它是阶级出现后，阶级关系不可调和的产物。他从三个方面说明了国家的本质，即国家为剥削的支配，国家为阶级的支配，国家为社会之机关。因此得出结论说："国家乃社会之机关，由特殊阶级，以经济的剥削之目的支配下层阶级，并为防止内部叛变与外部攻击而造成者也。"① 国家随阶级对立以俱生，亦将随阶级对立之消灭以俱死。

基于对国家本质的深刻理解，李达批判了国家主义派所谓全民自由之国家，所谓实现法律的道德的政治的自由国家之谬论。指出，所谓全民国家，简直是"痴人说梦耳"②。

李达也阐述了关于社会革命的原理。社会革命即"社会由旧而且低之生产关系进之新而较高之生产关系，并变更其上层建筑之全部者是也。"③由此可见，社会革命是经济制度和国家政权变革的统一，是促进社会形态由低级转变为高级的必经手段，社会革命的实质是由先进的社会制度代替落后的社会制度。

为什么发生社会革命？"社会之所以变革，由于社会组织阻碍生产力之发达。方生产力发展至于一定程度时，遂与从来所借以活动之现存生产关系，或仅表现于法律上之财产关系发生冲突。"④就是说，社会革命是生产力与生产关系矛盾运动的结果。而阶级斗争的激化则是导致社会革命的直接导火线。

李达进一步分析了社会革命所必须具备的两个条件：一是"物质条件之具备"；二是"个人之努力"两者缺一不可。但以生产力之继续发展为社会进步的主要条件。离开生产力这个物质条件实行社会革命，即幸而不

---

① 《李达文集》第1卷，人民出版社1980年版，第330页。
② 《李达文集》第1卷，人民出版社1980年版，第341页。
③ 《李达文集》第1卷，人民出版社1980年版，第268页。
④ 《李达文集》第1卷，人民出版社1980年版，第269页。

至于失败，也仅能成就政治革命而止。而于社会之经济组织，终不能完全改造。欲超越生产力的水平，强制实行共产主义，则生产力必骤见衰减，共产主义也决不会实现。

第五，阐明了个人在历史上的作用和它的社会制约性问题。

李达首先批评了两种片面性的观点，主观论者以为历史纯由个人创造而成；反对论者以为社会之进化纯系自然进化"二者皆一偏之论也"①。

李达认为，个人能创造历史，但不能任意创造之，必须依据社会历史进行之途径，顺应时势之要求而创造之。尽管杰出的个人能够影响历史之进行，且有时能使此影响特别增大，然而伟人的这种影响，仍恒受社会组织所拘束，恒受多数社会力所限制。李达指出：伟人之所以能成其伟大者，"实因彼所有之特征最能适切于当代社会的大要求故也"；伟人之所以异于常人者，则因为他"能知其大，能见其远，能解决前代社会所提供于当代之科学的问题，能发见由前代社会关系之发达所造出之社会的要求，能更进而鼓其特殊之智力精神，率先担当解决此问题满足此要求之大任耳。故曰伟人者，创始者之别名也"②。

李达的结论是：时势所能造之英雄，"实乃时代之产儿"；英雄所能造之时势，"实乃技工之制品"③。物质条件不具备，个人无论如何努力，人群无论如何运动，社会之变革终不可期；物质条件既备，个人或人群不努力以促成之，社会之变革亦不易实现。

李达所阐述的个人在历史上的作用和它的社会制约性问题，是与俄国最早的马克思主义传播者普列汉诺夫《论个人在历史上的作用》的思想是一致的，或者说前者是以后者为根据的。

《现代社会学》这部著作在着重论述唯物史观的基本原理的同时，还

---

① 《李达文集》第 1 卷，人民出版社 1980 年版，第 284 页。
② 《李达文集》第 1 卷，人民出版社 1980 年版，第 285 页。
③ 《李达文集》第 1 卷，人民出版社 1980 年版，第 285 页。

用五章的篇幅，系统介绍科学社会主义，进一步联系正在高涨着的中国革命实际，论述了民族革命诸问题。

关于科学社会主义，李达指出："马克思社会主义之内容，可分为历史观，经济论，政治论三大部分。历史观与经济论属于理论方面，政治论属于实际政策方面。历史观之根底为唯物史观说，经济论之根底为剩余价值说，政治论之根底为劳工专政说，而贯串唯物史观、剩余价值与劳工专政三大原理，使成有机的联系的关系者，则为阶级斗争说。"但阶级斗争说所能适用的范围，仅限于阶级社会，而不能适用于无阶级社会。正因为唯物史观说和剩余价值说两大原理的发现，才使社会主义由空想变成科学。劳工专政则是消灭剥削、消灭阶级，实现社会主义的唯一手段。李达深刻地揭露资产阶级民主的虚伪性，着重指出："资本阶级国家，虚伪的主张全民政治，而事实上实为一阶级之民主主义。""一切民主主义皆为阶级的民主主义，所谓普遍的民主主义，在过去仅成为一种观念而止。欲谋普遍的民主主义之实现，必经历劳工专政阶段。所谓无性别，无宗教别，无人种别，无国民性别之真平等，必经历劳工专政始能实现，而在资本阶级专政期内则决无实现之可能。"① 对于无产阶级专政的论述，显然比前此之论述是大大前进了一步。

关于民族革命诸问题，包括民族斗争与阶级斗争、民族革命的领导权和民族革命的产业政策。

首先，李达阐明了民族斗争与阶级斗争的关系。他认为，在古代，民族斗争为阶级斗争之先驱，而阶级斗争又为民族斗争之结果。在封建时代，劣败民族对于优胜民族之隶属关系，与工商农奴对于封建地主之隶属关系无异。到了近代，弱小民族对于优胜民族之隶属关系，亦变为无产阶级对有产阶级之隶属关系。"由此观之，伊古以来，民族隶属与阶级隶属，民

---

① 《李达文集》第 1 卷，人民出版社 1980 年版，第 370、381 页。

族斗争与阶级斗争，其变迁之形式虽不一，而其起源于经济的政治的利害之冲突，则初无二致"，因此，"无产阶级苟得解放，则弱小民族亦随而解放。阶级隶属之事实消灭，则民族隶属之事实亦必归于消灭；反之，民族隶属之事实消灭，则阶级隶属之事实亦必归于消灭。"① 唯其如此，民族革命与社会革命才相续并进而构成世界革命。而世界革命之对象，则是帝国主义。

特别重要的是李达联系中国革命的实际，进一步论述了民族革命的领导权问题。他指出，中国社会是一个"半封建"的社会，是帝国主义国家之"殖民地"。民族革命之对象虽在颠覆帝国主义，而弱小民族内为虎作伥之封建阶级或帝国主义者之代表，亦在推翻之列。领导民族革命运动者是资产阶级，还是无产阶级？李达认为，就今日民族革命的现状而论，只有无产阶级才"能成为民族革命之中坚者"。因为弱小民族中最受帝国主义压迫之苦而觉知有革命之必要者，莫如工农无产分子。只有他们对于帝国主义及其封建阶级之压迫，尤感利害切肤之痛，"其革命精神特别激昂"。买办阶级不仅不革命，且反对革命。小制造家又多与封建阶级及买办阶级相联系，亦缺乏革命精神。通过历史考察，被压迫民族的独立运动之中心已"移于共产党"，即其明证。② 可见弱小民族之共产党，皆为民族革命的中坚。李达的这一论断，反映了中国共产党内的正确主张。从当时的形势看，国民党以蒋介石为代表的新右派已经崛起，为了争夺国民革命的领导权，发动了指向共产党的中山舰事件，炮制了整理党务案。共产党内毛泽东、周恩来、陈延年等坚持正确意见、主张进行反击。但陈独秀、张国焘却采取了妥协退让的政策。这时候，李达则坚定地站在毛泽东等人一边，从理论上论证了民族革命的领导权必须移于共产党。

李达还阐明了民族革命的产业政策。他认为，民族革命的步骤，第一

① 《李达文集》第 1 卷，人民出版社 1980 年版，第 354 页。
② 《李达文集》第 1 卷，人民出版社 1980 年版，第 360 页。

树立政治的经济的独立；第二以加速度发展其本国产业，力谋与先进国之文化相齐。那么，民族革命成功、获得了政治的经济的独立后，是采用资本主义发展产业，抑或采用社会主义？他指出，依经济组织进化之程序言，资本主义成熟之后，始能进于社会主义；依弱小民族产业之幼稚，即使民族革命实现，亦仅能开始实行资本主义。资本主义亦有私人资本主义与国家资本主义之别。私人资本主义乃帝国主义之前身，国家资本主义乃社会主义之过渡。两者性质不同，但都能促进产业之发达。"民族革命成功时，小资产阶级得势，则必采用私人资本主义；无产阶级得势，则必采用国家资本主义。"若采用国家资本主义，则将来可以和平达于社会主义；若采用私人资本主义，则在进化途中，必更经历一度激烈的阶级斗争。李达的结论是：中国民族革命成功时，"必归着于国家资本主义"。[1]

李达还论述了民族革命与国际无产阶级联合的问题。他指出："弱小民族之民族革命须与先进国无产阶级联络，始能实现"。"不与国际无产者相联络"的"机会主义之民族革命较不革命尤为有害"[2]。

李达《现代社会学》并不是完美无缺的。早在 1928 年 12 月，作者在该书的"三版例言"中就指出过这本书的缺点，如结构微嫌松懈；立论大都以欧美、日本之资本主义社会为对象，对于半封建的中国社会，则未能多做说明。今天看来，书中的个别论点不够确切，某些论证不尽精当。但瑕不掩瑜。这部著作是继瞿秋白同名著作之后，集大革命时期唯物史观理论之大成者，也是中国现代唯物史观发展史上一个重要的里程碑。它以马克思主义的基本原理哺育了追求真理的一代青年。这本书流传甚广，影响深远。至 1933 年共印行 14 版。在当时的革命者中"差不多人手一册"[3]，成为必读之书。李达早期的学生和亲密战友、著名马克思主义史学家吕振

---

① 《李达文集》第 1 卷，人民出版社 1980 年版，第 361 页。

② 《李达文集》第 1 卷，人民出版社 1980 年版，第 361、363 页。

③ 邓初民：《忆老友李达先生》，《人物》杂志第 9 期，1946 年 10 月 1 日。

羽说：“它是‘中国人自己写的最早的一部联系中国革命实际系统阐述唯物史观的专著。’这部著作在当时影响之大，凡是亲身经历过那些岁月的老同志一定都不会忘却的。”[1]

共产党人和革命者颂扬这部著作，而反动派则视之为“洪水猛兽”。1927年大革命失败后，国民党反动当局“通缉”李达，把这本书列入主要“罪证”。伪湖南省零陵县署在“人犯通缉表”中给李达定的“罪恶事实”是“著名共首，曾充大学教授，著有《现代社会学》，宣传赤化甚力”[2]。

以上正反两方面都说明《现代社会学》的影响很大。这部著作不仅在当时对人们了解马克思列宁主义起了思想武装的作用，就是在今天，对于研究唯物史观的理论与实践，研究马克思主义三个组成部分的内在联系仍不失有重要价值。

继续参加革命活动

大革命期间，李达在致力于马克思主义理论研究和宣传的同时，积极投身于革命的实践并踊跃参加党领导下的革命活动。

1926年10月，北伐军攻克武汉后，李达应国民革命军总政治部主任、国民党左派邓演达之邀请，来到武汉，主持中央军事政治学校的招生工作，代理政治总教官。恽代英到校后，他任政治教官，兼任国民革命军总政治部编审委员会主席。

中央军事政治学校政治科于1926年11月底由广州迁到武汉。12月9日，邓演达在武汉行营主持政治科会议，决定学习科目和编写讲义人员。

---

① 江明：《展读遗篇泪满襟——记李达和吕振羽的交往》，《文献》1980年第4辑。

② 《湖南全省清乡总报告书》卷三（中），存湖南省档案馆。

李达负责讲授和编写社会科学概论。13 日，李达召集政治科教课事宜会议，就学生分班、讲授科目、讲演形式、科任教官等项再次进行讨论并作出相应的决定。

1927 年初，总政治部部务会议决定成立农民问题讨论委员会，作为开展农民运动的参谋机关，李达被聘为该委员会的常务委员。他多次参加关于农民问题的讨论，发表许多有益的意见。毛泽东在武昌举办农民运动讲习所，李达被邀去那里讲授社会科学概论，宣传马克思主义理论。

李达还受毛泽东之托，做过唐生智的统战工作。唐生智后来回忆说："记得 1927 年春，在武汉，有一次李达到我家来，他说，'润之先生希望你同我们一起干革命，要我来问你，你干不干？'我说，'干，当然要干嘛！'"① 3 月底，党组织派李达回湖南，与谢觉哉、夏曦、郭亮等人筹备国民党湖南省党校。唐生智挂校长头衔，谢觉哉任秘书长，李达任教育长。因唐生智人在武汉，挂个空名，党校工作实际上由李达和谢觉哉两人负责。

李达主持教务，具体负责主持招生和教学工作。有一次，他到长沙第十三联合中学讲演"青年之路"，并与校长、教师、学生座谈，动员师生踊跃报考。他的讲演博得师生的热烈欢迎，讲演完毕不少教师和学生纷纷表示要走革命之路，做个有为的青年，他们也都报考了党校。

党校设有政治、法律、社会、经济等科，主要招收革命知识分子和优秀知识青年。党校还附设农民运动讲习所，以训练农民运动干部及积极分子。全校师生（包括农讲所的 300 多人）共计 1000 余人。学员主要学习中国农民问题、中国职工运动与国际职工运动、中国民族革命运动史、帝国主义与中国、三民主义总纲、国民党宣言政纲、社会科学概论等课程。教材或讲义，一般自编自写。李达所著《现代社会学》一书，是必读课本。学员除了上课，还要参加军事训练，党校给部分学员（主要是共产党员或

---

① 《李达文集》编辑组:《李达同志生平事略》,《武汉大学学报(哲学社会科学版)》1981 年第 1 期。

左派人士）配备了枪支弹药。此外，党校还办有刊物《赤花》，经常刊载党校领导人及师生的文章。

党校于 4 月初开学，5 月 21 日上午补行开学典礼。开学典礼由谢觉哉主持，来宾不少，李维汉代表中共湖南省委出席并讲话，省政府、省党部及民众团体都有负责人到会讲话。夏曦、凌炳和李达因故未到会。

当天晚上 10 时半，原由军阀部队收编而来的国民革命军第三十五军第三十三团团长许克祥在长沙发动反革命政变，调动反动军队向国民党湖南省党部、省总工会、省农民协会等发起突然袭击，收缴工人纠察队的枪械，捕杀共产党员和革命群众 100 多人，使长沙笼罩在一片白色恐怖中，这就是骇人听闻的马日事变。李达接到湖南地下党组织的紧急电话通知，立即转移。便在当天深夜，同他的老父、大哥、大侄和一乡戚小姑娘，包雇了一只木船，从长沙逆水而上，由于航行缓慢，半个月后，李达才秘密转移到家乡零陵蔡家埠避难。

这里也不太平。零陵县驻军团长王德光奉命率兵突袭了零陵县总工会和县农民协会，收缴了县工人纠察队和县农民自卫军的枪支。共产党员和革命群众被捕被杀，白色恐怖也笼罩着零陵城乡。

部分共产党员如胡仕虞、李义、陈物华等人也被迫转移到蔡家埠、南洋山、鱼鳞庵一带秘密活动，坚持斗争。此间共产党员唐克从湘桂边辗转回乡，开展地下工作，并与李义等取得联络。

李达得知后，便和唐克、胡仕虞等秘密商量，说："你们搞农民革命斗争，必须注意建立革命的武装，还要严整组织，秘密活动。"[①] 于是大家凑钱买枪，决定以南洋山为据点，组织暴动。

大约这年夏秋之际的一个黑夜，在李达的赞助和支持下，唐克、李义、胡仕虞等共产党员和一批农民骨干，只用了两支手枪和土枪土炮以及几把

---

① 《纪念李达诞辰一百周年》，湖南出版社 1991 年版，第 348 页。

大刀，乘敌不备之机，一举夺取了蔡家埠河西团防分局的 16 支步枪。

李达隐居乡下，秘密赞助和支持农民武装的故事，至今并没有被人们遗忘，甚至被整理成文大加宣传，以教育后人。

在白色恐怖中（上）

革命转入低潮

1927 年国民党内反动集团叛变革命，残酷屠杀共产党人和革命人民，由于党内以陈独秀为代表的右倾思想发展为右倾机会主义错误并在党的领导机关中占了统治地位，党和人民不能组织有效抵抗，致使大革命在强大的敌人突然袭击下遭到惨重失败，原来勃勃生气的中国南部和东部完全陷入了白色恐怖中。

有组织的革命力量急剧锐减。共产党的组织遭到严重摧残，活动被迫转入地下；共产党员从大革命高潮时期的近 6 万人减少到 1 万多人；工会会员由 300 万人减少到 3 万人，农会大都被解散了。据不完全统计，从 1927 年 3 月到 1928 年上半年，共产党人和革命群众被杀害的竟达 31 万多人，其中共产党人 26000 多人。党的活动家陈延年、赵世炎、罗亦农、向警予、陈乔年、夏明翰、郭亮等相继牺牲在敌人的屠刀下。

革命的阵线缩小了。民族资产阶级附和了反革命，上层小资产阶级中虽然仍有一些共产党外的政治活动家和正直人士坚持革命立场，不同蒋介石、汪精卫反动派同流合污，但大多数脱离了革命。

事实无情地表明，中国革命已进入低潮，反革命的力量大大超过了革命力量。年轻的中国共产党面临着被敌人瓦解和消灭的危险。任何一个革命者也都面临着被敌人逮捕、坐牢、杀害的危险。

坚守马克思主义阵地

国民党反动派加紧搜捕，李达再也不能在自己的家乡立足。1927 年 9 月下旬，他又秘密返回长沙。他从夫人王会悟手里接到李汉俊的密信——

"鹤兄宜速离湘，免遭意外"，"可先来武昌中山大学任教"①。李达喜出望外，当晚行船离湘返汉。

在此之前，汉口《民国日报》9月3日出现一则《湖南李达号鹤鸣启事》："鄙人脱离共产党已有四年。特此登报声明，以免误会。"此时，李达尚隐居零陵乡下，李达夫人仍在长沙，二人均不知悉，不知系谁代办，但事后李达默认了这则启事。

到汉后，李达受聘于武昌中山大学（即武汉大学前身）。昔日赤都武汉，如今处在汪精卫反革命集团"宁可错杀一千，不可漏网一人"的血雨腥风之中。这里乌云密布，阴森可怕，人人提心吊胆。这与当年轰轰烈烈的革命赤都相比，完全是两个世界。

1927年11月中旬，桂系李宗仁部攻入武汉，11月25日，南京政府任命李宗仁部第十九军军长胡宗铎为武汉卫戍司令。李宗仁为巩固桂系在湖北的势力，将湖北地区的军权交胡宗铎负责，以胡宗铎、陶钧为首的桂系鄂籍军人集团统治湖北、武汉。他们互相勾结，实行了血腥的反共屠杀政策，武汉上空乌云滚滚，血雨腥风，无数共产党人和革命志士倒在血泊之中。

12月9日，胡宗铎提请国民政府明令"厉行清党"。16日，胡宗铎出动大批军警，在武汉大肆搜捕共产党人。动用了三个营的反革命武装突然包围了革命力量集中的武昌中山大学，逮捕了学生会负责人周达三、武昌学联骨干严大朱，学生吴宗鲁、易国华、沈毓芬，进步的社会学教授林可彝等，并先后被杀害。17日，胡宗铎从日租界引渡的前省政府财政厅厅长国民党左派詹大悲、前教育厅厅长李汉俊，以"李是共产党、詹是同伙，密谋暴动，希图响应广州（起义——笔者注）"的罪名加以枪杀，并在汉口中山大道水塔附近，暴尸三日。

16日反动军警包围武昌中山大学，那天，李达因故迟到，在校门外看

① 王会悟：《忆往事》，未刊稿。

到风声紧急，见机逃走，得免于难。军警查问职工校役，搜查李达的住处。工役回答，他早已离开武昌。李达从费氏夫妇处得到这一情况，立即同全家过江躲避。他在友人许德珩的大力资助下，用20块光洋的高价购得日商江轮"官舱票"，当晚12点上船离汉赴沪。因为久未下雨，江水不深，船速缓慢，整整四天四夜，到20日晚，李达夫妇才安抵上海。

李达全家便避居在上海法租界一个偏僻的弄堂里，直至1932年夏。

上海是蒋介石发动四一二反革命政变、建立国民党新军阀血腥统治的发源地。蒋介石国民党为了巩固其反动统治，在这里密布军、警、宪、特，杀人如麻。共产党人和革命者，随时都有被捕、被杀的危险。环境如此险恶，李达本人又早已脱离党组织，但他仍然同许多坚定的共产党人和革命者一样，始终坚守马克思主义阵地。

1928年，国民党湖南省反动当局加紧悬赏缉拿"著有现代社会学"的"著名共首"李达。他泰然处之。这年冬，还和友人熊得山、邓初民、张正夫、熊子民等一起创办了昆仑书店，出版革命书籍。更为难能可贵的是，李达同国民党反动派针锋相对，在这个书店重印了《现代社会学》的修正版。这个书店出版了不少马克思主义经典著作。1930年，在我国首次出版了马克思的《资本论》（第1卷第1分册，陈启修译）、《政治经济学批评》（《政治经济学批判》）的修正本（李达译）和恩格斯的《反杜林论》（上册，钱铁如译）。此后，又出版了一本署名为恩格斯的《机械论的唯物论批判》，这是杨东纯、宁敦伍根据德国人赫尔曼·唐克尔编的马克思主义文库第三篇合译的。这个译本内容广泛，实际上是马克思、恩格斯的辩证唯物主义著作及其论述的集子。正文是《路德维希·费尔巴哈和德国古典哲学的终结》一书和恩格斯在1888年2月为该书出版单行本写的序言。附录比正文的篇幅还大，包含《费尔巴哈论纲》等八篇。在出版马克思主义书籍方面，昆仑书店起了带头作用。

1931年前后，蒋介石反动派对革命根据地连续发动了三次反革命"围剿”。与此同时，也加紧了对革命文化的反革命“围剿”。蒋介石国民党政府为了剥夺人民的言论、出版自由，先后颁布了《出版法》和《出版法施行细则》。根据这些法令，凡宣传共产主义的都被认为“反动”；凡批评国民党不抵抗政策和要求抗日的都被认为“危害中华民国”；对国民党政府稍有不满的，即被认为“替共产党张目”。国民党反动当局禁扣书刊，封闭书店，捣毁文化机关，逮捕和暗杀革命文化工作者。反革命的文化“围剿”，使上海比较进步的书店难以继续存在，编辑、出版、发行马克思主义书籍极为困难。

就在这种白色恐怖的笼罩下，1932年，李达用“王啸鸥”的名义创办了笔耕堂书店。这是一个用来冲出反革命文化“围剿”、对付国民党书报检查的挂名书店。编辑、出版、发行只有李达一个人。他自己出钱、自己买纸、自己托人代印，然后署上笔耕堂书店这个空名，再找可信赖的人把书转销出去。

李达冒着极大的风险，大胆而又巧妙地继续出版《反杜林论》等马克思主义著作。当时《反杜林论》的译者吴黎平已被捕入狱，该书被列为禁书。为了斗争的需要，李达毅然决定重版这本书，除把译者改名为“吴理屏”外，一切照旧，印数比江南书店初版的印数多了一倍。充分显示了李达在国民党疯狂的文化“围剿”面前不屈不挠的战斗精神。

在国民党反动派的白色恐怖下，李达的处境十分困难，但他的革命立场非常坚定。反动派通过种种渠道引诱他去南京为反动政府效力，李达一口回绝说：“一个月给我一千元大洋我也不干！”[①]当时南京卫戍司令谷正伦派一个姓郭的秘书作说客，写信给李达，说谷正伦要聘李达做顾问，并保证共同进退。李达愤怒地说：“要我做刽子手的顾问，真是不把人当人。”[②]

---

① 李心天：《此身莫向沟中殒 犹上文坛作老军——追念我的父亲李达同志》，《光明日报》1978年12月12日。

② 《李达自传》（1956年3月10日），《湖南党史人物传记资料选编》第2辑。

他没有理会，也没有回信。汪精卫、陈公博出于某种政治需要，曾两次拉拢他加入国民党改组派，他也坚决拒绝了。

但是，李达却和许德珩、张庆孚、邓初民、施复亮、钟复光、黄松龄等人发起组织了"本社"，有 20 多位志同道合者参加。所谓本社，就是"要保本，保持革命的本分，保持自己的纯洁性"[①]；"不要忘本，不能做损害共产党的事"[②]。它是共产党的外围组织。本社成员互相支持，常在一起聚餐，谈论时局，共同在进步刊物上发表文章，要求民权，反对独裁；要求言论、出版、结社自由，反对封锁和镇压。后来，由于国民党反动派的破坏，加上改组派和第三党的攻击，"本社"被迫解散。

在白色恐怖的日子里，李达尽力帮助受到国民党反动当局迫害的共产党员和革命同志。他给一些受挫的同志做耐心细致的思想工作，劝他们站起来继续同国民党反动派作不懈的斗争。1931 年 2 月，著名作家、共产党员、左联会员柔石、殷夫、胡也频、李伟森、冯铿等被反动派秘密杀害。胡也频的爱人丁玲是李达早期的学生。胡也频被捕的当天下午，李达便设法把丁玲和孩子接到家里，让她母子俩住了将近一个月，李达和王会悟待丁玲如亲妹，待丁玲的孩子比自己的孩子还要亲，还要耐烦。2 月 7 日晚上，胡也频牺牲。丁玲悲痛欲绝，"疯狂地痛哭"，李达便站在丁玲的床头，安慰她说："哭泣是没有用处的，要坚强起来，继续战斗！你是有理智的，你是一个顽强的人，为什么要哭呀！"当时，丁玲失望地望着李达，"没有用处？我要怎样呢？是的，悲痛有什么用？我要复仇！我要战斗！为了可怜的也频，为了和他一道死难的烈士"[③]。随后，李达还特意出版了胡也频撰著的《光明在我们面前》一书，以表达他对死难烈士的纪念。丁玲谈到

① 《访问许德珩记录》（1979 年 11 月 1 日）。
② 邓初民：《九十述感》，《湖北文史资料》第 3 辑，1981 年 9 月。
③ 丁玲：《一个真实人的一生——记胡也频》，《胡也频选集》，北京开明书店 1951 年版，第 30—31 页。

李达

李达老师和师母对自己的教育、关怀和鼓励时，一直感激不尽。后来，"文化大革命"内乱期间，她在黑牢中听到有关李达被整死的消息，悲痛至极，在她心中默默地悼念着这位可敬可亲的导师。丁玲出狱后的第二天，便带着自己的长子，首先去拜访了李达夫人王会悟妈妈。可见革命之情，天长地久。

李达对党忠心耿耿，凡是党组织分配的任务，他都乐意承担。1929年上半年，上海法政学院三次邀请李达去教书，他都未去。左联社会科学家联盟书记、中共党员张庆孚告诉他"这是党组织同意的"，李达便毫不犹豫前往，并讲授了马克思主义社会学和政治学。1930年秋，他又根据党组织的意见，应聘于上海暨南大学讲授辩证唯物主义。翌年秋，该校历史社会系主任许德珩被解职，张庆孚要李达接任，李达得知地下党支持，立即应承。

李达在白色恐怖日益严重的情况下，把大学课堂当作宣传革命真理的重要阵地，勇敢地向广大青年讲授马克思主义哲学和政治经济学，联系实际分析中国革命的基本问题。李达的讲授受到进步青年的热烈欢迎。外校外系的进步学生也常赶来听讲。当年在上海法政学院听过他的课的东方既白时隔多年还记忆犹新地说，李达是一位早已满誉社会的、传播马克思主义的启蒙老师，能够听他讲课，心里感到很兴奋。李达老师给人最深刻的印象是从容不迫，平易近人，循循善诱的学者态度。李达的衣着不是西装革履，而是极为普通的中国式的装束。讲课时，一点没有哗众取宠、装模作样的一般教授的习气，而是那么朴实，声音平匀，没有激昂慷慨的表情，也没有什么惊人之处，只是如谈家常，而又娓娓动听，把深奥的道理，讲得浅近易懂。有些教授来上课时，学生稀稀拉拉，课堂秩序也不佳。唯有李达老师来上课时，课堂里总是坐得满满的，而且鸦雀无声。是慕名而来的呢，还是真理在向他们招手？当时人们并不清楚，不过有一点是明确的，倘若有人发出骚动之声，是会立即把他撵出去的。因为有一部分比较进步的青年学生，在维护着一位在黑暗的年代里大力传播马克思主义的老师的尊严。这位年逾花甲的老同志满怀深情地说："我是一直怀念和感谢李达老师的，因为在我的一生当中，他在我的思想上是最有影响的一位老师。"①

李达讲授马克思主义、传播革命真理的活动引起了国民党特务的密切注视，他家经常有一些不速之客"光顾"。法国巡捕房还去抄了他的家。李达本人还遭到特务暴徒的毒打。九一八事变后不久，李达到暨南大学作时事讲演。特务分子在校门口持棍盘查，喝令禁人。李达回答道："我是学校历史社会系主任，学生会邀请我来演讲。"一个姓庄的特务说："噢，你就是李达！"话还没讲完，伸手就是一巴掌，接着揪着李达往石板地摔去，并向李达的胸前、右肩、肋骨处猛击。李达被打倒在地，面无血色，动弹不得。后被左派学生送往海格路红十字医院，经检查右臂骨和右锁骨被打断，住院医治达七个星期之久，右臂还不能移动。特务暴徒以为他的右手残废了，再也不能写作了，然而李达却坚毅地表示："反动派想打断我的右臂，不让我再拿笔，要我放下武器办不到！我一定要把右手锻炼得和左手一样。"②

这不仅仅是李达的豪言壮语，更重要的是他用自己的实际行动，实践了自己的诺言。

马克思主义翻译家

李达是我国新民主主义革命时期无产阶级翻译界的前辈，是马克思主义翻译家。

翻译出版马克思主义的经典著作和介绍马克思主义的理论书籍，是马

---

① 东方既白：《缅怀李达老师》，《光明日报》1978 年 11 月 5 日。
② 李心天：《此身莫向沟中殒 犹上文坛作老军——追念我的父亲李达同志》，《光明日报》1978 年 12 月 12 日。

克思主义中国化不可或缺的重要前提。马克思主义原来是洋文，如果一种主义连语言表述都不是中文的，那是万万不能中国化的。所以"把洋文的马克思主义变成中文，无论如何也算是一种中国化，而且要算最早的中国化了。"①李达就是马克思主义中国化的重要代表之一。如前面所述，李达最初传播马克思主义就是从翻译介绍马克思主义理论书籍开始的。

大革命时期，李达还编译出版了《劳农俄国研究》，翻译出版了安部矶雄著的《产儿制限论》和马克思著的《德国劳动党纲领栏外批评》（即《哥达纲领批判》）以及高柳松一著的《中国关税制度论》等。以上译书量共1500多页。

李达通晓日、英、德、俄四种外文。20世纪20年代末至30年代中期，他又亲自翻译出版了13本包含经典著作在内的马克思主义理论书籍，累计近5000页之多。

其中，1930年翻译的马克思著《政治经济学批评》是该书最早的中译本。此间译成出版的著作还有日本穗积重远的《法理学大纲》（1928年）、山川菊荣的《妇女问题与妇女运动》（1929年）、杉山荣的《社会科学概论》（与钱铁如合译，1929年）、德国塔尔海玛的《现代世界观》（1929年）、日本河上肇的《马克思主义经济学基础理论》（与王静等合译，1930年）、河西太一郎的《农业问题之理论》（1930年）、河田嗣郎的《土地经济论》（与陈家瓒合译，1930年）、德国卢波尔的《理论与实践的社会科学根本问题》（1930年）、苏联米哈列夫斯基的《经济学入门》（1930年）、拉比拉斯等著的《政治经济学教程》（与熊得山合译，1932年）、爱森堡和西洛可夫等著的《辩证法唯物论教程》（与雷仲坚合译，有两个版本，1932年和1935年）以及《世界史教程》（全译）。

李达译的不仅是最新的书，而且是论述精辟而又通俗易懂的"很好的

---

① 刘友红:《"李达与马克思主义哲学中国化"专题研讨综述》,《武汉大学学报（人文科学版）》,2004年第5期。

入门书"和"必读之书",非常切合需要。他翻译迅速及时,不少书都是问世后的次年就译成了中文本,其中河上肇的《马克思主义经济学基础理论》长达 700 多页,半年就译成了中文出版。

李达译书的速度是相当惊人的。仅 1930 年一年,就翻译出版了六本书。其译书态度十分严谨,译文尽量准确无误。如他的《现代世界观》译本,最初是根据两种日译本"一是高乔一夫的,一是广岛宅吉的"着手翻译的,后来又对照德文本重新校正改译。他不但对自己的译文一丝不苟,而且审定别人的译稿也很严肃认真。

李达译书的目的非常明确,就是为了广泛深入传播马克思主义,推进中国革命的理论研究事业的发展。他向读者推荐上述译著时说,《现代世界观》"确是研究辩证唯物论的一本很好的入门书"(译者序),《理论与实践的社会科学根本问题》"实是马克思主义底研究者与实践者一本必读之书"(译者例言),《社会科学概论》可以让读者从中"理解到新的社会科学的立场和它的用处"(译者的话),《农业问题之理论》(原名《马克思主义农业理论之发展》)"确是研究农业理论的一本好参考书"(译者的话)。

上述这些书籍的翻译出版,为中国广大群众学习马克思主义特别是学习唯物辩证法,认识中国革命提供了条件。李达较早地为翻译介绍马克思主义理论著作,付出了辛勤的劳动,是很有功劳的。在 20 世纪 30 年代我国兴起的唯物辩证法运动中,李达所做的翻译介绍工作"成绩最佳,影响最大",他在中国近代"思想史上的功绩不可忘记"[1]。

《辩证法唯物论教程》是苏联批判德波林学派过程中最初产生的一部很有影响的哲学著作。李达在"译者例言"中指出:"本书是集体研究的结晶,是最近哲学大论战的总清算,是辩证法唯物论的现阶段,是辩证法唯物论的系统的说明。"他进一步指出,在哲学的领域中,马克思、恩格

李达

---

① 郭湛波:《近五十年中国思想史》,北京人文书店 1936 年版,第 384、234 页。

斯及列宁的著作，是我们最正确的导师。费尔巴哈、普列汉诺夫及德波林等人的著作，都包含着真理与谬误。我们对于后者，必须进行批判的研究，否则就会走到错误的方向。李达强调说："一切的东西都是运动着，在哲学与政治的统一被实践着的今日，在哲学上进步的速度反映新社会经济进步的速度的今日，我们的哲学的研究，不能不努力追随于新时代的新实践与新理论的统一的发展，依据马一伊（笔者注：指马克思——列宁）的哲学而不断的被扬弃，不断的被清算。本书的研究，就是我们的模范。"[①] 李达的这些话，阐明了哲学社会科学研究所必须遵循的理论与实践、哲学与政治、科学性与党性相统一的马克思主义原则，指出了批判地继承思想文化遗产的正确方向。李达本人的学术研究就是遵循这一马克思主义原则、按照这一正确方向去做的。

《辩证法唯物论教程》一书的显著特点，是突出了列宁的哲学思想，坚持了哲学的党性原则，阐述了辩证唯物论的认识论和辩证法的规律与范畴。这部书于 1931 年在苏联出版。李达等于 1932 年就翻译到中国，这是非常及时的，是切合中国革命的需要的。

《辩证法唯物论教程》1935 年在上海笔耕堂书店出版之后，很快流传到革命圣地——延安。毛泽东两次认真阅读了此书。从 1936 年 11 月至 1937 年 4 月，短短半年时间，毛泽东在这本书的第三版上，先后用毛笔、红黑蓝铅笔在书眉和其他空白处，写下了"近 12000 字的批语"，并从头至尾作了圈点和勾画。在书的原文中，他画了直线、曲线、曲线加直线、二直线、三直线、圈点、双圈、三圈等符号。其中第三章"辩证法的根本法则"批注文字最多，最长的一条有 1000 多字。后来，大约在 1941 年，又在这本书的第四版上作了一些批注。批注都用隽秀的行草字体。有对原著的扼要而精辟的概括，简明的赞同评语，也有对原著观点的批评、引申

---

① 西洛可夫、爱森堡等著，李达、雷仲坚译：《辩证法唯物论教程·译者例言》，上海笔耕堂书店 1935 年版。

特别是对许多联系中国实际所做的发挥。这是毛泽东"批注文字最多"①的一本著作。毛泽东曾致信易礼容，信中询问："李鹤鸣王会悟夫妇与兄尚有联系否？我读了李之译著。甚表同情，有便乞为致意，能建立友谊通信联系更好。"书中提到的"李之译著"就是李达和雷仲坚合译的《辩证法唯物论教程》。后来，毛泽东致信中央研究组及高级研究组，建议将"李译《辩证（法）唯物论教程》等六章唯物辩证法与形式论理学"作为理论学习和研究思想方法的参考材料②。艾思奇编的《哲学选辑》第一章，选录的就是这部译著的第一章。

《辩证法唯物论教程》在国民党统治区也有很大影响，有的革命者在国民党反动派的监狱中，还认真学习这本书。魏文伯在他所保存的《辩证法唯物论教程》的封皮上写着"此书经历简记"："此书曾于1935年在狱中绝食斗争结束后，第一次学习过。1939年9月，郭洪涛同志于去延安起程前，曾以此书赠我。不幸于1941年8至11月，在日寇对沂蒙山区实行铁壁合围的'扫荡'中，被日寇'剔抉'以去。1943年在日寇'扫荡'鲁中后的某村的大堆中再得此书。'四人帮'被粉碎后，此书于1978年无恙归来。"③1979年，魏文伯将珍藏了40多年的这部著作和《社会学大纲》一并交给国家出版局，建议重新出版。足见《辩证法唯物论教程》一书影响之深广。也从一个侧面充分反映了李达从事马克思主义翻译工作的重要意义。

译著《政治经济学教程》以"严格的辩证法唯物论立场，正确地考察了经济学的诸问题，正确的解决了生产力与生产关系的问题。"这本书可说是20世纪30年代"唯一的科学的经济学"④。这对于马克思主义政治经

---

① 龚育之、逄先知、石仲泉：《毛泽东的读书生活》，三联书店1986年版，第45—46页。
② 《毛泽东书信选集》，人民出版社1983年版，第47、189页。
③ 武达功：《李达著作历险记》，《湖北日报》1981年1月7日。
④ 拉比拉斯等著，李达、熊得山译：《政治经济学教程·译者例言》，上海笔耕堂书店1932年版。

济学的传播有着重要的意义。

李达不仅亲自投身于马克思主义理论著作的翻译实践，而且还对我国的翻译理论做出了贡献。他的翻译观集中反映在后来即 1954 年某次座谈会上他的发言《谈谈翻译》中。他肯定了当时译界的成绩，指出了存在的问题，着重论述了翻译标准及其达到"信雅达"的途径。他认为，译者"必须努力提高自己的中文修养"，"必须努力提高自己的政治水平"，"必须自己熟悉的东西"，"必须采取对人民负责的态度，决不能粗制滥造。"①这里既谈到"译德"，也兼论了"译才"；既提出理论，也指示方向，为我国无产阶级译界指明了努力的方向。

李达在中国翻译史上写下了光辉的一页，不愧为我国无产阶级译界的前辈和马克思主义的翻译家。

《中国产业革命概观》等专著的出版

在国民党文化围剿开始之时，以汪精卫、陈公博为代表的"改组派"，以陶希圣为代表的"新生命派"，以胡适为代表的"新月派"等连篇累牍地向中国共产党发起攻击。他们宣称中国的民主革命已经胜利，中国的社会已是资本主义社会，反帝反封建的任务已不存在，共产党的斗争纯属多余之举，以陈独秀为代表的"取消派"也跟着一起呼喊。因此，从理论上驳倒这些谬论，就成为捍卫和推进中国革命的迫切而艰巨的任务。

从 1929 年 1 月到 9 月，李达先后出版了《中国产业革命概观》《社会之基础知识》和《民族问题》三本颇有影响的专著。这是他在中国革命低潮时期具有远见卓识的理论著作，科学地分析了中国产业革命的趋向，阐

---

① 袁锦翔：《无产阶级译界前辈李达》，《翻译通讯》1985 年第 6 期。

明了中国社会的性质、论述了中国革命与中国产业革命的关系和中国革命的对象、任务与前途，以及中国革命与世界革命的关系，正确回答了中国革命向何处去的问题。

李达所著《中国产业革命概观》一书于 1929 年 1 月在上海昆仑书店出版，这是"中国马克思主义阵营中第一部系统地研究和论述中国社会性质和革命的专著。"[①] 是李达基于对中国国情的认识，"从经济里去探求""现代的中国社会究竟是怎样的社会"的一本著作，也是探讨中国社会改造问题的一本著作。

李达在"编辑例言"中写道："要晓得现代的中国社会究竟是怎样的社会只有从经济里去探求。……一切政治和社会的变动，都是随着产业革命进行的。在中国革命的过程中，凡是留心于国家改造的人们，必先依照产业革命的经过，就中国经济发展的倾向作正确的分析，才能了解革命的理论，树立建设的计划。"他进一步指出，我们要了解近代社会的发展和它的特征，要晓得现代社会问题的真相，就必须了解产业革命过程中的各种事实。"我们可以说中国革命的过程和产业革命的过程，确有因果的关联，我们要获得中国社会改造的"[②] 理论，唯有在中国产业革命的过程中去探求。这不仅表明了李达撰写本书的目的和动机，也表达了他以唯物史观作为自己理论研究的指导思想。

这本著作，非常重视对中国问题特殊性的研究，作者专门写了一节，要"考虑中国社会问题的特殊性"。李达指出，采用什么主义发展中国产业，这是半殖民地的中国革命的特殊性所命定的，也是半殖民地的中国社会问题的特殊性所命定的。他说："中国社会是个半殖民地的社会，半殖民地的资本主义的发展，和先进国的资本主义的发展，具有不同的特征……

李达

---

① 吴泽：《大革命失败后中国社会性质革命性质及社会史问题论战研究》，《社会科学辑刊》1990 年第 1、2 期。

② 《李达文集》第 1 卷，人民出版社 1980 年版，第 388、390 页。

同样，半殖民地的社会问题的内容，和先进国的社会问题，也有不同的特性。假使忽略了这个特性，就不能了解中国的社会问题"①，结果必定是错误的。20 世纪 20 年代末，作者如此明确地提出中国社会问题的特殊性并运用于自己的理论研究中，这是非常难得的，比那些忽视中国社会问题的特殊性而照搬照抄外国经验、盲目听从"国际指挥"的教条主义者不知高明多少倍。

这本著作，运用主要的矛盾和主要的矛盾方面的分析方法，阐明了中国农村经济破产和产业迟迟不能发展的主要原因。李达认为，中国农村经济破产的原因很多，而其主要的原因，归结起来可分为三项：第一，帝国主义的侵略；第二，封建政治的剥削；第三，土豪地主的剥削。李达进一步指出："中国产业迟迟不能发展的原因，可分为主要的和附带的两大类。所谓附带的原因，如资本之缺乏、企业者智识能力之缺乏等；所谓主要的原因，如国际帝国主义之侵略、封建势力和封建制度的存在"。由此得出结论说：总而言之，处在国际经济侵略之下的中国，幼稚的新式产业，绝没有顺利发展的余地，即使稍有发展的机会，也只限于国际经济所不能及的时间或空间而已，然而发展的可能性是很有限的。由此可知"帝国主义的侵略不打破，中国的产业是没有发展的可能的。"同样，"封建势力若不扫除，封建制度若不廓清，中国的产业就没有顺利发展的希望，这是任何人都能知道的"②。两者相比较，显然帝国主义之侵略，更是阻碍中国新式产业发展的决定性原因。

这本著作，学习列宁写《俄国资本主义发展》的方法，利用国内外有关中国经济问题的大量统计资料，根据马克思主义观点，从分析论证半殖民地半封建社会的中国经济的特点入手，得出了两个最重要的结论：第一，"打倒帝国主义侵略，廓清封建势力和封建制度，是中国革命的唯一对象，

第六章·在白色恐怖中（上）

---

① 《李达文集》第 1 卷，人民出版社 1980 年版，第 489 页。
② 《李达文集》第 1 卷，人民出版社 1980 年版，第 478、481、488 页。

同时又是发展产业的唯一前提。"第二，"怎样发展中国产业的问题，实是中国革命的根本问题。……而要发展中国产业，必须打倒帝国主义的侵略，廓清封建势力和封建制度，树立民众的政权，发展国家资本，解决土地问题。"① 这里不仅表现了作者对中国社会经济的深刻了解和中国革命理论的真知灼见，也表现了他极大的理论勇气。可以说，这是中国人用马克思主义观点比较系统阐述中国近代经济史的第一本著作，受到国内外的重视，很快被译成俄文和日文，在国外出版。

有些人认为，中国的马克思主义者似乎从来没有对中国社会经济做过科学的分析和研究，他们攻击理论联系实际的要求似乎是为适应某种政治需要而放弃科学研究，这些说法是不符合事实的，也是完全错误的。李达的《中国产业革命概观》和其后发表的《中国现代经济史之序幕》两本研究中国近现代社会经济的科学著作，都以铁的事实驳斥了所谓"中国马克思主义者似乎从来没有对于中国社会经济做科学的分析和研究"的谬论。

《社会之基础知识》是李达分析中国社会革命问题的又一部重要著作，"是一部把唯物史观、政治经济学和科学社会主义融贯起来作系统而通俗的论述，并落脚到中国革命的根本问题的著作。"②。

该书通俗地阐述了马克思主义关于社会发展的一般原理，剖析了现代资本主义和帝国主义的特征，并着重阐述了以下两个问题：一是阐明以被压迫民族和被压迫阶级建立联合战线的可能性和必要性，指出，被压迫民族和被压迫阶级两者共同的革命对象是资本帝国主义，两者都是反对帝国主义的，因此，"被压迫民族和被压迫阶级实有结成联合战线的可能，而且也必须结成联合战线，帝国主义才能推倒"。二是分析了中国的国情，进一步阐明了中国的社会性质、革命性质和革命前途。李达写道："中国一面是半殖民地的民族，同时又是半封建的社会。所以为求中国的生存而

① 《李达文集》第 1 卷，人民出版社 1980 年版，第 488、495 页。
② 《陶德麟文集》，武汉大学出版社 2007 年版，第 794 页。

实行的中国革命，一面要打倒帝国主义，一面要铲除封建遗物，前者是民族革命的性质，后者是民主革命的性质，其必然的归趋，必到达于社会革命，而与世界社会的潮流相汇合。"他再次重申："目前中国的出路，只有民众起来打倒帝国主义，铲除封建遗物，树立民众政权，建设国家资本，解决土地问题，以求实现真正自由平等的新社会。"[①]这与陈独秀取消主义者不同，他们接受托洛茨基的观点，认为1927年革命失败后中国资产阶级对于帝国主义和封建势力已取得胜利，中国社会已是资本主义占优势并将得到和平发展的社会。因此他们断言：中国资产阶级民主革命已经完结，中国无产阶级只有到将来再去进行"社会主义革命"，在当前只能进行以"国民会议"为中心的合法运动。李达的观点也与李立三"左"倾冒险主义者不同，他们混淆民主革命和社会主义革命的界限，认定"资产阶级已经是反动联盟的一部分"，主张革命如果在一省与几省首先胜利，"要没收中国资产阶级的工厂、企业、银行"，并且必然需要从工农专政进到无产阶级专政。值得注意的是，李达始终强调中国是半殖民地半封建社会，是民族民主革命，革命的对象首先是帝国主义，同时还有封建势力，虽然革命的前途将来必然是社会革命（社会主义革命），但目前不是。李达并不主张没收资产阶级的工厂、企业和银行，而是主张建设国家资本，解决土地问题。

1927年大革命失败后，我国思想界发生了中国现代社会性质问题的论战。论战围绕着中国现代社会性质和国民党新军阀统治的建立是否改变了这种社会性质问题而展开，其实质是继续坚持反帝反封建的民族民主革命还是取消这种革命的斗争。参加论战的各家以其对这个问题的不同回答而分为马克思主义与反马克思主义两大对立的阵营。"当时马克思主义阵营

① 《李达文集》第1卷，人民出版社1980年版，第557、558页。

里在这个问题的论战中发挥主要作用的，有李达等人。"①李达对马克思主义的世界观、历史观和方法论有深刻的研究，对中国革命有坚定信念。他的《中国产业革命观》《社会之基础知识》和《民族问题》三本著作，运用马克思主义的基本原理，有批判地采用当时所能收集到的统计资料，从生产力与生产关系、经济基础与上层建筑以及各种社会经济现象的相互关系及其历史发展上，较为全面而深刻地回答了现代中国的社会性质和与此相关的革命性质、革命对象、革命任务、革命前途以及中国革命和世界革命的关系问题。

值得称道的还有，李达在所著《社会之基础知识》一书中，提出并阐述了"社会的系统观"，认为"社会是包括人类间一切经常相互关系的系统，在这个系统中，一切经常相互关系，都以经济的相互关系做基础。"这就是说，社会是人们之间以经济相互关系为基础的一切相互关系的系统。此其一。其二，关于社会系统变化的原因，李达认为，取决于"社会和自然环境的相互关系中"。社会发达的过程，完全系于社会和自然的相互关系。社会的变化，完全系于社会和自然两者关系的变化。至于"社会和自然间相互关系之变化的原因，就在于社会的劳动的领域"。尤其是劳动手段。因为，"劳动过程，构成社会与自然间相互关系中的根本关系"，"社会的劳动手段的系统（社会的技术），是决定社会和自然间相互关系的精确的物质标准"。所以劳动手段，更是具有根本性质的原因。其三，关于社会系统的结构，李达指出："社会之中有三个要素，即物、人与观念。社会的系统中，含有物的系统，人的系统，和观念的系统。这三个系统互相关联，互相影响，构成社会的系统。"②社会之所以能够存在，乃是由于这三个系统互相调和互相均势地存在着。换言之，这三个系统若不是相互

① 吕振羽：《第二次国内革命战争时期哲学战线上的马克思主义与伪马克思主义的斗争》，《哲学研究》1959年第5期。
② 《李达文集》第1卷，人民出版社1980年版，第498、499、500、501、504页。

适应地存在着，社会便不能存在。把社会当作一个系统来研究，这就为人们观察复杂的社会现象，提供了新的研究方法。

《民族问题》是李达 1929 年 9 月出版的第三本著作，是系统论述马克思列宁主义关于民族问题的理论和政策的著作。

该书论述了马克思列宁主义关于民族问题的基本理论。李达之所以研究民族问题，是因为民族问题，是世界革命的根本问题之一，也是中国革命的根本问题之一。他说："要了解世界革命和中国革命的理论和策略，就必得研究民族问题。"[①] 虽然为篇幅所限，不能详细发挥，而民族问题的轮廓总算是初具了；虽然只就一般的民族问题立论，而中国民族问题的大体内容也包括在内了。在当时巨著的民族问题书籍还没有介绍到中国来，这本著作无疑还是具有研究的参考价值的。

《民族问题》一书，首先分析了民族问题产生发展的历史以及帝国主义时代的民族问题，进一步论述了被压迫民族的革命与被压迫阶级的革命之关系，阐明了殖民地半殖民地的民族革命是无产阶级世界革命的一部分，明确指出：帝国主义时代的民族运动，已由资产阶级民主运动，转变为被压迫阶级世界革命的一部分，民族解放运动的领导权，早已不是资产阶级，而是无产阶级了。"被压迫民族的解放斗争，在反对世界帝国主义制度与民族的压迫上面，有很大的作用"。[②] "国际被压迫阶级，在世界革命征途上，以被压迫民族解放斗争为其同盟军。"着重指出："民族解放运动，是世界革命最重要的枢纽……是与打倒帝国主义及被压迫阶级的革命相关联的问题，决不是孤立的单独的问题。西欧无产阶级革命的胜利，假如没有民族解放运动直接的同盟，就不能实现。"[③]

最后，作者对民族问题的几个根本原理作出了总结性的概括，具体说

---

① 《李达文集》第 1 卷，人民出版社 1980 年版，第 560 页。

② 《李达文集》第 1 卷，人民出版社 1980 年版，第 590 页。

③ 《李达文集》第 1 卷，人民出版社 1980 年版，第 591、604 页。

来，主要有以下七条：

（一）世界分为两大营垒——少数压迫剥削民族与大多数被压迫被剥削民族。

（二）后者是前者之力的源泉。

（三）被压迫民族反帝国主义的民族解放运动，是从剥削与压迫解放出来的唯一道路。

（四）压迫民族中被压迫阶级革命与（被）压迫民族解放斗争，对于反抗帝国主义资产阶级，有形成共同战线之必要与必然，没有这两种共同战线，两者的胜利，是不可能的。

（五）被压迫阶级不积极援助被压迫民族的解放斗争，就不能形成这种共同战线。

（六）只有民族的结合与协助，才能建设单一世界经济。

（七）民族的结合，不是合并，而是由各民族的自由意志与相互的信赖。

综括全书可以看出，李达关于民族问题的论述，是建立在马克思列宁主义关于民族和殖民地问题的深厚的思想基础之上的，是用自己民族的语言和风格写成的我国第一本马克思主义民族问题的著作。

上述三本专著，正确地回答了 1927 年大革命失败后中国向何处去的问题。这对于当时有志于继续探索中国革命复兴的道路的人们，无疑是发生了积极的革命影响的。当代著名作家杨沫曾在一篇署名文章中写道："我清楚地记得我读的第一本书是《怎样研究新兴社会科学》（好像是李达写的）[①]。这本用马列主义的基本原理，阐述社会发展方向的小书，立刻使我这个正在寻觅人生的真谛、不知该怎样活下去的青年，好像久旱逢甘雨，苦闷、彷徨的心灵，如茅塞顿开，知道了人类社会朝着共产主义大道前进，

---

① 此书即李达所著《社会之基础知识》。

我在阴霾中见到了光明。""从此，我的思想开始转变：我不再为个人的生活、前途忧愁，我渴望知道更多的革命道理。于是我就如饥似渴地读起马列主义的理论书籍来。""从此，我完全变成了另一个人——我不再想死，而是想活，想活得有意义。想为危难中的祖国、为受压迫的人民大众而献身。后来，我一心找党，想投身到革命的洪流中去。"[①]革命作家杨沫的亲身感受，代表了当年一批追求光明、投身革命的进步青年的共同心声。从一个侧面反映了李达的著作给人"以新的生命"的重大影响和作用。

赴泰山讲学

在豺狼当道的上海，李达是难以久住的。上海暨南大学校政当局借一·二八事变迁校之机，于1932年2月，将李达解聘。

同年5月，李达受上海地下党之嘱托，到泰山给冯玉祥及其研究室讲授列宁主义、辩证唯物论和唯物史观。

九一八事变后，冯玉祥因为主张抗战，与蒋介石政见不合而愤然移居泰山。冯将军酷爱学习。幼年因家境贫寒只念了一年零三个月的学。买不起纸笔，就用一束麻蘸着黄泥水练习写字。移居泰山后，他更是专心致志地学习。

大凡来到泰山的人们，几乎没有不为这里神奇的风光所倾倒的。那峭拔险峻的山峰，那千姿百态的松柏，那琳琅满目的碑刻，常常使人觉得进入了一个神奇的世界。

或许像人们所说的那样，冯将军是个"怪人"，尽管在泰山脚下住了那么久，他始终没有寻常游人那种兴味。为什么？这是因为他在寻求着读书、求知、探索真理的道路。

---

① 杨沫：《革命书籍给了我新的生命》，《书林》1979年第1期。

李达去泰山给冯玉祥及其研究室讲学，主要是讲世界观、人生观及革命道理。他抓住重要问题讲，讲得很透彻、很准确，教学态度很认真。冯将军学习也很认真，对李达及其他知名的教授、专家、学者毕恭毕敬。听课时，总是把腰杆挺得笔直，双手放在膝上，如同小学生一般。他坐在小凳子上记笔记，有时记得满头大汗。笔记跟不上讲述时，就请讲述者喝茶休息片刻，而自己照旧补记上去。

李达每次讲课大都有人旁听，冯夫人李德全经常在座。到泰山探望冯将军的高级将领、文职幕僚，有时也被叫来听讲，不管你爱听不爱听。冯玉祥常对官佐们说："英雄本无种，男儿当自强"，"饭可以不吃，书不可不读"[①]。学而不厌，诲人不倦乃是冯将军的一贯作风。当时，李达和陈豹隐、邓初民、宋斐如等著名专家、教授，定期为冯玉祥及其研究室讲授辩证唯物主义、历史唯物主义、政治经济学、新政治学原理等课程，不断地灌输马列主义，介绍国内外大事。通过这一阶段的学习，冯玉祥对于共产主义理论的认识，有了一个初步的轮廓，对于共产党也增加了好感。这对冯玉祥日后的政治活动有重要影响。

冯玉祥本人回忆泰山读书生活时写道：民国21年（1932年）3月到泰山，住普照寺。乃请了许多专家、学者为我讲书。如陈豹隐先生讲新政治学，李达先生讲列宁主义等。"每到上课的时候，我就高兴得不得了，想着自己是一个'大兵'出身的人，现在能有这样的专家学者来为我们讲着世界最进步的革命理论，这真是过去作梦也没有想到的事。读书，我此时觉得如吃甘蔗，越往下咂越甜，越读越觉得它的趣味，而且越读眼越亮，心越宽。因为我所读的书，不是一般骚人雅士读来开心的书，而是救国救世界的革命理论，而是20世纪最进步的思想学术，而是历史上的宝贵教训——这些书可以使我认识过去、现在，知将来，可以使我不错走道路，

---

① 吴福秋：《有关冯玉祥读书的一些事》，全国政协文史资料存稿。

可以使我的意志更加坚定，使我时时刻刻前进。"①1935 年 9 月 18 日，冯玉祥在泰山给他的朋友陈定民写信，谈到读书的情况说，李达先生来讲过列宁主义及唯物史观，陈豹隐先生来讲过新经济学（注：可能是新政治学）。听了李达先生等人的课后，他认识到："我们只能前进，不能回顾；只有开新，不能复旧。"通过学习，特别是经过与李达这样的马克思主义学者的接触，冯玉祥在思想上获得了很大进步。他从黑暗中看到了光明，找到了真理。现在泰山普照寺上端的密林深处，还矗立着一块石碑，上面刻着冯玉祥亲笔书写的"若不相信辩证唯物论则我民族不能复兴"17 个刚劲有力的正楷大字：这不仅是冯将军在泰山读书，寻求救国真理，实现思想飞跃的标志，也是李达等马克思主义学者给冯玉祥以深刻思想影响的佐证。

李达在泰山讲学，为时两个月，冯玉祥非常推崇和敬重李达，高度评价李达学识渊博，讲授态度诚恳，"是为真理奋斗的战士"②。

从 1928 年到 1932 年 7 月，李达在上海和泰山的全部活动充分表明，在白色恐怖的日子里，他坚守马克思主义的理论阵地，用自己的笔和舌顽强地同国民党反动派作斗争，并向人民大众特别是进步青年和爱国仁人志士作革命宣传，为探讨中国革命的理论做出了卓越的贡献。

---

① 冯玉祥：《我的读书生活》（2），三户图书社 1943 年刊印。
② 冯玉祥：《我的读书生活》（2），三户图书社 1943 年刊印。

在白色恐怖中（下）

著名红色教授

1932 年 8 月，李达由上海转移到北平。在广大进步师生的一致要求下，他应聘担任北平大学法商学院教授、中国大学教授兼经济系主任，同时还兼任朝阳大学等校教授。为了扩大进步势力，李达推荐黄松龄、吕振羽等人到中国大学任教。后来，他还把兼任的中国大学经济系主任让给黄松龄担任。

北平大学法商学院和中国大学的进步师生较多，有"红色大学"之称。李达和黄松龄、吕振羽、齐燕铭、侯外庐被进步学生和进步报刊誉为"红色教授"，并以李达为首。

当年，北平《世界日报》记者茜苹访问了 60 多位著名学者、专家，写下了近百万字的《学人访问记》，第一篇就是《经济学和社会学名教授李达》，于 1935 年 1 月 28 日、29 日和 30 日，在《世界日报》的"教育界"专栏连载。这位记者后来著文回忆说："开始访问时，我为了第一个访问谁，很费了一番斟酌。论学术，这些学者都是出类拔萃的人物，第一个访问谁都行。可是要选择一位在学识、品质方面都是被人敬佩的学者，就不得不多所考虑。结果我第一个访问的是李达教授。"① 李达那时是北平大学法商学院经济系教授。他不是学校当局主动聘请的，而是由于学生们坚决要求，学校才聘请的。当时，许多学生对日本马克思主义学者河上肇的科学经济学说非常感兴趣，而对于经济系某些教授讲授的陈腐学说，极不满意。1932 年夏，学生们听说李达到了北平，就要求学校请他教学。李达曾是共产党的发起人之一，这已是公开的秘密，学校是不能答应学生要求的。而学生正因为李达是共产党的发起人，李达讲授的又是科学的经济学说，

① 逸文：《〈学人访问记〉的回忆》，《新闻研究资料》1979 年第 1 辑。

才坚决要求学校聘请他，几乎闹成罢课。学校让了步，李达才被聘为这个学校的教授。李达上课时，许多别的系和校外的学生，常来听他的课，他成了最叫座的教授。

李达当年的学生和同事后来回忆说，很多人在北平读书时总是想，如果能听李达教授的课，就再好不过了。那时，学生对上政治学、经济学和社会学这一类课程，不感兴趣，甚至反感。可是，李达老师讲课却吸引了很多学生。李达"学识渊博，造诣很深，为人治学，堪称楷模"[1]。他"语言简洁，没有废话。课后复习笔记，恰像一篇精彩的论文"[2]。他讲授的课程有社会学（辩证唯物论和历史唯物论）、政治经济学（科学的经济学说）、货币学和社会发展史。他所讲授的内容当然是宣传马列主义和革命道理的。李达讲授马列主义，着重讲授四大基本观点：第一是阶级观点；第二是劳动观点；第三是辩证唯物主义观点；第四是群众观点。他认为，没有这四大观点，就不能正确地分析和处理问题，就要犯错误。进步学生认真听，很尊重他。反动学生不敢捣乱，因为进步势力大。张友渔在首都理论界纪念李达百年诞辰的座谈会上说：李达在政治上是我的先驱，理论上他是我的导师。在当时的一批马克思主义学者中他是最积极的，影响也最大。他的理论造诣最深，他在学生中的威望最高。

李达讲课态度十分认真。一次，他带病上课，面戴大口罩，边擦黑板边写字，开头写着"哑子讲课，以笔代口"几个大字。两节课接连写个不停，直到写完下课。没有一个学生提前离开教室。同学们不仅赞叹老师的高度思维能力和飞快的板书本领，更敬佩他对教学高度负责的精神。课余，李达对求教学生的问题解答也很细致。部分学生自学马克思的《资本论》，因为中译本不多，一般读日文本，困难很大。学生虚心向李达老师请教，李达除解答问题外，还鼓励学生学习日本著名马克思主义学者河上肇，刻

---

① 侯外庐：《为真理而斗争的李达同志》，《光明日报》1980年6月18日。
② 尹进：《鹤师早年在北平教学二三事》，《武汉大学学报（哲学社会科学版）》1981年第1期。

第七章·在白色恐怖中（下）

145

苦用功，要像河上肇先生那样把《资本论》读得很熟。开始读不懂没关系，以后反复地通读、精读，就会读懂了。并勉励学生坚持数年，必有用处。年老的同志都知道，也就是在20世纪二三十年代，正是他把河上肇的一些名著在国内翻译出版，对于革命的进步的青年学习马列主义，起了很大作用。

当时，很多未见过李达的人，原以为他一定也有其他学者那样的神气——穿着平整的西服，拿着手杖，夹着大皮包，走起路来仰着头，说话不大看人的神气。其实，只要你一见面，就立刻发现，他"恰是与这种神气相反的人，身量不很高，头顶已露出十分之八的'光处'，时常穿着蓝布大衣"。那时，李达"虽然计算起来不过四十四五岁，但是因为人事的折磨，同研究学问的劳累，面目上已表现出十分苍老的样子"，所以当"问他年岁的时候，他很有感慨的说'我是老了'"。李达全家住在西城一个很僻静的胡同，院内有几处花圃和几棵树木。屋内布置比较雅致，地道地表现出学者的风貌。李达每天除教书外，余下大部分时间都消耗在书房里。虽然他也听戏消遣，与其他娱乐活动似乎无缘。但是李达"爱好打台球，这是很多人都知道的事。在北平西城六部口和西长安街的球房里，常见他和陈启修（陈豹隐）打台球"①。

李达为人正直，很讲原则。他从不吹捧别人，也讨厌别人吹捧自己。当时，有个留苏的人，把苏联的一本经济学教材编译过来，说成是他的著作，到处瞎吹。甚至不择手段攻击李达的《经济学大纲》是抄河上肇的。此人后来想到北平大学法商学院教书，为了讨好李达，一反常态，对吕振羽说："我很钦佩李达这个人。"还说："李达的经济学比河上肇的好。"李达知道后很生气，叫吕振羽去告诉那个人："要教书是可以的，但教马克思主义经济学是很严肃的事，要老老实实，不要买空卖空，不要瞎扯，不

① 茜苹：《学人访问记——经济学和社会学名教授李达》，北平《世界日报》1935年1月28日。

要用这种办法来换取自己的地位。"此人后来在法商学院教经济学，作风仍不老实，又在课堂上瞎说："李达先生讲的经济学比河上肇的好，他教你们的经济学，你们真是幸运！幸福！"第二天，李达去讲课时，有意问学生："河上肇的书怎么样？"学生答道："听说没有你的好。"李达严肃地指出："你们不要听那种不负责任的瞎说。河上肇是我的老师，我的经济学是从他那里学来的。"①

李达是中国大学"进步势力的中心人物"。李达"威信很高，学生不听校长的，而听他的"。一次，有个讲师在课堂上瞎说："在资本主义社会，一切都是商品，妇女也是商品。"学生问："中国是不是资本主义社会？"他不假思索就回答："是的！"女学生又问："那我们是不是也是商品？"那个讲师不敢再作回答。学生立即起哄，围着喊打。他吓得慌忙跑往教员休息室。学生堵住门口，继续喊打。教务长方宗鳌、总务长祁大鹏也没有办法说退学生，结果只好求李达和吕振羽去解围。李达对学生们说："是的，他这个错误不是一般的错误。他说中国是资本主义社会，这是托洛茨基派的反动论纲。你们指出他的错误是对的。你们已经批评了他，就不要打人了，放他走吧！"于是，李达站在前面，那个教师走当中，方宗鳌、祁大鹏也跟着走当中，吕振羽走后面，这样才把那个讲师带出校门。李达告诫那个讲师说："你还年轻。人家都说中国大学是红色大学，这里讲的马列主义课你为什么不学，而去学托洛茨基的？这个书，你就不要来教了吧！"②那个讲师惶恐地认了错。

李达是"进步师生同反动派斗争的一面旗帜"。斗争首先表现为反对解聘进步教授。那时，国民党政府教育部强令学校当局对教员每年解聘一次，凡没有接到续聘书的就等于解聘，其目的是借以解聘进步教授。因此，学生每学期都要同校方斗争，要求继续聘任李达和黄松龄、吕振羽、齐燕

---

① 江明：《展读遗篇泪满襟——记李达和吕振羽的交往》，《文献》1980年第4辑。
② 江明：《展读遗篇泪满襟——记李达和吕振羽的交往》，《文献》1980年第4辑。

铭、侯外庐等进步教授。从校方来说，如果没有这些进步教授任教，就招收不到好学生，学校就很难办下去。李达鼓励一些进步教授说："我们就抓住这个矛盾同他们斗争！"① 吕振羽后来谈起这件事非常高兴地讲："我们因此也就得以占据这块阵地，进行传播马克思主义。"②

李达同国民党反动派斗争，还表现在极力支持吕振羽反对陶希圣。李达和吕振羽是师生关系，论学议政，过从甚密。吕振羽至少每周要去看望李达一次，李达也常到吕振羽处回访。李达不仅举荐他担任中国大学国学系教授，还极力支持吕振羽参加思想理论战线上的斗争。20世纪30年代，中国哲学史界反马克思主义的各个流派中，以陶希圣的影响最大。他著有《中国政治思想史》，流毒甚广。他是《食货》杂志主编，北京大学教授，无论讲课或写文章，散布的都是反动观点。这个国民党反动派的御用文人，竟把自己乔装成历史唯物主义的拥护者，欺骗群众，特别是欺骗一些无知或不明真相的青年，颇有迷惑作用。李达和吕振羽一起，分析思想理论战线的形势，李达说："现在各派别的人，都在反对马克思主义，你要看清楚哪些是最凶恶的，对准目标，保卫马克思主义。"吕振羽"想抓住陶希圣"。李达说："对！陶希圣是国民党的御用学者，一个最危险的人物，我们要和他斗争。"③ 当时，陶希圣在北大、清华、师大讲授政治思想史。李达对吕振羽说："老弟呵，你也开一门中国政治思想史，你有条件，你可以同他唱对台戏。"吕振羽开了这门课，立刻引起强烈反响，北大、清华、师大的进步学生都跑来听课，买讲义。陶希圣着慌了，又是请客，又是托人。托黄松龄找吕振羽讲情，要求吕振羽把课让给他，由他统一起来。李达非常气愤，对吕振羽说："这是什么话！你叫黄松龄去答复陶希圣，要

---

① 江明：《展读遗篇泪满襟——记李达和吕振羽的交往》，《文献》1980年第4辑。

② 叶桂生等：《吕振羽的治学道路》，《文献》1980年第2辑。

③ 叶桂生等：《吕振羽的治学道路》，《文献》1980年第2辑。

李达

148

他把他在北大、清华等校教的中国社会史让给你，由你统一起来。"①陶希圣碰了壁，再也不敢吱声了。吕振羽后来出版的《中国政治思想史》，就是在讲授这门课的基础上写成的。事隔多年，当他谈到这部书时，总是非常感激李达老师给予的指导和帮助。

李达还大力支持吕振羽积极参加关于中国社会史问题的大论战。20世纪30年代初开展的这场大论战，关系着马克思主义关于社会发展的普遍规律是否适合中国的大问题。当时伪马克思主义各流派，为反对马克思主义和我们党领导的新民主主义革命，在中国社会史方面，假借马克思所说的"亚细亚"词句，来取消马克思列宁主义的阶级分析和阶级斗争学说，否认中国农民阶级的存在，自然也就否认了农民在革命中的地位与作用，以此来阉割马克思列宁主义的灵魂和反对中国共产党民主革命的纲领，反对中国革命；以中国没有奴隶制社会阶段的存在或从"外因论"去渲染所谓奴隶制社会论，来反对马克思列宁主义的社会发展阶段论和社会革命论，宣传卖国投降或不抵抗主义；以所谓"商业资本主义社会"论或所谓"前资本主义社会"论、"专制主义社会"论，来反对历史唯物主义和中国共产党领导的新民主主义革命，等等。"这就是从30年代初，我国马克思主义与伪马克思主义流派斗争的几个主要问题，这种斗争，实质上乃是革命和反革命的斗争"②。为了捍卫马克思主义，保卫中国革命，吕振羽在李达的大力支持和热情鼓舞下，放下了手头的经济学著述工作，而投身于中国社会史的研究。李达常给吕振羽鼓励和指点。李达对吕振羽说："你搞历史很好。历史很重要。""研究中国历史要注意两个问题：一是方法论，要生动地运用马克思主义的理论，切不可误入实用主义或机械论的歧途；二是史料，要尽可能充分地搜集史料，鉴别真伪，切不可歪曲历史的真相。""你要看看现在史学论坛上有些什么流派，每个流派有些什么基本

① 陈允豪等：《史学家吕振羽》，《人物》1981年第2期。

② 吕振羽：《史前期中国社会研究·1961年新版序》，人民出版社1961年版。

论点，论纲如何，要搞清楚。从马克思主义出发，看哪个流派、哪些人是最凶恶的敌人，你就对准目标斗争。"① 这些都是弥足珍贵的史学理论遗产，不仅是对马克思主义史学家吕振羽一个人说的，而且对于所有马克思主义史学家及史学工作者都是适用的，具有方法论的普遍意义。重视批判工作，其实也是理论联系实际的一个方面。理论联系实际，更要求用马克思主义理论进行科学研究，同时也要尽可能占有详细的资料，同学术界存在的错误政治倾向进行说理的批判或斗争，是非常必要的。唯有这样，才能使马克思主义充满活力，才能发展马克思主义及其指导下的哲学社会科学各个领域，从这个意义上说，李达同吕振羽的谈话，便超出了史学界，而普遍适用哲学社会科学各个门类的研究。

吕振羽在李达老师的指导下，在论战中写成了他的第一部史学专著《史前期中国社会研究》（《中国社会史论纲 I》）。李达看到这部书稿后，非常高兴。他亲自审读书稿，为书稿作序，并把它推荐给人文书店出版。李达在序中指出，该书有两大特点：一是"坚决地确认奴隶制度为社会发展过程中的必经的阶段"；二是"探求中国史前期社会的一般特征，对于这一历史时期整理出一个整然的系统"。前一特点，批驳了当时托派理论家李季和国民党御用文人陶希圣之流否定中国奴隶制社会客观存在的谬论；后一个特点，打破了资产阶级史学家中的"疑古"风，从而阐明了马克思主义关于人类社会发展普遍规律的正确性。李达满腔热情地说："我认为吕君这本书，确实有许多新的收获，特向读者介绍。同时，我希望吕君继续努力，完成全部著作。"② 在李达的热情帮助下，这部最早用马克思主义观点写成的中国原始社会史，终于在1934年6月公开出版。

吕振羽非常感谢李达老师对自己的指导与帮助。1934年，他在《史前期中国社会研究》的初版自序中说："在我对中国史的研究当中，吾师

---

① 江明：《展读遗篇泪满襟——记李达和吕振羽的交往》，《文献》1980年第4辑。
② 《李达文集》第1卷，人民出版社1980年版，第607页。

李达先生，对一般理论上，曾给了我不少的指示；又承对本书详细的校阅了一遍，并为我作序。……特此声明致谢。"1961 年 10 月，在武汉举行的"全国纪念辛亥革命 50 周年学术研讨会"结束后，李达与范文澜、吕振羽、吴晗、何干之等史学界大家兴会武汉大学，吕振羽是特意拜访李达恩师的。1963 年元旦过后，吕振羽写了一首《过武昌念李鹤鸣师》的诗：

今过武昌未停车，

心事拳拳系珞珈；

立雪当年蒙解惑，

担簦一帙走天涯。

诗中运用"程门立雪"和"担簦戴笠"的典故，表达了对鹤鸣师的深厚情感。

此时，吕振羽满怀豪情、驱车北返，准备为发展我国的史学做出新贡献，不料横祸飞来，蒙受不白之冤。直到 1975 年 1 月，江明的申诉信转送到了邓小平的手里，在邓小平的亲自干预下，坐牢 12 年的吕振羽才获释放。

1979 年 11 月，当笔者去访问吕振羽先生时，听说是要为李达老师立传，他破例热情接待了来访者。当时，他百病缠身，四肢发颤，讲话流涎，却非常支持为鹤鸣师立传。他认为李达老师不仅是党的创始人，而且是伟大的马克思主义理论家、哲学家、经济学家、教育家。并说他是在李达老师的引导下走上了革命的道路和史学研究之路。

在江明同志《展读遗篇泪满襟——记李达和吕振羽的交往》一文中，就有这样一段血和泪写的文字，反映了吕振羽对李达老师的深厚感情：

"他多次想写文章悼念李达老师，由于手颤，难于运笔。他口述，我代为整理，也因他病重数度停笔。就在他临终前数月，犹耿耿以未能为李达老师写传为憾！

"振羽把李达老师的手书珍重收藏。但十几年来，经过反复抄家、搜查，都被作为'罪证'收去。党的十一届三中全会以后，振羽沉冤平反，这几封信总算物归原主。我请人把它裱后拿给振羽过目，本意让他高兴高兴，谁知他坐在椅子上，看着，看着，一动也不动地凝视着竟像一尊塑像，声息全无；我感到异常，突然发现他的衣襟湿了一大片，泪水正漫着面颊往下淌流！我一下被惊呆了，连声问他：'你怎么啦！'他再也抑制不住了，泣不成声，嘴唇颤动着断断续续地说：'我对不起他对我的培养！我身体这样，连给他写个传都不可能！'这时我也不禁热泪横流。振羽是一个硬汉子，刚强果决，坦荡轩昂，从不轻易哀伤。40余年来，这是我第一次见到他这样失声痛哭！"

这段血和泪写的文字，更加生动而深刻地描述了吕振羽对李达的一片深情，这是真挚的师生之情，也是为共产主义事业奋斗终身的战友之情。

在北平，李达很重视宣传工作，从不放过一切可能利用的条件，尽力扩大马克思主义的思想理论阵地，扩大党的政治影响。他对友人侯外庐说："我的目标大，不便在社会上公开活动，你年轻，可以多做些工作。"在李达的鼓励、支持下，侯外庐利用校内外各种讲坛及其他渠道积极宣传马列主义。李达自己则利用讲演、时事座谈、接见进步学生等机会，宣传革命真理，教育革命青年。许多老同志如段君毅、陈沂、陈星野等人都异口同声地说，李达不仅教书，而且宣传革命、支持革命。他经常从自己的薪金和稿费中拿出一部分交给地下党，作为支持党组织活动的经费。他的夫人还为地下党开会站岗放哨。还说，我们这一代人，都深受李达的教育、熏陶。我们和许多进步青年学生奔赴延安、走上抗日前线，无疑是受了李达老师的教育和影响。王大钧谈起李达对他的教育时说，李达老师对形势的分析是相当准确的，给我的印象十分深刻。抗日战争前夕我曾想转学到其他地方去，征求李达老师的意见。李达老师说，日本帝国主义很快会全面侵入中国，我们待在北平的时间不会太长，他劝我利用短暂的宝贵时间，多学一些马列主义理论，做好斗争准备。以后形势发展果不出他的预料。

李达

我听从了他的劝告，受益匪浅。抗日战争爆发后，王大钧到了延安，向党中央领导同志报到时，张闻天仔细向他询问了李达的近况。张闻天在大革命时期，曾受过李达的直接影响。他得悉李达向青年学生讲授马克思主义的革命精神不减当年之后，非常高兴，赞不绝口。

对于党的抗日爱国主张，李达忠诚拥护，并积极地为建立抗日民族统一战线出力。

1933年5月，李达受北平地下党组织的委托，到张家口给冯玉祥讲学。名义上是去讲辩证逻辑，实际上是说服冯玉祥联共抗日。冯玉祥欢迎他去的目的也十分清楚。

一天，冯玉祥带着一个日记本陪同李达吃早饭。饭后，他把这个日记本留在李达房里。李达心想他是一个很机警的人，怎么会把自己的日记本留在这里，并且好久没人来取，他一定是故意留的。李达便怀着好奇心翻阅起来，发现多处记着他认为不平之事，也有一些打油诗，还有几处写着要抗日，要反蒋，要联络俄国，可惜没人介绍。李达茅塞顿开，恍然大悟，也非常高兴，便托人将日记本送了回去。第二次，他又来陪李达吃饭时，李达便问："你是否要联合苏联？"冯玉祥笑了，并问如何联法？李达说："要联俄必先联共，只有通过Ｃ·Ｐ·才行。"他又问："那如何找Ｃ·Ｐ·呢？"李达终于亮底说："我可以转达北平的Ｃ·Ｐ·让他们派人来和你面谈。"于是，李达立即写信托人报告北平地下党组织。几天后，北平地下党委派张慕陶来与冯玉祥谈了三天三夜，李达也就回北平去了。

关于这一段历史，李达在《1923年至1937年个人经历》中写得清清楚楚。他在自传中，也有类似的叙述。李达帮助冯玉祥与我党组织取得联系，在中国共产党的推动下，冯玉祥树起了察哈尔民众抗日同盟军的旗帜，奋起抗战。

1934年4月20日，由中国共产党通过中华民族武装自卫委员会筹备会提出，宋庆龄、何香凝、李杜等1779人签名，发表了《中国人民对日作战的基本纲领》。李达是 10 名领衔签名者之一。这个宣言宣传了我党抗日救国的"六大纲领"，指出：中国人民在自己痛苦的实际经验中，深刻觉悟到，要想依靠国民党和国民政府来抗日救国，已经是完全没有希望了。要使美国或国际联盟来帮忙反对日本，也只是一种幼稚的蠢笨的幻想。中国人民只有自己起来救自己！中国人民唯一自救和救国的方法，就是大家起来武装驱逐日本帝国主义，就是中华民族武装自卫，换言之，就是中国人民自动对日作战。立即实行"全体海陆空军总动员""全体人民总动员""全体人民总武装""立即停止一切内战，立即停止屠杀中国同胞的战争"。显然，这是针对蒋介石的反动卖国政策提出来的，充分体现了中国共产党关于停止内战、抗日救国的基本精神。李达在这个宣言上与宋庆龄、何香凝、李杜等领衔签名，是对当时正在兴起的抗日救国运动的公开支持。

当时的历史背景是，日本帝国主义在相继发动九一八事变和一·二八事变之后，在沦陷区东北一手炮制了以溥仪为"执政"的伪"满洲国"，作为自己的傀儡政权。日本侵略者把东北变成了它独占的殖民地，在那里实行军事占领和殖民统治，对中国同胞残酷镇压。据不完全统计，从 1932 年到 1934 年，在东北惨遭杀害的同胞就有 67000 多人。日本帝国主义的残暴统治，把东北变成了一座暗无天日的集中营。

日本帝国主义在侵占我国东北后，为了实现独占中国的野心，又向华北进行新的侵略扩张。

1933 年 1 月，日军占领山海关和临榆县城。3 月，承德、热河全部沦陷。5 月，冀东 20 余县被日军占领。日军已控制长城各口和冀东，平津危急。

在国土沦丧、平津危急的形势下，蒋介石仍然坚持"攘外必先安内"的反动国策，以此作为他处理对内对外关系的基本原则。蒋介石曾经宣称他的"第一个"责任，"乃是剿匪来安内"，"第二个才是抗日来攘外"。他竟然在一·二八事变后宣布："嗣后若再以北上抗日请命，而无决心剿匪者，当沦为贪生怕死之辈，立斩无赦。"在这样的反动国策下，中华民族的灾难日益深重。

1933年5月31日，蒋介石反动政府又一次向日本侵略者妥协投降，居然签订了丧权辱国的《塘沽协定》。这个协定实际上默认日本侵占东北三省和热河的"合法性"，使整个华北门户洞开，日军随时可以进占冀察和平津。

1934年4月20日，由中国共产党提出，经国内著名人士宋庆龄、何香凝、李杜、李达等人领衔，1779人签名的《中国人民对日作战的基本纲领》就是在上述背景下发表的。其意义和作用之大，可想而知。

1935年内，日本侵略者利用蒋介石政府的妥协退让，制造了华北事变。华北危急！中华民族危急！中日民族矛盾已成为主要矛盾，由此引起了国内阶级关系的重大变化。

一二·九运动以后，全国掀起了抗日救亡运动的新高潮。各地群众性的爱国救亡组织纷纷成立。全国各界救国联合会于1936年5月，在上海正式成立，并发表宣言，呼吁停止一切内战，释放政治犯，建立一个统一的抗敌政权。对此，国民党反动派十分恼火，在1936年11月22日深夜，非法逮捕了沈钧儒、章乃器、邹韬奋、史良、李公朴、王造时、沙千里等七人。这件事，史称七君子事件。这七个人都是全国各界救国联合会的领导人，都是社会名流，也都是因为爱国而被捕的。

七君子事件发生后，全国人民、国内外的进步舆论界都感到无比愤慨，纷纷谴责国民党反动政府的倒行逆施。宋庆龄在上海为"七君子"被捕发表声明，抗议国民党反动当局的非法逮捕。李达在北平与许德珩、沈志远、邢西萍、许寿裳等109位知名人士联合签名，致电南京国民党政府要求释放爱国"七君子"。

对于抗日救国，北平各大学的教授中有两派观点。一派以胡适、傅斯年、蒋梦麟为首，主张国际联盟来调查解决问题，拥护蒋介石的不抵抗主义；另一派以李达、陈豹隐、王之湘为代表，主张抗日救国，反对不抵抗主义。当时，蒋介石提出了一个"和平不到绝望时期，决不放弃和平，牺牲不到最后关头，决不轻言牺牲"的反动口号，反对全民抗战。李达痛斥了这种投降主义论调，讲课时针对蒋介石的谬论讽刺地说："照他（蒋介石）这样说下去，读书不到绝望时期决不放弃读书，抗日不到最后关头，决不轻言抗日。"大家听了既觉得好笑，又觉得蒋介石可耻。

20世纪30年代前期，北平同上海一样，也是一片白色恐怖。1932年秋，宪兵第三团调来北平。它是仿效德国希特勒的办法而组建的。蒋介石在这里设立了特务组织，并以他的堂侄孙、特务头目蒋孝先为团长。这次调来北平，是专门对付抗日爱国人士的。宪兵三团和国民党北平市党部到处捕人杀人，疯狂迫害共产党员和进步人士。宪兵三团在北平大搞白色恐怖，蓝衣社在大学里活动很猖狂。大学教室的走廊上，常常都有特务监督，李达照样上课，照样讲授马克思主义理论。万不得已时，他"上课戴个大口罩，一言不发，用写黑板代替口授"。[1] 全面"抗战前，在北平敢于宣讲马克思主义学说的学者，党内党外都有，大家都是很冒风险的。但是，就达到的水平而言，无一人出李达之右。"[2] 李达经常遭到军、警、宪、特的监视和跟踪，处境很危险。他常常戴上大口罩，躲避监视。环境如此险恶，他矢志不渝地坚守马克思主义阵地，保持革命气节，坚决不与胡适、陶希圣、蒋梦麟之流发生任何往来，更不参加替反动派涂脂抹粉的应酬活动。他对国民党反动派的种种威胁、恐吓、监视，一笑了之。他身边一直放着一个铺盖卷和毛巾、牙刷，随时准备坐牢。他还做了大皮袄，准备冬天坚持在监狱里写书。

李达的抗日反蒋言行，引起了反动派的仇恨。国民党政府企图以"侮辱领袖"的"罪名"将他解聘。抗日战争爆发以前，CC特务总头目陈立

---

① 侯外庐：《我有幸结识李达同志》，《一代哲人李达》（吕芳文、余应彬主编），岳麓书社2000年版，第124页。

② 侯外庐：《韧的追求》，三联书店1985年版，第36页。

夫几次要教育部长王世杰密令北平大学校长徐诵明、法商学院院长白鹏飞解聘以李达为首的一批进步教授。白鹏飞说：那些教授很受学生欢迎，不能解聘。如果要解聘，教育部必须正式下命令才能照办。王世杰不肯下命令，白鹏飞也就拖着不办。为了抗议国民党反动当局无理解聘进步教授，李达和白鹏飞挺身而出，找冯玉祥（那时，冯以蒋介石答应抗日为条件，已就任军事委员会副委员长，实为一个空衔）商谈，争取他找蒋介石交涉。又直接找王世杰、陈立夫当面讲理，未获结果。李达、白鹏飞应冯玉祥之邀，前往庐山。在山上，蒋介石碰见他们游山，心生一计，通过冯玉祥做说客，请他们当行政院参事，企图以此拉拢他们。蒋介石以"上宾之礼"邀请他们在山上会见。他们斩钉截铁地立刻拒绝："我们只知道教书，不知道做官！"①随后，李达下山返湘，回家探视患病的老父。白鹏飞回北平。

20世纪30年代，李达在北平的教学活动，是他毕生从事马克思主义理论宣传的一个重要组成部分。九一八事变以后，特别是华北事变以后，中华民族的严重危机，迫使广大的爱国青年探求国家、民族和个人的前途、命运。李达热情讲授、传播马克思主义的革命理论，为寻找出路的青年指明了方向和道路。当年他的学生陈星野说："李达同志不仅是马克思主义的理论家，而且是马克思主义的传播者。""我们真正了解马克思主义的真谛，主要是得益于李达同志。""他不仅传播马克思主义，还支持我们进步学生的革命活动；他不仅教书，还指导和参与革命活动，而李达夫人王会悟同志却为我们站岗放哨。"②

李达在从事马克思主义宣传教育的同时，积极地投身到抗日爱国民主运动的洪流中。不顾国民党反动当局和军、警、宪、特的恐吓、监视，他一如既往地、旗帜鲜明地拥护和执行中国共产党的抗日救国主张，支持爱

---

① 《李达自传》（1956年3月10日），《湖南党史人物传记资料选编》第2辑。

② 《我国理论界纪念李达百年诞辰座谈纪要》，《李达与武汉大学》（宋镜明等），山西教育出版社1999年版，第128页。

国民主运动，动员进步学生奔赴延安，引导他们走上抗日的革命道路。例如，杨易辰、段君毅、任仲夷、陈沂、史立德、陈星野、彭德、陆斐文等同志都是当年在中国大学学习时，在李达的教育影响和指导下而投入一二·九运动，到延安去，到抗日的前线去。

《社会学大纲》的出版

土地革命战争时期，李达在白色恐怖中坚持马克思主义的理论研究与宣传，以高度的革命责任感和顽强的拼搏精神，并以旺健的创造力，撰写、出版了许多有影响的科学著作，达到了他一生的学术高峰期。他的学术著作和理论建树涉及哲学社会科学的许多领域，尤以对马克思主义哲学和经济学的贡献最突出。

在短短几年中，李达撰写、出版的著作就有七本之多，这是非常了不起的成就。

如第六章所述，仅在 1929 年，李达在上海就出版了《中国产业革命概观》《社会之基础知识》和《民族问题》三本专著。这都是适应中国革命需要和解决中国革命问题而写的。

土地革命战争后期，李达在北平期间，又撰写、出版了《社会学大纲》《经济学大纲》《货币学概论》和《社会进化史》四部重要著作和颇有特色的马克思主义哲学辅导读物《辩证法的唯物论问答》。他还发表了《中国现代经济史之序幕》《中国现代经济史概观》《唯物辩证法的对象》《辩证法的几个法则》等多篇学术论文。他在这个期间的学术造诣比以往更加成熟。这些著述在各地的影响很大，其中尤以《社会学大纲》和《经济学大纲》的影响最大。

《社会学大纲》是李达在九一八事变后，用三四年时间逐渐写成的。

1935 年作为北平大学法商学院的讲义刊印。后经作者修改、补充，于1937 年 5 月，由上海笔耕堂书店正式出版。因此，李达在该书第一版扉页写着："献给英勇的抗日战士。"在该书第四版序言中，李达指出了这本书在新时代中将要起的作用。因为"战士们为要有效地进行斗争的工作，完成民族解放的大业，就必须用科学的宇宙观和历史观，把精神武装起来，用科学的方法去认识新生的社会现象，去解决实践中所遭遇的新问题，借以指导我们的实践。这部《社会学大纲》确能帮助我们建立科学的宇宙观和历史观，并锻炼知识的和行动的方法。"① 由此可见，李达撰写这部大著，具有鲜明的时代性和明确的目的性，它是适应中国革命的迫切需要，为革命大军提供精神武装。

《社会学大纲》是一部 47 万言的马克思主义哲学名著，是李达长期艰苦研究的结晶，是中国 20 世纪 30 年代的唯物辩证法运动中的一个重大成果，也是他的主要代表作，影响非常深远。它以缜密的逻辑，充分的论证，独特的见解，系统地阐述了辩证唯物主义与历史唯物主义的基本原理。为马克思主义哲学在中国的传播和毛泽东哲学思想的形成，做出了重大的贡献。

全书分五篇。唯物辩证法只写了一篇，历史唯物论写了四篇，但实际上唯物辩证法是贯穿全书的一根红线，唯物辩证法一篇的分量约占全书的一半，总共写了四章。

第一篇从历史和理论两个方面论述了唯物辩证法诸问题。

在这一篇第一章中，作者不是从纯粹的概念出发，而是从历史出发，从唯物辩证法的前史及其形成、发展的历史出发。作者把马克思主义哲学作为严整的科学体系，详细地论述了它与以前全部认识史的批判继承的关系。唯物辩证法作为科学的世界观是摄取了人类认识史的全部积极成果而创造出来的东西。作者从原始时代的人类的认识开始，分析了认识发展历

---

① 《李达文集》第 2 卷，人民出版社 1981 年版，第 7 页。

史的全过程，指出人类开始思维以来，还不曾有过像黑格尔那样的哲学体系，充分肯定了黑格尔哲学的伟大历史意义，肯定了它"在观念论的体系中，包摄了从来的人类史及思想史的成果即辩证法"。这是"唯物论的辩证法之直接的先导"[1]。但是，黑格尔的辩证法是不能简单地继承的，必须加以唯物论的改造。作者强调马克思、恩格斯对黑格尔哲学所进行的根本性的改造。第一，黑格尔哲学颠倒了存在与思维的关系，现在必须使它再颠倒过来，要把存在看作本源，把思维看作存在的映象。第二，这个哲学颠倒了探求辩证法的根源，现在要把它再颠倒过来，不能在精神界而要在物质过程中去探求事物发展的辩证法的根源。第三，观念论体系的绝对真理与辩证法是相矛盾的。世界之辩证法的发展，突破了黑格尔的绝对真理，证明了黑格尔体系的终结。所以"辩证唯物论的创始者们，从黑格尔哲学继承了辩证法，依据上述的原理把它改造为唯物辩证法"。作者充分肯定了费尔巴哈唯物论，称它是唯物辩证法的唯物论之先驱，具有伟大的历史意义和积极的历史价值。同时，又指出费尔巴哈唯物论的三个根本缺陷：首先，他的唯物论是反历史主义的。他对于自然与社会的发展辩证法，不能理解。其次，费尔巴哈的唯物论，是形而上学的，带有抽象的性质。费尔巴哈的认识论，只停顿于形而上学的领域，没有进到唯物辩证法的领域。再次，费尔巴哈的哲学，只是自然科学的唯物论，他的社会观是观念论的。作者强调："辩证唯物论是克服了费尔巴哈唯物论以后而新造的现代唯物论，并不是费尔巴哈唯物论的原形。"同样，"唯物论的辩证法，是黑格尔辩证法的改造，并不是黑格尔的辩证法的原形。崭新的科学的哲学——唯物辩证法，具有其新的质，新的生命，新的内容和新的历史使命。唯物辩证法是科学的历史观与科学的自然观的统一，而两者统一的基础，是社会的——生产的实践。"

① 《李达文集》第 2 卷，人民出版社 1981 年版，第 40、41 页。

由上说明，作者准确地把握了黑格尔辩证法与费尔巴哈唯物论的性质，创造性地说明了马克思主义哲学与德国古典哲学的批判继承关系。下面一段话，也是颇有说服力的佐证。正如作者所精辟概括的：唯物辩证法，并不是费尔巴哈唯物论与黑格尔辩证法之机械的综合。辩证法的唯物论，是克服了从来一切形而上学的唯物论、特别是费尔巴哈唯物论的缺陷，并由自然领域扩张于历史领域的唯物论；唯物论的辩证法，是批判地摄取了从来一切哲学中的辩证法、特别是黑格尔辩证法的成果，并综合了现代社会科学与自然科学的诸结论的辩证法。所以，费尔巴哈唯物论与黑格尔辩证法虽是唯物辩证法之哲学的直接的先导，而唯物辩证法并不是两者之机械的综合。即是在批判继承的基础上加以改造和创新了的发展。这为研究马克思主义哲学史提供了科学的方法。

作者还指出，马克思、恩格斯对黑格尔辩证法和费尔巴哈唯物论的批判改造和唯物辩证法的形成，也有一个历史发展的过程。这个过程，首先是 1843 年的《黑格尔法哲学批判》，其次是 1844 年《〈黑格尔法哲学批判〉序言》和《经济学—哲学手稿》，再次是 1845 年的《神圣家族》和《费尔巴哈论纲》。而到了 1845——1846 年马克思恩格斯合著的《德意志意识形态》，他们已经完全超越了黑格尔和费尔巴哈，"已经完全的展开了唯物辩证法"。作者结合马克思主义哲学原著全面系统地阐明了唯物辩证法的形成和发展的历史，特别是结合马克思、恩格斯的早期哲学著作阐明了唯物辩证法的形成史，结合 1844 年《经济学—哲学手稿》，正确地论述了这一著作阐明的劳动观点对创立实践的唯物论的重要作用和意义，阐明了马克思的彻底唯物论之形成与历史学、经济学、社会主义的研究有不可分割的关系。所有这些，不仅对阐述马克思主义哲学创立过程具有填补空白的意义，同时也是中国马克思主义哲学传播史上罕见的篇章，在今天也仍不失为真知灼见之作。值得称道的是，马克思的《经济学—哲学手稿》到 1932 年才发表，还未引起学术界的重视，作者却认真地深入研究了这部著作，得出了颇有创见的结论。明确指出："唯物辩证法是科学的历史观与科学的自然观的统一"，马克思、恩格斯"首先阐明了历史领域中的辩证法，其次由历史的辩证法进到自然辩证法，而在社会的实践上统一两者以创出科学的世界观的唯物辩证法"。这在当时马克思主义哲学界是不多见的崭新的结论。

作者详尽地考察了唯物辩证法的前史及其发生发展的历史过程，指出：唯物辩证法"是把人类的知识史——特别是哲学史——中的一切积极成果，当作遗产继承下来并使发展的东西"。"是人类全部知识的历史的总计、总和与结论。"作者强调马克思对黑格尔实践概念批判的意义，指出，实践这个观点是黑格尔最先提出来的，但黑格尔是观念论者，"马克思把黑格尔辩证法中这个生动的实践的概念，拿来放在唯物论的基础上展开出来，引入了唯物论之中，给唯物论以新的内容、新的性质"。"超出旧唯物论的界限，建立了实践的唯物论"，即辩证唯物论。这样，唯物论也就从自然领域扩张于历史领域，建立了彻底唯物论的统一的世界观。显然，比起同时代国外的马克思主义哲学家，作者在更广泛的理论背景上阐明了马克思主义哲学的历史渊源及其本身的科学性质，从而科学地论证了马克思主义哲学是综合全部人类认识史的伟大成果。当作人类认识史的综合看的唯物辩证法这一章，是全书的开篇章，是作者的得意之作，直到他晚年主编《马克思主义哲学大纲》（上）即《唯物辩证法大纲》，仍然坚持这种写法。

《社会学大纲》第一篇的第二、三、四章，系统地论证了唯物辩证法的基本范畴、原理和规律。

作者站在哲学根本问题上的原则高度，用自己的民族语言指出，一切哲学上的根本问题，是我们的意识与环境的关系如何的问题。具体说，"就是所谓自然与认识、客观与主体、物与我、外物与内心、物质世界与观念世界、存在与意识、存在与思维等的关系如何的问题"。换句话说，"即是物质与精神的关系如何的问题"。作者认为，这个根本问题的解决，"是规定各种

李达

哲学学说的本质的唯一标准，是划分一切哲学为两大派别的唯一标准"。

作者从唯物论与唯心论的根本论纲出发，批判了折衷主义，论证了唯物辩证法的一般特征，强调了辩证唯物论的世界观与方法论的统一，论证了马克思主义哲学既是科学的世界观又是科学的方法论，既是认识的方法又是实践的方法。作者指出："唯物辩证法是世界观，同时又是方法论。"当作世界观与方法论的统一看的唯物辩证法的对象，是整个世界的一般的发展法则，即自然、社会及人类思维的一般发展法则。作者还指出："辩证法不单是认识的方法论，同时又是实践的方法论。认识由实践而生，为实践所证明，而又指导实践。"所以"辩证法不单是思维的方法，认识的方法，同时又是实践的方法，改造世界的方法。在理论与实践的统一上说来，唯物辩证法是以实践为基础的认识的方法论"。

论述了实践与认识的关系。强调实践既是认识的出发点和源泉，又是认识的真理性的唯一标准，认识的过程，是由实践出发，而又复归于实践，感性认识和理性认识互相渗透。作者认为，人类的认识，是一个过程，并且是一个辩证法的过程。"认识的过程，由实践出发，而复归于实践，并且包括着由物质到感觉及由感觉到思维的认识的发展过程。"强调感觉是认识的出发点，一切具体认识，"都必须由感觉出发""感觉是认识的源泉"。作者特别注重社会历史的实践在认识中的地位和作用，强调人类的实践是认识由感觉向思维推移的根据和契机，是认识真理性的唯一标准，是认识的目的。他写道："人类认识的过程，是在实践基础上由感觉起到思维为止的统一的认识过程。"认识的能动性，"是社会历史的实践的契机。认识的深化运动，也是在实践的基础上显现的"。实践，比较认识是高级的东西。认识正确与否，"只有实践才能给以最后的证明，只有实践才能把握对象之历史的具体性。但实践与认识是不可分离地统一着。实践是认识的基础，认识是实践的动因。实践不但证明认识的真理性，并且依据认识的真理性，而积极的改造客观世界。"作者还认为感性认识与理性认识，

"两者不是各派的独立的认识，也不是独立的认识阶段。两者之间的差别，只是相对的，不是绝对的。两者互相渗透，其间绝对没有不可超越的界限。"两者互为条件。

论述了认识由相对真理走向绝对真理的过程。人类对于世界的认识，是一个发展过程，是逐渐由低级阶段推进到高级阶段的过程。作者指出："客观事物的一切运动及联结的法则，不能够一次的、完全的、正确的、无条件的都反映于概念之中。概念中的这种反映，正和相对真理到达绝对真理的过程一样，是顺次由一个阶段进到高级阶段而达到于完全的反映的。"

论证了认识的能动性。作者认为，人类之实践的物质的能动性，在观念的形态上反映出来，就成为意识的能动性或认识的能动性。所以"人类在意识上反映外物的那种反映，是能动的反映。这种反映的认识，正是历史的社会的实践之积极的契机"。辩证唯物论的认识论是能动的反映论。

概括了认识的总公式，揭示了认识的总规律。作者明确指出：关于客观世界的认识，是采取如下的过程，即"'实践→直接的具体→抽象的思维→媒介的具体→实践'——这是采取圆运动而发展的。"这个圆运动的公式中，值得注意的是，一方面，由直接的具体到媒介的具体，"这是出发点与到着点之间的辩证法的统一"。这个统一，"是思维与存在、主观与客观的统一。""是在实践的基础上完成的。"另一方面，认识的圆运动，"不是形而上学的循环，而是辩证法的发展。认识随着客观世界的发展而发展，随着社会的实践的发展而发展。"在社会的实践中，不断地暴露出客观世界的新矛盾、新关联、新属性和新侧面。这些新的矛盾、关联、属性和侧面，不断地闯进于人类的意识中，形成客观与主观的新矛盾，促进认识的新运动，使认识发展到新阶段，更深刻地更完全地更具体地把握客观世界，并促使社会实践"更进一步的积极的能动的变革客观世界"。所以，认识的圆运动"是一个历史的发展过程，是由相对真理到绝对真理去的发展过程"。作者提出的认识论的公式，用概括的形式，准确地叙述了复杂的认识运动过程，突出了实践在认识中的作用，阐明了人类认识的历史发展，对于帮助人们掌握辩证唯物论的认识论起了很好的作用，对于马克思主义哲学的应用具有重要的意义。

分析了辩证法、认识论、逻辑学的同一性。认为三者的同一性是建立在唯物论的前提之上的。作者认为，辩证法与认识论，同是以当作外界发展法则之思维的反映的思维发展法则为对象的。而以思维发展的一般法则为对象的科学，又是论理学（逻辑学——笔者注）。所以就对象相同这一点说，辩证法、认识论与论理学是统一的科学。"三者同是'从人类的历史发展之考察抽象出来的最一般的诸结论之概括'。"从而深刻地阐发了列宁在《唯物主义与经验批判主义》和《哲学笔记》中关于辩证法、认识论、逻辑学三者同一的思想。

从两种对立的发展观着手，论述了发展的原理。作者认为，关于发展的原理，在哲学史上，有两种不同的观点，即形而上学的发展观与辩证法的发展观。形而上学的发展观，在本质上否定世界发展的原理。这种发展观，把发展解释为扩大或缩小，解释为同一事物之量的成长或反复。这种发展观，"不能说明对象的复杂的原因，不能说明新事物代替旧事物而发生的原因，不能说明运动和发展的原因"。"不能理解运动之内在的源泉"，"不能理解认识辩证法的客观原理，不能结合发展的原理与世界的统一的唯物论的原理"。辩证法的发展观，却与形而上学的发展观不同。"辩证法的发展观的特征，就是承认世界的运动性与可变性。"

分析了事物内部矛盾与外部矛盾的关系，揭示了矛盾的普遍性与特殊性，阐明了对立物的同一性和互相渗透及统一性与斗争性的关系。作者认为，外部矛盾与内部矛盾，"有辩证法的相互作用"。外部矛盾的作用，通过特定事物的内部矛盾而发生。只有暴露客观世界实在性的内部矛盾，才能理解自然及社会诸现象的发展的本质。作者指出，矛盾是普遍存在的，"一切运动本身都是矛盾，一切自己运动的源泉都是运动着的东西的内部矛盾"。唯物辩证法要求研究自然、社会和思维的发展过程中的各种具体的矛盾。强调具体问题具体分析，明确指出："唯物辩证法的任何原理都是具体的，不是抽象的，因而所谓超越时空而都妥适的矛盾解决的实例是决不能有的。""双方的矛盾的解决的特殊性，只有在双方的具体的矛盾中去探求。"又说，对立物的同一性、对立物的互相渗透、对立物的转变之理解，"是理解辩证法的核心的最根本的条件"。但是"对立物的统一是有条件的，是相对的，而对立物的斗争是无条件的，是绝对的"。所谓对立统一的条件性，是说对立统一在一定条件之下才成为同一并互相转变。

最先提出了对抗性矛盾和非对抗性矛盾。作者不仅认为矛盾是一切事物运动、发展、变化的源泉，而且认为矛盾在事物的不同发展阶段上有拮抗（对抗——笔者注）与非拮抗（非对抗——笔者注）之分。他写道："矛盾有拮抗的矛盾和不带拮抗性的矛盾，两者都是对立物的斗争发展程度不同的阶段。"它们既互相联系，又互相区别。"一切拮抗（或敌对）都是矛盾的发展阶段，而一切矛盾，不必都发展到拮抗的阶段。"所以"矛盾和拮抗有相容点，却又互有区别"。由于两者的性质不同，解决的方法也不同。"拮抗的矛盾，由飞跃而解决。""必须通过飞跃才引起旧形态的死灭与新形态的发生。"而非拮抗的矛盾，只通过部分的解决的阶段，即通过对立物内部的斗争来解决。"矛盾的各个新发展阶段，就是矛盾的部分的解决的表现。"

论证了对立统一规律在唯物辩证法中的核心地位，辩证法的其他规律是对立统一规律不同的显现形态。作者认为，在认识各种客观事物的运动和变化时，"只有对立物的统一的理解，才能提供我们一个锁匙去理解一切存在物的自己运动，才能使我们理解'飞跃'、'连续性的断绝'、'向反对物的转变'、'旧物死灭与新物发生'等等的变化。"而且，自然和社会一切存在物的变化，如飞跃、连续性的断绝、向反对物的转化、由量到质和由质到量的推移，"只有由对立物的统一法则去说明"。所以"对立统一的法则，是辩证法的根本法则，是它的核心"。其所以如此，作者进一步

李达

指出：“这个根本法则，包摄着辩证法的其余的法则——由质到量及由量到质的转变法则、否定之否定的法则、因果性的法则、形式与内容的法则等。这个根本法则，是理解其他一切法则的关键。”此其一。其二，还因为在对立物的统一发展过程中，“所谓‘飞跃’、‘连续性的断绝’、‘向反对物的转变’、‘质量间的转变’、‘旧物死灭与新物发生’，都是必然着的形态，都是对立物的斗争的发展，都是由对立物的转变而显现，都是由对立物的统一去说明。”其三，其他法则，可以说是“对立统一法则的不同的显现形态”。对立统一的法则，和唯物辩证法全体一样，“都是行动和科学的研究之指导”。这些都突出发挥了列宁关于对立统一规律是辩证法的核心的观点，并有自己的特色和卓越的见解。

《社会学大纲》的第二篇，阐述了历史唯物论与辩证唯物论的关系、历史唯物论的根本论纲和研究对象、特点及基本原理。

首先，论证了历史唯物论与辩证唯物论的不可分割的内在联系。作者从两方面加以论证：一方面把辩证唯物论当作世界观看待，当作自然科学与社会科学成果的普遍概括看待，包含着两个部分，两个领域，即唯物论的自然观（自然辩证法）与唯物论的历史观（历史辩证法）。前者以自然现象的发展法则为对象，是自然科学成果的概括；后者以社会现象的发展法则为对象，是社会科学成果的概括。因此，历史唯物论与自然辩证法，同是辩证唯物论之必然的组成部分。另一方面，把辩证唯物论作为认识的方法论看待，“其一般的法则、原理和范畴，都是从一切个别科学抽象出来的东西，都具有极普遍的性质”，它“是一切科学的方法论”。它具体运用于自然领域，就成为自然辩证法；具体运用于历史领域，就成为历史唯物论。作者由此得出结论说：“辩证唯物论与历史唯物论之间，具有极密切的关联。”没有辩证唯物论，历史唯物论就不能成立；没有历史唯物论，辩证唯物论也不能成为统一的世界观。同时，作者还批判了把两者分离的观点，批判了观念论与机械唯物论的曲解修正。

在坚持辩证唯物论与历史唯物论不可分割的基础上，作者把"社会存在规定社会意识"，视为"历史唯物论的根本论纲，历史唯物论的全部内容，都是这个根本论纲的说明"。所谓社会存在，简单点说，"即是社会经济的构造"。所谓社会意识，简单点说，"即是在意识中被反映了社会的存在"。这个定义并不十分严谨，却是基本正确。尤其是属于社会意识具体的内涵包括感情、情绪即社会心理，这是颇有意义的。作者不同意20世纪30年代苏联哲学界否认社会心理是社会意识的观点，恢复了普列汉诺夫的正确观点。

论证了生产力与生产关系、经济基础与上层建筑及社会意识形态的辩证关系。作者继续坚持和发展了他在《现代社会学》一书的基本立场，不仅肯定了生产力和经济基础的决定性作用，而且强调了生产关系和上层建筑的反作用。论述生产力时，非常重视科学技术的作用，作者指出："技术对于生产力的发展的作用很大。"生产力诸要素的发展，是在技术发展的影响下显现的。"生产力发展的水准，由技术的水准所测定。"同样，科学对于社会生产力的发展，也有"很大的作用"，要使科学成为社会生产力发展的强有力的要素，"就必须使科学参加于生产过程而在技术上去应用它"。科学与技术有相互依存的关系，两者都能促进社会生产力的发展。作者还认为，上层建筑对于基础也有一定的反作用，在社会的发展过程中，政治的法律的上层建筑与意识形态的上层建筑，"不单是受动的社会现象"，并影响于经济构造的发展而"成为能动的社会现象"。这就是上层建筑对于基础的反作用。但这种反作用，"从其发源与结果看来，是决不能与基础对于上层建筑的作用相同的"。一方面，上层建筑反作用的可能性，是"从基础得到的发展力量而来的"。其结果，也只有在它"没有和基础发展的倾向相矛盾之时，才能持久，才有意义"。另一方面，上层建筑的反作用，"虽也能延缓并障碍经济发展的过程，却决不能变更这发展过程的倾向，而经济的必然性，结局是必须打开它的进路而前进的"。

阐述了历史唯物论的对象。作者从三个方面作出概括：第一，历史唯物论是把社会当作特定发展阶段的生产关系总体去把握，即把社会当作特定的历史发展阶段上的社会的生产有机体去把握，阐明其固有的机能与发展的法则；第二，历史唯物论把社会当作客观的、合法则的、自然史的发展过程去把握，阐明各个特定阶段上的社会的特殊的发展法则，阐明社会由低级形态到高级形态的特殊发展法则；第三，历史唯物论把社会全部历史列为先阶级社会、古代社会、封建社会、现代社会、未来社会的五个顺次发展的阶段，指出人类社会发展的一般的进行与特定发展阶段上的特殊形态之统一，指出历史过程的统一与联结，发现历史发展之一般的正确的法则。简洁地说，历史唯物论的对象是："在最一般的大纲上说明人类社会之历史的客观的发展过程及其发展法则，阐明各种社会构成形态的特殊发展法则及由一种构成形态到他种高级构成形态的特殊转变法则。"这种概括，不仅忠实地反映了马克思主义经典作家关于历史唯物论的观点，也全面系统地体现了历史唯物论的丰富内容。其思想的深刻性和内容的丰富性，在中国唯物史观的传播史上占有突出的地位。

论述了历史唯物论是历史观与方法论、理论与实践的统一，是社会发展过程的反映论。作者明确指出，历史唯物论"是社会发展的理论与社会认识的方法之统一"，"是社会的理论与社会的实践之统一"。

所谓历史观与方法论的统一，是说历史唯物论不是抽象的、超历史的，也不是解决一切历史问题的"万应膏"，而是正确地反映了社会构成形态之自然史的过程与社会史的最一般发展法则的科学理论和科学方法。它作为科学的方法论，其主要之点是：第一，在社会的存在与社会意识的正确关系上去理解各种历史的社会的现象；第二，在全体的关联上去理解各种社会的现象。第三，在发展过程上去理解各种社会现象。所以，"历史唯物论的方法论是具体的"，"它绝不是抽象的社会的方法论"。

所谓理论与实践的统一，是说在历史唯物论上，理论与实践，是不可分离的结合着，即"社会的理论由社会的实践而获得；社会的实践由社会的理论而贯彻"。没有社会实践的理论，只是空洞的理论；没有理论指导的实践，只是盲目的实践。但是社会的实践比较社会的理论，"占居优位"，这是因为"第一，社会的实践是人们对于社会的认识的出发点；第二，社会的实践是一切社会的认识之规准，是社会的理论的真理性之规准；第三，社会的实践是认识客体与认识主体两者间所必要的联结的规定者；第四，社会的实践不但有普遍性的价值，并且有直接的现实性。"

作者强调指出，历史唯物论是历史观与方法论、理论与实践"诸契机的统一"，即"历史唯物论是社会发展的理论，是社会的研究方法，是社会的实践的指针"。

作者进一步指出："历史唯物论是具体的社会发展过程的反映论"，由于解决了一般与特殊的正确关系，所以它是具体的社会发展过程的反映论。这是马克思主义认识论在社会历史领域中的运用，体现了历史与逻辑、理论与实践的统一，也是人类认识历史发展本身的客观要求。

作者还指出一切反映社会变动事实的革命学说，是革命阶级实践的契机，能够促进社会的改造。提出历史唯物论的任务"不是各色各样的解释社会，而是变革社会"。

作者专门用一章的篇幅，批判了各派资产阶级社会学说及历史哲学。这体现了马克思主义理论的批判的革命精神，也是作者一贯的作风。

《社会学大纲》的第三篇和第四篇及第五篇分别论述了社会的经济构造和社会的政治建筑及社会的意识形态，并进行了比较系统的分析，反映了这三方面的最新理论成果，代表了 20 世纪 30 年代关于解决这些问题的最高水平，提出了许多富有新意的深刻的见解。

首先，提出了"未来新社会"即社会主义社会和共产主义社会仍然存在着生产力与生产关系的矛盾的重要见解。作者指出，生产力与生产关系的矛盾"在一切社会的构造中，不论是在非敌对的社会或敌对的社会中，都是存在的。不过，在敌对的社会中，这种矛盾都带颉颃的性质，而在非敌对的社会中，矛盾不至发展为颉颃。"但是"生产力与生产关系的矛盾却是存在的。"须知："生产力与生产关系的矛盾，正是社会发展的原动力。如果没有矛盾，那就没有发展了。"应当肯定，作者关于一切社会包括"未来新社会"都存在着生产力与生产关系的矛盾、并由此推动社会前进的观点，关于这个矛盾的性质有对抗（敌对社会）与非对抗（非敌对社会）之区别的观点，无疑在中国马克思主义哲学传播史上有极其重要的理论意义。早在 20 世纪 30 年代，作者就鲜明地提出了"未来新社会"中依然存在着生产力与生产关系的矛盾的独立见解，充分表明他超出了同时代马克思主义者的认识水平；甚至可以说，在理论上超前领悟了未来社会主义社会的基本矛盾。这为 20 世纪 50 年代中期毛泽东关于社会主义社会基本矛盾学说提供了一定的理论基础。

其次，提出了"社会的系统观"。作者认为，历史唯物论也是"社会的系统观"，社会是包摄生产诸关系的总和、国家形态、法律制度以及一定意识形态的系统，而生产关系是这个系统的基础。所谓生产诸关系，是指它"可分为生产关系、分配关系、消费关系及交换关系。这四种关系，包摄于生产诸关系中，形成为不可分离的统一"。生产诸关系是一个大系统，每种关系又分为若干小系统，但"能够成为主导作用的东西，只是社会的生产关系"，而生产方法又是一切社会的生产诸关系的现实基础。国家的基础是社会的经济构造，即是生产关系的总体。就国家形态而言，包括无国家社会的氏族组织、奴隶制社会的国家与封建国家、近代资本主义国家、资产阶级国家的法西斯化、过渡时期的国家即无产阶级专政的国家。不论是哪种国家形态，就其实质而言，都是阶级统治的机关。法律制度与国家形态是相适应的。意识形态也是如此，包括原始社会的意识形态、奴隶制社会的意识形态、封建社会的意识形态、资本主义社会的意识形态、社会主义社会的意识形态。各种系统的综合，就构成了"社会的系统观"。

此外，作者还把对劳动的分析作为历史唯物论的起点和展开的基础，认为劳动是人类社会系统和自然的物质代谢过程，对社会具有规定意义。主张立足社会本身，同时又从社会和自然的对立统一关系中探求社会历史的发展规律。

　　《社会学大纲》的历史唯物论部分分为四篇来安排，是颇具匠心的。这种体系的安排，不仅注意了社会结构的客观实际，也注意了科学的世界观和方法论对社会历史研究的指导作用，注意了马克思主义学说的理论基础的重要地位，还注意了对资产阶级社会学和历史哲学及其他流派的批判，从而进一步丰富和发展了李达在 1926 年所著《现代社会学》一书的基本思想。这一部分又于 1948 年 2 月，以《新社会学大纲》作书名，由香港生活书店单独出版。著名学者沈志远曾为此书作序，强调指出："一望而知的，这部社会学的内容，完全是历史唯物论的社会理论，也可以说是辩证唯物论的历史学说，所以书名加上了一个'新'字。在国内的同类著作物中，这部书确实可以算得体系既完整、叙述又周密的一部优秀的教科书。"

　　《社会学大纲》历史唯物论部分的上述篇章，都是"研讨世界社会的一般及特殊发展法则的"，而对于特殊形态的中国社会未能加以充分的具体论述。为了弥补这个缺陷，作者原先计划单独另写一篇，系统地剖析"中国社会"。这一篇的"研究大纲及材料等项，都已有了准备，只是无暇整理"。在《社会学大纲》中，作者把有关这一篇的"研究所得的结论"简略地提了出来。作者认为，"中国社会不是资本主义社会，也不是封建社会，而是帝国主义殖民地化过程中的社会"。现阶段中国人民的历史使命，"就是要使中国从这种过程中解放出来"。为要完成这种使命，"必须实行民主的统一，发展国民经济，改良农工生活。全国人民要一致团结起来，集中一切力量，准备民族奋斗，以求得中国之自由平等"。

　　为了对付国民党书报检查机关的检查，作者在《社会学大纲》一书中机智地使用了列宁所说的"奴隶的语言"，比如称马克思为卡尔，称列宁为伊里奇，称无产阶级为普列达里亚，称资产阶级为布尔乔亚，把资本主义社会写成"现代社会"，把剥削写成榨取，把专政写成狄克推多，把书名题为《社会学大纲》。这个办法真是妙极了。当时国民党统治区学术界只知道从欧美引进的社会学，这种社会学对国民党的统治是有利无害的，所以书名叫《社会学大纲》就可以保险。

综上所述，李达的《社会学大纲》这部马克思主义哲学著作，在理论上具有完整性、系统性和科学性，特别是具有创见性，这不仅在中国马克思主义哲学史上，与同时代的相关著作相比居领先地位，而且在当时国外马克思主义哲学著作中，也是不多见的。这部著作尽管不是尽善尽美的，例如对形式逻辑的错误批判和否定，对当时世界公认的相对论、量子力学等重大的自然科学成果未能反映，但是毕竟为马克思主义哲学的整体化作出了巨大的贡献，并成为中国马克思主义哲学传播史上经久不衰的瑰宝。

《社会学大纲》以它在理论上的鲜明特点而具有重大的历史意义。其主要的特点或优点除了如前所述，还表现在对其他各哲学派别和它们的相互界限也阐述得很清楚，具有鲜明的时代性，站在时代的高度，体现了理论联系实际的原则；具有战斗性，坚持了革命的批判的精神，对各种反马克思主义哲学思潮的批判，其涉及范围之广，人物之多，时间之长，材料之丰富，都是同类著作中所罕见的，充分体现了理论的威力；论述问题都力求从渊源说起，始终把逻辑的论证和历史的考察结合起来，具有很强的说服力。

《社会学大纲》出版后，李达立即将此书寄给了毛泽东。毛泽东对此书给予了高度的评价，并向延安新哲学会和中国抗日军政大学的同志们推荐，指出，这是一本好书，在十年内战时期能有这样一部书问世是非常难得的。在一次小型的干部会议上，毛泽东说："李达同志给我寄了一本《社会学大纲》，我已经看了十遍。我写信让他再寄 10 本来，让你们也可以看看。"[①] 在

---

① 郭化若：《在毛主席身边工作的片断》，《解放军报》1978 年 12 月 28 日。

第七章·在白色恐怖中（下）

给李达的信中，毛泽东热情地称赞李达是一个"真正的人"，称赞这部著作"是中国人自己写的第一本马克思主义的哲学教科书"，要李达把此书再寄一些到延安去。延安的同志得到李达这本书，喜出望外，争相传阅。书少，大家都要看，怎么办？有的同志便把书拆开，大家分头拿去看，最后竟没有办法把完整的书收回。毛泽东则在这本书上作了很多批注，合计 3500 字。1938 年 2 月 1 日，毛泽东写"读书日记"，开头这样写着："20 年没有写过日记了，今天起再来开始，为了督促自己研究一点学问。看李达的社会学大纲，1 月 17 日至昨天看完第一篇，唯物辩证法，从 1—385 页。今天开始看第二篇，当作科学看的历史唯物论，387—416。"以后逐日记下读书的进度。3 月 16 日记："P831—852，本书完。"① 毛泽东在书上写了很多批注，除批注文字外，在书的原文中，毛泽东还画了直线、曲线、曲线加直线、二直线、三直线、圈点、双圈点等符号，还包括对个别原文的勘误。说明毛泽东读书之认真，也足见李达《社会学大纲》影响之大。

为了满足广大干部和群众的急需，抗战胜利前后，解放区翻印了《社会学大纲》的部分章节，艾思奇编的《哲学选辑》第三章《唯物辩证法的诸法则》即是翻印李达的《社会学大纲》第三章。1948 年 7 月，新华书店翻印了全部《社会学大纲》。翻印时，内容除了把有些术语改为通用译语，如"布尔乔亚"改为"资产阶级"，"普列达里亚"改为"无产阶级"等以外，其余一律照旧。为了便利阅读，将《社会学大纲》分订五册，按照原来的分篇，每篇订成一个单行本出版。

新印的《社会学大纲》很快流传到国民党统治区。一位在武汉大学讲授社会学的教授，一天，到汉口一家书店去看书，偶然发现了这部书。这位教授"翻开阅读一阵，不禁喜出望外"。原来，这正是他"梦寐以求的一部书"。后来，这位教授谈起《社会学大纲》给予他的启示和鼓舞时说：

---

① 《毛泽东哲学批注集·附录〈读书日记〉》，中央文献出版社 1988 年版，第 279—282 页。

"当时我想，李达同志写这部书，固然是根据当时的特定环境宣传马克思主义的一种特殊方法，但却好像就是为我当时的需要写的。我把这部书买了回来，后来又促使图书馆准备了五六部。于是，我不动声色地把这套书作为选修社会学的学生的必读参考书，而且列为期终考试的考试内容。"①

《社会学大纲》是李达在 20 世纪 30 年代研究马克思主义哲学最重要的富有代表性的理论成果，这是中国马克思主义哲学理论体系形成的标志，也是李达成为马克思主义哲学大师的标志。它与国内外同类著作相比略高一筹，对于毛泽东思想特别是毛泽东哲学思想的形成发展也提供了学理上的重要工具并做出了重大贡献。这部著作对于人们学习马克思主义哲学、掌握革命的理论与方法、确立正确的世界观有着重大的作用。

《经济学大纲》的出版

《经济学大纲》和《货币学概论》是李达 20 世纪 30 年代研究经济学的主要著作。按作者 1937 年 5 月出版的《社会学大纲》一书载的出版预告，《经济学大纲》计划写四部分，已完成的两部分外加一个《绪论》于 1935 年由北平大学法商学院作为教材刊印，约 36 万字。早在 1948 年，三联书店曾将此书的绪论和第一部分以《先资本主义的经济形态》作为单行本出版。后来，收入《李达文集》第 3 卷和《李达全集》第 13 卷，由人民出版社分别于 1984 年和 2016 年出版。这是李达一部系统阐述马克思主义政治经济学基本原理的著作，也是他所撰著的一系列马克思主义经济理论的代表作。

---

① 刘绪贻：《〈社会学大纲〉给予我的启示和鼓舞》，《武汉大学学报（哲学社会科学版）》1981 年第 1 期。

综括全书，有许多精辟的论述是可资借鉴的，或者说具有历史的现实的意义。

李达从生产力与生产关系的对立统一形成"经济构造"即"经济结构"这一理解出发，深刻指出："经济学的对象，是社会构成过程中的生产关系的总体，即社会的经济构造。"①所谓社会的经济构造，就是"生产力与生产关系的统一，即适应于生产力的各种发展阶段的生产关系的总体"，这种生产关系是和生产力发展的特定阶段相适应的，因此，"以经济构造为对象的经济学，不但研究生产关系，并且研究生产力发展的社会形式"，也就是说，既要联系生产力的特定发展阶段来研究生产关系的总体，又要研究生产力本身的发展。这一精辟见解，至今仍有启发性。

本书还特别值得重视的是作者根据恩格斯的提示所发挥的撰写广义经济学的宏博构思及其"为了求得社会的实践的指导原理"而研究经济学的明确目的性。李达反复强调："我们不是为理论而理论，为科学而科学，而是为了经济上的实践才研究经济学。"为了这种实践的目的而研究的广义经济学，他认为应该包括研究资本主义经济形态、社会主义经济形态、先资本主义经济形态和中国现代经济等四个部分，其中最重要的两个部分是资本主义经济的研究和社会主义经济的研究。"要从资本主义社会的必然飞跃到未来社会的自由，就必须暴露资本主义社会的发展法则，然后才能顺着这个法则，从事于这个飞跃的实践。"此其一。其二，"我们必须理解资本主义社会发展法则的特殊性，才能理解过去各种社会的发展法则（社会的全面的理解），才能使那批判资本主义社会的主体获得在资本主义社会中的阶级意识，而从事于从必然到自由的飞跃的实践。"其三，在资本主义社会中，阶级对立日趋于普遍而尖锐。"这个对立的扬弃，必然就是无阶级的人类社会，而在这个对立的扬弃过程中，一切阶级都要被扬弃，

① 本节引文除注明出处外均见《李达文集》第3卷《经济学大纲》部分，人民出版社1984年版。

因而资本主义社会也必然被扬弃。"研究资本主义经济的意义，归根到底就是要用资本主义必然灭亡的规律的理论武装无产阶级，以从事于消灭资本主义、建立社会主义的伟大斗争。

广义经济学，在阐明了资本主义经济的发展法则以后，必须进而研究社会主义经济的发展法则。作者指出："不但在理论上，并且在实践上，都得要知道社会主义经济的法则。只有理解了这种法则，担负改造经济形态的使命的人们，才能得到行动的指导。"作者看来，社会主义经济是有规律性的。"一切经济形态，都是生产力与生产关系的对立的统一。生产力与生产关系的矛盾，在任何经济形态中都存在。"问题是，这种矛盾采取什么形态？生产力向着什么方向，用什么速度发展？因而生产关系如何适应它而改变？作者明确指出："这些问题，在社会主义经济中仍是存留着。"

广义经济学，不仅只研究上述两种经济体系，还要研究先资本主义即前资本主义的诸经济形态，包括原始的、古代的及封建的经济形态。作者从三个方面作了论证：第一，"世界上有许多后进的民族，现在还在原始的、古代的或封建的经济形态中生活着。"作者指出，尽管目前整个世界，除了苏联以外，其余全部都处在资本主义的支配之下，"但是在资本主义宰割之下的、拥有 12 亿人口的许多殖民地的落后民族，却仍然过着先资本主义时代的经济生活。"作者认为，这许多落后民族的经济形态的发展法则究竟怎样？它们能有什么希望的出路？它们为要找到出路究竟要怎样去努力？"这些问题，都属于广义经济学研究的范围。"第二，"那些先资本主义经济形态的遗物，在资本主义经济形态中，还当作一种经济形态存留着，而错杂的被编入于资本主义的生产关系之中。"要具体地全面地理解资本主义经济，理解手工业及手工农业的崩溃的倾向，理解农民手工业者所以要反抗资本制的社会的根源，就不能不研究先资本主义的经济形态。第三，"在社会主义经济的初期时代"，也还有先资本主义经济形态的"那些遗物存在"。要理解旧时代的这些遗物如何被改造、被推进于社会主义的过程，也不能不研究先资本主义经济。

广义的经济学，还必须研究中国现代的经济。李达说："我们不是为了研究经济学才研究经济学，而是为要促进中国经济的发展才研究经济学。"所谓促进中国经济的发展，就是"把促住一般根本路程上的经济的进化之客观的法则，同时具体的考察中国经济的特殊的发展法则，以期建立普遍与特殊之统一的理论。"探索"中国经济的来踪与去迹"，从而根据中国"国民的经济的政治的种种特殊性"来求得到达于社会主义的"这种必然性的实现"。基于这种认识，他对于以往的中国经济学界或者只是研究资本主义经济，或者并行的研究资本主义经济和社会主义经济而"对于中国经济从不曾加以研究"的状况，极其不满。并尖锐地指出："这是一个严重的错误，是极大的缺点"。李达认为，只有研究中国经济，才能理解经济进化的一般原理在具体的中国经济状况中所显现的特殊的姿态、特殊的特征，才能求得具体的经济理论，才能知道中国经济的来踪和去迹。这是他所以主张广义的经济学必须研究中国经济的理由。

《经济学大纲》是按照上述这个构想写作的。可惜由于日本侵华战争爆发后，李达处在颠沛流离的生活环境中，缺乏起码的工作条件，以致只完成了先资本主义诸经济形态和资本主义经济形态两部分，而预定的社会主义经济和中国经济两部分未能完成，但作者的宏博构思和远大抱负却令人钦佩。在已完成的《经济学大纲》中，李达对中国社会经济问题亦有所论述。在该书的绪论中，考察了当时中国经济的现状，从中看出三个互相交错的过程，即"帝国主义侵略的过程、民族资本萎缩的过程和封建农业崩溃的过程。"在这三个过程中，他认为，"第一过程占居统制的地位"，"第二过程已是第一过程的附属物，第三过程虽然被第一、第二过程所统制着，却仍然表现顽强抵抗的力量，仍在困苦状态中挣扎着。"这种状况是现代各帝国主义国家所没有的。李达由此得出结论说："现在的中国经济，是处于帝国主义宰割之下的、工农业陷于破产状态的经济。这种经济，可以说是国际资本主义殖民地化的经济。""深深地烙上了国际帝国主义殖民地的火印"。在该书的第一部即《原始社会古代社会及封建社会的经济形态》中，他利用中国的具体史料，在论述过程中结合对中国奴隶制和封建制经济作了一定的剖析，并论证了所谓"亚细亚的生产方法"，指出这种生产方法，本质上"与封建的生产方法，并无根本区别"。只是"附加几个特殊经济条件的封建的生产方法"。除《经济学大纲》中论及中国现代经济外，李达在《中国产业革命概观》一书和《中国现代经济史之序幕》《中国现代经济史概观》及《中国社会发展迟滞之原因》等论著中，也考察了自鸦片战争以来中国社会经济发展的艰难曲折的历史过程，分析了半殖民地半封建的旧中国的经济状况及其发展趋势。像李达这样重视对中国现代经济问题的研究、并取得如此多研究成果的人，在当时来说，是所见不多的。

李达在《经济学大纲》中阐述的马克思主义经济学原理，不仅比较准确、精当，而且所具备的马克思主义经济学水平，在当时是第一流的。尽管那时已有一些依据马克思主义政治经济学原理撰写的经济学著作在此之前即已问世，如陈启修（陈豹隐）的《经济学原理十讲》（1932 年）、《经济学讲话》（1933 年）和沈志远的《新经济学大纲》（1934 年）等，但比较起来，这些著作中掺杂或包含有不少资产阶级经济学的影子，即令极个别的马克思主义学者也是如此，显然不如李达阐述马克思主义经济学原理时那样忠实于马克思主义的理论体系和理论原则。能够准确地概括马克思主义经济学原理，是李达经济思想的一大特点。例如，《经济学大纲》第二部中，就是比较完整地、系统地、严谨地依据马克思的《资本论》前三卷和列宁《帝国主义是资本主义的最高阶段》的体系所作出的对于资本主义经济形态的分析。这是我国最早系统地阐述《资本论》原理的著作之一，具有更加严谨地遵循《资本论》理论体系和理论原则的优点。

李达的哲学根底甚为深厚，他论述经济问题，阐释经济学原理，往往能娴熟地运用马克思主义哲学的观点和方法。例如，他在论述生产力与生产关系的辩证统一关系时，就使用了哲学上的"内容"与"形式"的概念，将生产力看作生产关系的内容，将生产关系看作生产力的形式。他解释说："生产力与生产关系，形成为对立的统一。这个统一，是内容与形式的统一。""生产力是生产关系的内容，生产关系是生产力的运动及作用的形式。"又说，生产力是劳动力与生产手段结合为一而发挥的能力。劳动力是属于人类（即劳动者）的东西，生产手段也是属于人类的东西。因而劳动力与生产手段的结合，即劳动力所有者与生产手段所有者的结合。人的劳动力与人的生产手段相结合，就发挥出生产力；劳动力所有者与生产手段所有者相结合，就形成生产关系。这样看来，这两种结合实是一种结合的两个方面，前一方面是内容，后一方面是形式，而内容与形式，形成为对立的统一。这种见解是相当精辟的，这样来解释生产力与生产关系的辩证统一关系，是可以给人以启迪和教育的。也是李达经济思想的一个显著特点。

《经济学大纲》当年铅印成书后，李达立即寄往延安，得到毛泽东的首肯。毛泽东在一次小型会议上说："李达还寄我一本《经济学大纲》，我已经读了三遍半，也准备读它十遍。"[①] 这部书后来也很快在国民党统治区流传开来。那时，不少从事经济学研究的青年学者读了这部书，很受启发，逐步摆脱了资产阶级经济学的影响，开始接受马克思主义经济学的基本原理。有位著名学者在一篇署名文章中写道："1948 年下半年，我找到了李达教授在北平大学法商学院的两部讲义：《社会学大纲》和《经济学大纲》。我把这两本书从头到尾读得相当用心。从此，我对社会的经济结构、劳动价值论、剩余价值学说等等，开始有一些了解。这是我学习马克思主义政治经济学的第一课——发蒙的一课，李达教授成了我这个领域的发蒙老师。同时我虽然没有缘分听过他的课，但衷心地尊敬他，以私淑弟子自居，奉

---

① 郭化若：《在毛主席身边工作的片断》，《解放军报》1978 年 12 月 28 日。

他为私淑老师。"又说："解放后，我把马克思经济学的科学体系同自己过去所学的资产阶级经济学那套庸俗说教相对比，逐渐辨明真伪，终于找到了、并且确信了多年来希望找到的那种正确的经济学。这同李达教授这两部著作对我的启蒙教育是分不开的。李达教授一生的重要业绩之一，是传播和宣传马克思主义哲学、经济学等科学真理，我就是一个受益者和见证人。"[1] 这进一步说明了李达的《经济学大纲》在20世纪三四十年代在党内外产生了重要的影响，也是中国人自己写的最早的马克思主义经济学教科书，对于在中国传播马克思主义政治经济学做出过重大贡献。

此外，《货币学概论》也是李达20世纪30年代在经济学方面的另一部重要著作。因抗日战争爆发，当时未能公开出版，直到1949年，才由三联书店作为新中国大学丛书公开印行，不到一年又再版了。

《货币学概论》以马克思主义的货币理论为指导，运用和发扬马克思《资本论》第一卷一、二、三章和该书的第三卷二十九至三十五章及列宁《帝国主义是资本主义最高阶段》的有关商品、货币理论和货币资本与信用制度理论，系统地分析了货币的本质、职能并批判了当时西方资产阶级宣扬的各种货币学说；同时，结合历史史实分析了信用与信用货币及资本主义的货币体制，并联系世界资本主义货币危机的现实，分析了资本主义的金融恐慌和金本位制的崩溃。

可以说，《货币学概论》是中国最早系统地阐述马克思主义货币理论的著作之一。它不仅标志着中国货币理论的崭新发展，同时也是马克思主义经济理论向部门经济领域渗透的开端。就其理论的严谨和深度来说，即使放在20世纪三四十年代世界马克思主义货币理论水平上来衡量，这部著作也是高水平的。

---

① 刘涤源：《私塾老师兼启蒙老师》，《武汉大学学报（哲学社会科学版）》1981年第1期。

第八章

苦 斗

离乱岁月

1937 年 7 月开始的全民族的全面抗战，是关系中华民族生死存亡的关键时期。在民族存亡的紧要关头，只有全民族的团结抗战才是中国生存发展的唯一出路。李达却一直奋斗在血流遍野、豺狼当道的蒋管区和沦陷区，受尽国破家亡、颠沛流离之苦。这一期间，国民党顽固派、日本侵略军对他施行迫害，各大学屡次将他解聘，他被迫失业回家，靠父亲留下的几亩田地生活。无论是被国民党特务监视，还是遭日本侵略军追捕，他始终同人民群众一起，坚守正气凛然的革命气节，克服艰难困苦，从事马克思主义理论的著述和宣传。

七七事变前夕，李达因父亲病重，回家乡探望。不久，七七事变爆发，北平沦陷，李达的家被日本宪兵包抄，宪兵先将李达子女心田、心怡、心天押在屋角不准动；夫人遭到审讯和毒打。日本宪兵逼李达夫人交出李达，后来知道李达确实不在北平，才释放她。

李达未等父亲病愈，即从故乡赶到上海。不久，应聘到广西大学任教。可是当他由上海绕道香港经广州、梧州到达桂林时，却被解聘了。不得已又回到故乡零陵。这年农历八月二十，他的慈父李辅仁溘然长逝。这位老人一生勤苦，节衣缩食，倾注全部心力支持其爱子李达专心读书。

1938 年 2 月，他的好友白鹏飞就任广西大学校长，李达再次被聘到该校任经济系教授兼系主任，讲授马克思主义哲学和经济学。李达的讲授深受学生欢迎。是年秋，李达因病告假。社会学长时间缺课，学生们颇有意见。很多教授一起商量为李达代课，但没有人肯承担，主要是大家不懂马克思主义哲学的缘故。后在焦菊隐的鼓励推动下，黄逸峰答应了。他要了一本《社会学大纲》，整整备了一星期课，还找了几个学生了解了李达先生是怎样教的。李达当时在学生当中的威信是很高的。其《社会学大纲》对青年学生的思想有启蒙作用，吸引青年人考虑世界观的改造，考虑如何用马克思主义的立场、观点和方法，观察社会、分析社会和改造社会。也吸引同学们联系实际和关心研究当前抗战中的若干重大问题。黄逸峰回忆道："我小心翼翼地走上讲台，根据自己对《社会学大纲》的浅薄的理解，讲了一些马克思主义哲学的基本原理，并联系中国革命的实际举了不少事例。连续代课几星期，直到李达同志病愈复课为止。这次为李达同志代课是对我的一次锻炼和考验。由于我经过了这一时期的代课，不少同学都愿意和我接近，经常和我讨论抗战问题。从此，我得到更多和同学接触的机会，并和同学们一起下乡宣传抗日民族统一战线和进行其他抗日活动。"[1]黄逸峰的这段回忆，不仅总结了他为李达代课的收获，而且高度评价了李达从事社会学即马克思主义哲学教学、研究所产生的重大影响。

1938年冬，冯玉祥路过桂林，邀李达同去重庆。冯玉祥和李达经贵阳，于次年1月到达重庆，住在南温泉。李达为冯玉祥主持研究室，并为他及其研究室人员讲授辩证逻辑，代邀黄松龄、邓初民讲授经济学和政治学。听众包括冯玉祥与秘书、副官、参谋以及研究室的所有成员，总计约数十人。他们同共产党员赖亚力等密切配合，把冯玉祥的研究室变成了以学习马克思主义和研究中国实践问题为中心的充满生机的革命集体。

冯玉祥对李达很敬重，总是尊称他为李先生。李达备课非常认真。七八月间，重庆酷热，他身穿背心，甚至打着赤膊，一字不苟，赶写讲稿。讲课深入浅出，通俗易懂，引人入胜。理论概念经他一讲，变得饶有兴味。

李达等人和在冯玉祥研究室工作的赖亚力等人一道，继续做冯玉祥的统战工作。冯玉祥能做到坚决反对蒋介石的投降、分裂、反共政策，热烈拥护中国共产党的抗日民族统一战线政策，赞成共产党的"坚持抗战，反

---

① 黄逸峰：《中国第一本马列主义的哲学教科书——读李达〈社会学大纲〉》，《书林》1980年第4期。

对投降；坚持团结，反对分裂；坚持进步，反对倒退"的主张，显然与李达等人的工作是分不开的。

李达无论在什么地方，都受到人们的尊敬。邓初民回忆当年在重庆同李达相处的情形时说："我们每天上午讲课，下午休息。如此在陈家桥差不多住了一个月。这一个月，是我同李达先生一起生活的一个月，也是我最愉快的一个月。从一切不经意的随便的谈笑中，直捷地、真诚地认识了他的个性、学识、修养、见解以及做人处世的态度。""李先生学识湛深，践履笃实，蔼然学者。其说话，写文章，一如其人，简洁、明确、朴实、实际、滢彻。对于现时政治经济文化各方面，具有真知灼见。对于任何问题，抓得住中心环节。而且立身处世，心有所主，不为富贵、贫贱、威武世俗之物所摇撼，实有足多者。"①

1939 年 4 月，云集重庆的进步学术工作者，创办了大型学术刊物《理论与现实》。此刊由沈志远主编，李达、郭沫若、马寅初、周建人、马叙伦、郑振铎、胡绳、翦伯赞担任编辑委员。《理论与现实》是当时"全国前进理论工作者的公共论坛"，也是"每一个革命民族战士的理论向导"。它的创刊词指出："过去理论工作的缺点，主要是脱离中国现实和实践的'纯理论'研究和理论上的公式主义和教条主义。由于前者，理论不但不能指导实践，改变现实，反而变成了现实发展底障碍。由于后者，理论不但没有尽它促进中国民族解放运动的作用，反而跟这一运动脱离了关系，而有为民族革命怒涛所唾弃的危险。准对着这两大缺点，我们就坚决地主张'理论现实化'和'学术中国化'。我们热诚地吁请全国前进的理论工作者，在'理论现实化'和'学术中国化'的两大原则之下，来进行理论深化的运动。"②李达被誉为"一位战斗唯物论的老健将"③。

---

① 邓初民：《忆老友李达先生》，《人物杂志》第 9 期，1946 年 10 月 1 日。

② 《创刊献词》，《理论与现实》第 1 卷第 1 期，1939 年 4 月 15 日。

③ 《编后记》，《理论与现实》第 1 卷第 2 期，1939 年 8 月 15 日。

李达和当时在重庆的周恩来、董必武以及八路军驻重庆办事处的同志都有联系。毛泽东还从延安给李达寄来一信，赞称他是一个"真正的人"，欢迎他到延安去。此信当时和李达熟悉的人都读过。周恩来派吕振羽看望李达并问他是否愿意去延安，李达当时表示愿意前往，但是又想继续出版自己的著作，加之年老多病，习惯于散漫的生活，唯恐拖家带口，给党中央增加拖累，态度不甚坚决，只说："去延安，只要有碗饭吃，我都愿去。"恰巧周恩来出国治病，董必武不在，未能成行。这时，正值平江惨案之后，第一次反共高潮前夕。李达对吕振羽说："不管形势如何变化，环境怎样恶劣，我这个'老寡妇'，是决不失节的。"后来，周恩来回国返渝，得知李达延安之行未成，深为惋惜，李达自己也颇后悔。李达说："我在重庆会见过董必武同志和周恩来同志，不知道请求到延安去干一点于革命有益的工作，却为小资产阶级家庭生活所牵制，宁愿留在白区的后方，过着死人一样的生活，这完全是小资产阶级知识分子的末路"，"一个知识分子，特别是自诩为进步的知识分子，如果不跟着共产党走，那是没有出路的"①。

1939 年 9 月，李达离开重庆。临走时，他留下一封长信给冯玉祥，原稿给邓初民看过，信写得很好，对冯玉祥提了许多宝贵的建议。邓初民说："冯将军读过此信后，把有些地方加以浓圈密点，有些地方还加上顶批。写道：'这里算得我的箴言宝典，我要置之座右，我要终身不忘。'然而李先生去志甚坚，冯将军虽嘉其言而不能留。"②李达的这封信被冯玉祥当作座右铭并使之终身不忘，可见影响之大矣。连同此前李达等人九个月卓有成效的工作，李达帮助他用辩证唯物主义观点观察问题，这对冯玉祥晚年坚决走上与共产党合作的道路，成为伟大的爱国主义民主战士，不能不发挥重要的作用。

李达离开重庆后，原拟回广西大学教书，后来没有去成，因为他的好

---

① 《李达全集》第 17 卷，人民出版社 2016 年版，第 406 页。
② 邓初民：《忆老友李达先生》，《人物杂志》第 9 期，1946 年 10 月 1 日。

友白鹏飞校长已被撤职。李达失业了，生活很困难。这年冬初，周恩来电嘱八路军驻桂林办事处副主任曹瑛前往看望，给予政治上的关怀和经济上的接济。李达则多次应邀去办事处讲授唯物辩证法。曹瑛回忆道："他非常谦逊，他说学习唯物辩证法最好的老师是毛润之，可见他对毛泽东同志是非常爱戴的。"①

1940 年春，李达返回故乡。王会悟带着儿女，由桂林辗转贵州花溪和重庆，得到八路军驻重庆办事处的接济；石曼华便同李达共同生活了。是年秋，李达应聘到广东坪石的中山大学法学院教书。未满一年，又被伪教育部电令解聘。李达又回到家乡零陵。在如此困难的情况下，他的斗志并未被磨损，仍然尽可能地坚持著述。他论述《中国社会发展迟滞的原因》一文，就是 1941 年 9 月在桂林《中国文化》第二号上发表的。

1941 年 9 月以后，李达失业只得困居家乡。要读书，无书可读，研究工作更无法进行。特别是家居飞机坪附近，每天要躲警报，简直成了难民。1944 年 8 月，零陵沦陷，日军追捕他，只好逃难，躲到永家河胡家洞大马槽、牌楼口等地方。逃难途中，遭遇土匪浩劫，粮食、衣物、被褥被抢劫一空。长期辛勤写作的手稿和珍藏多年的毛泽东给他的亲笔信，全部失落。李达住破庙，吃野菜，忍饥挨饿，东躲西藏达一年之久。对于如此生活濒临绝境的老人，国民党反动当局视如洪水猛兽，丝毫不放松对他的迫害。伪专员唐某、伪县长张某先后奉湖南省政府伪主席薛岳之命到他家"探视"，中统特务郭某也奉命跟踪监视他。他的来往信件都要被检查。后来，李达回忆这段经历时说："这 4 年期间，我偷生人世，等于死去了 4 年。"②

但是，李达不顾敌人的监视迫害，不顾失业，决不与国民党以及日伪分子同流合污，表现了革命者应有的高尚品德。邓初民在《忆老友李达先生》一文中写道："本来他离开冯将军的研究室，也不一定要离开重庆，

---

① 曹瑛：《杰出的马克思主义理论家李达同志》，《人民日报》1981 年 4 月 28 日。
② 《李达全集》第 17 卷，人民出版社 2016 年版，第 406 页。

在重庆还有他新贵的朋友、北平大学的旧同事，例如那时又是参政员又是参事室参事的陈某，很可能在重庆替他找一个栖身的位置，如李先生肯屈就，即当一名新贵也不难。但据他说，到重庆来就根本没有跟这些家伙多见面。李达先生是有他一贯的信念并崇高的自尊心的。"

在家乡，反动势力对李达软硬兼施，一面迫害，一面拉拢。李达对他们始终是嗤之以鼻。1942 年，零陵伪专员奉陈立夫之命，把李达请到零陵专员公署，劝他不要坚持过去那一套，意即放弃马列主义，跟着国民党反共。李达坚定地回答："我是有自己的坚定信念的，叫我轻易地改变立场，抛弃信念是难上难。"后来，李达谈起此事风趣地说："那次是专员雇着四人大轿抬着我去的。我轿也坐了，饭也吃了，令他们失望的是并没有从我身上捞到半滴油水。"当时，零陵伪县长称李达是"社会贤达"，恭请他参加县政会议。李达予以拒绝，并否认"社会贤达"的称号。

李达在外逃难时，汉奸们在零陵办起了"维持会"。有人捎信叫李达回去给日本人办"公事"，李达愤怒地说："我坚决不做亡国奴！即使我生活再苦，就是拖死、饿死、冻死，我也不回去给日本鬼子办事。"李达经常给人讲，他过去在日本留学时，看到中国留学生的饭碗上都画了一头大肥猪，日本帝国主义者把中国比作一块大肥肉，总是想吞并独占中国。他说："我们中国人要热爱祖国！保卫祖国！我虽然懂日语，我死也不会去为日本侵略者征服中国人效劳。"

李达对敌人恨之入骨，对人民群众则是忠心耿耿。他尽自己力所能及，为家乡人民群众做了许多好事。

农民躲壮丁，他主动帮忙。有个农民为了逃避追捕，躲在他家楼上。伪乡政府几次派人来搜查，都被李达挡了回去。这个农民对李达感激不尽，表示要帮他种田，李达说："只要我能办到的尽量办，不要你给我种田。"

他仗义执言为老百姓打抱不平。日本鬼子进驻零陵之前，县盐局蛮横地派人到大房村熬硝盐，农民抗议，一个姓蒋的省参议员坐大轿来了，县盐局派了几支枪跟随，企图吓倒"乡下佬"。李达闻讯，急忙赶到现场，义正词严地说："农民不准你们在这里熬硝盐是有道理的。熬硝盐要出烟，目标大，这里又是飞机坪，日本飞机来轰炸，炸死了人，烧了村子，谁敢负责任？！"蒋委员和县盐局荷枪实弹的丘八们，理亏心虚，只好作罢。

关心他人比关心自己还重。一次，李达遇到一个农民，面黄肌瘦。他非常同情，连忙说："看你饿成这个样子，怎么不早来找我呀！用不着客气么！"立即叫家人拿米来，还再三吩咐："要多拿些，多拿些。"其实，他家剩下的米也吃不到几餐了。

为人治病免收医药费。日本投降后，灌塘口村方圆十里，疟疾流行，家家户户惶恐不安，有的一家死了好几人。死亡威胁着每一个人。李达看在眼里，急在心里，想起儿子李心天在普爱医院（教会医院）实习，便亲笔写信，叫儿子火速前往湘雅医院购买一批奎宁带回家乡，给当地百姓治病。于是去李达家看病取药的人络绎不绝。有时一天多达50余人。父子俩，一人诊病，一人发药，日夜不停。不少老农至今念念不忘李达父子的救命之恩。

耐心地给人解答学术问题。李达困居家乡，常有人来登门求教。即使是毫不相识的人，李达也不推辞。抗战还未结束，东安县有个学政治经济学的青年从两百里外来到零陵李达家，向李达请教经济学和哲学方面的问题，如相对真理与绝对真理、价值与剩余价值、狭义经济学与广义经济学等。李达认真地并且高兴地回答了这位青年提出的一切问题，整整谈了大半天，使这个青年茅塞顿开。

李达身处逆境，仍然不忘人民群众，同家乡父老兄弟姐妹风雨同舟，患难与共，这种"横眉冷对千夫指，俯首甘为孺子牛"的精神，即使在今天，也是令人钦佩的；那种坚守革命气节、在苦斗中坚持马克思主义宣传的精神，更令我们永远不会忘记。

创办辅仁小学

李达困居家乡的日子里，眼见家乡贫穷落后、文盲遍地的景况，心里非常焦急，怎样改变这种落后愚昧的面貌，一直是他考虑的问题。

抗战胜利后，时局有了暂时的转机，李达从避难的大瑶山区重返家乡。为了改变家乡的落后面貌，他毅然决定在故乡创办一所小学。究竟取什么校名呢。经再三斟酌，将学校的名称定为"辅仁小学"。"辅仁"是他父亲的大名，为了缅怀父亲的精心培养，为了把文化基础知识传授给家乡人民，李达特意创办了辅仁小学。

经过筹备，一所新型的农村小学，于1946年2月在湘江曲河东岸开学了。李达腾出自己的两间住房充作教室，用节约的积蓄做了40余张课桌，还有两张讲桌、两块黑板。自己亲任校长，并请了自己的亲侄李定香和外甥李松林当教师。学校共设五个年级，学生有70多名。他们大都是家境贫困的学生，一律免收学费。学校开设了国文、算术、自然、历史、地理、体育等课程。之所以开设并且重视体育课，这是由于李达青年时代从毛泽东当年的《体育之研究》获得的启示。他常说，毛润之的《体育之研究》体现了德、智、体三者并重的精神，是强身之本。为此，他还购买了篮球、排球、小皮球、单杠等体育用具，让孩子们利用课余时间，锻炼身体。

在办学目的上，李达经常说："我们要为农民子弟服务，而不是为国民党办事。"

如何对小学生进行素质教育呢？当时李达虽然缺乏实践经验，但根据旧时代教育的教训，他反对法西斯式的教育方法，也反对封建式的教育方法。他认为师生在人格上都是平等的，教师靠的不是处罚，而是行动的感化。因此，他主张耐心说服，"动之以情，晓之以理"，提倡多学多问、循序渐进，在熟读的基础上加深理解，要求课内教学与课外辅导相结合，注意感性教学法，多搞些挂图，多编些适应农村儿童的课外读物，以扩大学生的视野。教育学生爱国家、爱自家、爱大家、爱小家，但必须以爱国家为基础为前提为根本，使学生懂得只有国家独立、自由、富强，才能有劳动贫苦大众的翻身解放，才有自己和家庭的富裕、幸福。这就给幼小的心灵里播下了爱国主义的种子。

这些都获得了孩子和家长的一致赞颂，他们说："辅仁小学真是我们穷人的学校。"李达的亲侄问他："这个学校要不要到县政府备案？"他回答说："我们与政府无关，跟它立什么案啊！"但是零陵国民党县政府则企图取缔它。李达据理力争，才使这个学校保存下来。当然也采取了一些防范措施：不仅要求教师在课堂讲授和作业批改中不要给敌人以可乘之机，而且决定改设四个年级，学生读完四年级即可转到别的学校。这样，使学校在极端困难的环境中得以坚持和发展。

李达后来调到湖南大学当教授后，还兼任辅仁小学校长，每年开学之初，他都要寄些钱去作办公费。这所学校办了五年，1950年2月，李达特写了"辅仁小学"的校牌寄回。是年9月，人民政府在这里创办了岚角山完全小学，李达将辅仁小学的全部校产和资料转送给了这所完全小学。辅仁小学虽不复存在，但李达手迹"辅仁小学"的校牌仍完整无损地保存了下来。曾经受教于李达校长的那些辅仁小学的学生们，后来几乎都成了有用之才，其中一部分在农村战天斗地，成为领导农民改造落后，建设社会主义新农村的带头军。

岳麓山下

受聘湖大

1945 年 8 月，日军无条件投降，抗战胜利。李达的心情格外兴奋，满以为颠沛流离的生活结束了。哪知，短暂的和平，很快就被蒋介石国民党发动的反革命内战破坏了，他仍然受到国民党特务的监视，毫无行动自由，家境也很困难。

1947 年 2 月，他筹集一点路费，背上装着一床土布被子的土布袋，带着家眷，来到长沙友人卢爱知家。原先只打算停留一两天，再赴上海或北平。卢爱知把他推荐给李祖荫，他才决定留下来。当时李祖荫任湖南大学法学院院长。此人办学仿效五四时期北大校长蔡元培的"兼容并蓄"。在李祖荫主持的讲坛上，可容纳左、中、右各派人物。众所周知，李达是鼎鼎有名的大左派。李祖荫特地找国民党湖南省政府讲明，湖大倡导学术自由，只讲学术，不问政治，要求准予李达到法学院任教。湖南省反动当局，对李达百般刁难，加以种种限制。反动派不准他参加政治活动，不准他公开发表讲演，不准他在家里接见学生，还不准他讲授社会学。足见国民党反动派对李达的仇视和恐惧，也说明当时人民言论、出版等不自由，社会极端黑暗腐朽，对此，李达便以沉默表示反抗。他到湖大不久，便对来访的记者悲愤地说：我对李院长说过，我现在是采取"三不主义"，不说话，不写稿，不发表。为什么呢？因为写文章是要负责任的，写得很平淡吧，那不是学者应有的事，写得更有内容些吧，又可能引起人家的不痛快。事实上，我们说话写文章，总得说良心话。白的就是白的，黑的就是黑的，要我说白的是黑的，黑的是白的，却千万不可。与其说违背良心话，倒是要我不说出良心的话可以，这就是我采取"三不主义"的简单理由。①

当离开岳麓山 20 多年的李达教授重回湖大时，"同学们的心掀起了无穷的愉快的浪花"，"一致的希望，李达教授回到湖大，将带给他们宝贵的知识作开发知识宝库的正确的钥匙"。②同学们热烈欢迎李达重回湖大任教授，与湖南反动当局对李达百般刁难、限制，形成了何等鲜明的对比！

那时，李达住在湖大集贤村一幢狭窄的小平房里。房子外面绕有一道竹栅栏，从大门到卧室，中间有一条小径，两边各有一块菜地，稀疏地种着几行菜，近栅栏处，点缀着一些不知名的野花。李达生活简朴，经常穿着一件士林布旧衣。谁能想到这么一位知名教授，连一只手表都买不起。领到工资，他才买来锅碗和一些简便家具。他的工资不多，疾病缠身，要钱治病，生活仍然困难。当时法律系有一位进步助教陈力新，其父在广州经商，生活较好。陈力新常常在经济上慷慨援助李达。

李达以研究马克思主义哲学和政治经济学著称于世。1948 年一二月，他先后出版了《先资本主义的社会经济形态》（根据旧著《经济学大纲》第一部分整理而成）、《新社会学大纲》（旧著《社会学大纲》的历史唯物主义部分）两本颇受读者欢迎的书。学校当局害怕他宣传马克思主义，不准他讲授他所熟悉的课，强令他讲授他不熟悉的法理学。李达义正词严地说："我是学者，我要按自己的体系讲。""要我不宣传马克思主义，办不到！法理学中，不是同样可以宣传马克思主义吗！马克思主义的一些原理，不是同样可以贯串到教学中去吗！"为了教好法理学这门新课，李达在参考资料非常缺乏的条件下，夜以继日地工作。夜阑人静，他常常伏案干到凌晨一二点钟。早晨起床，吃片面包，就去上课或者坐在桌前继续发愤著述。法理学枯燥乏味，李达的零陵口音又重，但是因为他讲的是马克思主义新观点，同样大受学生欢迎。学生有了疑问，他一丝不苟，耐心解答，

---

① 影浓：《李达教授访问记》，《湖南大学旬刊》第 2 号，1947 年 3 月 23 日。
② 影浓：《李达教授访问记》，《湖南大学旬刊》第 2 号，1947 年 3 月 23 日。

直至学生完全弄懂弄通。李达常对学生说："我要用自己的笔来弥补我讲课的不足。"他编写的讲义比他讲的课内容更丰富、更具体、更深刻、更吸引人。他是一位诲人不倦的马克思主义学者，有着敏锐的政治眼光和不屈不挠的理论勇气。在任何困境中，他都没有被难倒，更没有被吓倒，而是始终坚持宣传马克思主义。

撰著《法理学大纲》

20世纪40年代是李达处境最艰难的年代。在"两种前途、两种命运"的决战中，李达没有丝毫的退缩，而是用自己的笔和舌同敌人作战，继续坚守马克思主义阵地，仍然坚持革命的学术研究。其重要成果集中体现在他撰著的《法理学大纲》中。

20世纪40年代后期，为了撰写法理学讲义，李达认真阅读了当时所能搜集到的国内外有关法学的资料，运用唯物辩证法和唯物史观加以深入的研究，并以顽强的毅力，不分昼夜，不畏寒暑，挥笔疾书。盛夏酷热，臀部磨破，溃烂生疮，不能落座，他用两个凳子架起扁担，支撑腿部，坚持写作。克服各种艰难困苦，终于写成《法理学大纲》。

这部著作当时湖南大学只作为讲义石印了若干册，而且只印了上册（约占全书的一半）。解放后李达也没有将手稿交付出版，十年内乱中被人抄走，一直没有下落。十一届三中全会以后，我国法学界研究了上册的石印本讲义，才发现这是一部有开拓意义的重要著作，并于1984年1月由法律出版社出版，现已收入《李达全集》第15卷。这是我国法学战线的一份珍贵遗产，作为我国马克思主义法学理论发展史上的一座丰碑，它的革命精神和求实精神，它的创造性劳动，给后人以启迪和教育。

在这部著作中，李达论述了科学的世界观是建立科学的法理学的基础，这是贯穿全书的主线。作者明确指出："本书所采用的哲学，是一个科学的世界观。它是研究整个世界发展的一般法则的科学。它是人类知识全部历史的总结论。"它的"根本论纲"是："存在规定意识。"①这表明，辩证唯物主义与历史唯物主义是《法理学大纲》的理论基础。正是这个科学的世界观在法学领域的创造性运用，从根本上保证了本书的科学性。

科学的世界观包括科学的自然观与社会观。法理学所研究的法律现象，是世界现象中的一部分，又是社会现象中的一部分，所以法理学不但是科学的世界观的构成部分，同时又是科学的社会观的构成部分。对于世界观、社会观和法理学的关系，作者给予了明确的科学论断，指出："从世界观到社会观、到法律观的推移，是顺次由普遍到特殊的推移。法律观被包摄于社会观之中，直接由社会观所指导，间接由世界观所指导。"在这种意义上，法理学是通过社会观而接受世界观的指导的。于是法理学与社会观有着更直接的关系。要建立科学的法理学，必须以科学的社会观为具体而直接的指导。

所谓科学的社会观，即科学的世界观在整个社会领域中的应用和扩张。它是以研究社会发展法则为对象的科学。它在"法律领域中的应用和扩张，就构成科学的法律观——这就是法理学"。科学的社会观，是社会发展的理论，同时又是社会认识的方法，是社会理论与实践的统一，成为社会科学的方法论基础。作者指出，单就法理学来说，"法理学必须接受科学社会观的指导"，把法律制度当作建立于经济构造之上的上层建筑去理解；阐明法制是随着经济构造之历史的发展而发展，而取得历史上所规定的特殊形态，阐明其特殊的发展法则，"使法律的理论从神秘的玄学的见解中解放出来，而构成科学的法律观"。

但是，旧法理学者一般是就法律论法律，总是认为法律与经济基础并

第九章·岳麓山下

---

① 《李达全集》第15卷，人民出版社2016年版，第159页。本节以下所引除注明外，均见此书。

无联系，如果"有人率直的谈及法律与经济的关系及阶级关系，他们却认为浅陋，予以抹煞或鄙视"。他们只主张法律是自由与意志的表现。

而李达的上述论述，从理论基础和研究的根本方法上划清了科学的法理学即马克思主义法理学同旧法理学的界限，为新中国建立马克思主义法理学指明了方向。《法理学大纲》虽然不是专门的哲学著作，但却是作者独立运用唯物辩证法和唯物史观剖析法律现象，从而使马克思主义哲学原理进一步丰富和具体化，从这个意义上说，它也是对马克思主义哲学的一个贡献。

在本书中，李达深刻地论述了法理学的对象、任务及其研究方法。任何科学，都有其一定的研究对象，以展开其理论的体系。法理学的对象是什么？作者认为，这是首先要解决的问题。他通过对法理学各派别，诸如哲学派、自然法派、分析学派、历史学派、比较学派、社会学派的研究对象之剖析，指出："各派法理学所以认为研究的对象，都是主观的恣意的东西；其所展开的理论，无非是为某种统治说教，想把他们所服务的阶级的意志，掺合于统治万民的法律之中。其必然的归趋，是回避现实，文饰现实，不能也不愿暴露法律的发展法则。"而"科学的法律观，与从前各派法理学相反，它是以暴露法律发展法则为对象的科学"。

谈到法理学的任务时，首先批判了旧的法律体系严重脱离中国社会的现实，只不过是外国法律"改头换面"和"照账誊录"而已。李达强调：法理学的研究者，"只有具有科学的世界观与社会观，才能跨出那法典与判例的洞天，旷观法律以外的社会与世界的原野，究明法律与世界、与中国现实社会的有机联系，建立法律的普遍性与特殊性的统一；才能使自己的研究可对时代作积极的贡献，而不至于与时代脱节；才能促进法律的改造，使适应于现实社会，促进社会之和平的顺利的发展，可以免除中国社会的混乱、纷争、流血等长期无益的消耗。"作者以此作为法理学的最高任务。在旧中国的险恶环境下，这是何等深刻的寓意！其启示又是何等重要！

李达

在本书中，李达论述了法律与国家的关系、法律的本质与现象、内容与形式诸问题。关于法律与国家的关系，作者认为，这是研究法律的概念，阐明其本质与属性，借以探求法律的发展法则的问题。这个问题，就是法律与国家的关系如何的问题。法律与国家，具有不可分离的有机联系，离开国家，法律就不能存在。具体说，"法律是实现国家目的的工具，是发挥国家机（职）能的手段。法律是附丽于国家而存在的。有国家必有法律，有法律必有国家。历史上没有无国家的法律，也没有无法律的国家。世界上有什么样的国家形态，必有与之相适应的法律制度"。这些论述有利于通过国家的本质去认识法律的本质，实际上也是对各派法理学对法律与国家关系的曲解的有力批判。

无论是古代、中世纪的神学的国家观与法律观、抑或中世纪末叶的绝对主义的国家观与法律观，还是资产阶级民约论以及玄学的国家观与法律观，这些虽然是各该时代的产物，反映着各时代特殊阶级的利益，但它们都是主观的，不是客观的；是玄虚的，不是科学的。并且，这些学说既不能阐明国家的本质，也不能阐明法律的本质。但是科学的国家观认为，私有制的形成，阶级的分裂，是国家产生的根本的前提条件。"所以历史上一切的国家，都是阶级统治的机关。""国家的目的，就在于保障特定的阶级的经济结构。"为了完成国家任务，行使国家权力，国家就必须制订各种强制性的行为准则，这些"行为规则的总和，就是国家规范——法律。所以法律的功用，从根本上说来，就是实现国家的目的。法律是附丽于国家而存在的"。关于法律与国家的关系之正确的认识，"是理解法律的本质之重要的关键"。所谓"有法律则有社会"和"有社会则有法律"的观点，其错误就在于不懂得法律的本质含义，却暴露了持此种观点的某些学者自己对于人类社会历史的无知。

关于法律的本质与现象。作者依据哲学上本质与现象关系的原理，指明"法律现象，即是法律关系的表现形态"，而"法律的本质，即是法律现象的各种形态中所潜存的根本关系"。旧的法理学往往停留在法律现象的研究，用法律现象掩盖、取代法律的本质。李达通过对法律现象的考察，科学地揭示了法律的本质，着重指出，法律关系中最根本的关系，即是阶级关系。国家的目的，是在于保障特定的阶级的经济结构，而法律是实现国家目的的手段。这便是说，法律是国家的统治者用以保障特定阶级的经济结构的许多规则之总和。因此，"法律的本质，即是阶级关系，即是阶级性。而法律的功用，是保障特定阶级的经济结构的"。资产阶级的国家对于国民所规定的自由与平等是以私有制为基础的，凡属侵犯私有制的一切自由与平等，国家是用权力去禁止的。资产阶级国家法律的本质，就显现为资产阶级的自由与大众的不自由，显现为资产阶级的平等与大众的不平等。作者明确指出："近代的法律，在表面上是表现着公平的，但若深入的加以考察，所谓公平仍是立于不公平的基础之上的。"我们也可以这样说，用抽象的思维能力去考察，资产阶级及其剥削阶级的法律，"是实现不自由基础上的自由、不平等基础上的平等，因而是实现不公道基础上的公道的。"这对于所谓自由、平等、公道的资产阶级法律观的批判，是多么的深刻！是何等痛快淋漓！其启示又是何等的重要！

此外，作者还从法律的内容与形式、法律与道德、法律的属性诸方面对法律的本质进行多方位的论证和考察，这也是很重要的。

在本书中，李达用了六章（占全书一半）的篇幅，重点剖析上至古代希腊、罗马，下至近代各资本主义国家的各种法理学流派，坚持用唯物史观划清马克思主义法学理论同各派法理学的原则界限。同时，对各派法理学作出实事求是、恰如其分的评价。他对各派法理学产生的经济根源、政治背景及其提出的基本论点的论述，准确精当，翔实可靠；他对各派的历史发展及其相互联系的解析条理清楚，脉络分明；他对各派的历史地位和作用的评价公正合理，令人信服；他对各派的揭露批判，剔透深刻，切中要害。具体说来，有几点是值得特别重视的。

第一，对各派法理学的批判，重在世界观的分析，是在剖析他们的哲学观点的基础上着手，进而剖析他们的法学理论。无论是对古希腊、罗马法理学的批判，还是对中世纪神学法理学的批判，以及对近现代资产阶级法理学的批判都体现了这个特点。作者指出："各派法理学的哲学基础，都是观念论。"一切观念论者，都是主张思维规定存在，在法律领域中应用起来，就是从主观的构思中，假设一个标准作为考察法律的根据。这种玩弄观念的法律观，既可以粉饰现实，化腐朽为神奇，又可以用精制的公平原则，供作资产阶级立法者的参考。至于自己的学说毫无科学的根据。这就划清了马克思主义法理学与各派法理学的原则界限。

第二，对各派法理学的批判，坚持了历史唯物主义的态度。这就是从一定历史范围内，联系当时的政治、经济和文化背景，论述各派法理学是怎样产生、发展和衰落的，评价其利弊得失，在客观的社会历史发展中，科学地评价各派法理学。李达指出："各派法理学对于各该时代的法律都有相当的贡献，后起的各派对于先起的各派，都有其补偏救弊的功能，但同时又各自暴露其自身的矛盾，暴露其所主张的学说都不是科学的。"各派法理学都不能形成科学的法律观，随着时间的推移，它们终将被科学的法理学所取代。

第三，对各派法理学的批判贯彻实事求是的原则。在论述各派的法律思想时，不仅指出它们各自的谬误和缺陷，而且如实地肯定它们的合理因素及其历史进步性。如讲到自然法学派时，一方面肯定它在 16 至 18 世纪资产阶级革命中的积极推动作用，他们的基本主张被采用为法国等国法律的立法原理，另一方面指出这个学派所倡导的"自然世界""自然权利""社会契约""政府契约"等观念论的虚构。又如对黑格尔的学说，一方面指出他的国家观与法理学是不能实践的学说，但又肯定他是辩证论者，能把发展的观点应用于国家与法的领域。对其他各个学派的批判，也都是实事求是的。既不是全盘肯定，也不是简单否定。

第四，各派法理学各有其特定的方法论，李达也给予了科学的评析。各派法理学在其存在与发展过程中，各有其独特研究的方法。如分析法学派的分析方法、历史法学派的历史方法、比较法学派的比较方法等。这些方法各有其可取性，也有其局限性。在讲到分析方法时，作者指出："分析的方法，是一般法学上通用的方法，是最旧而又最新的方法。任何时代，任何国家，凡属研究现实法的学者，都应用这个方法。"但这种方法的主要缺点，是仅仅重视法律条文的注释，而忽视法律与社会政治、经济、文化的联系。当谈到比较的方法时，作者又明确指出："法学上应用比较方法，由来已久。"亚里士多德的制宪论，"是研究了150多种不同的政体所得的结论。他这种研究方法，就是比较法。"法学上应用比较方法，确实可以开拓研究的范围。但单只应用这个方法，还是无济于事。总而言之，"所谓分析的，或历史的，或比较的方法，都不能单独的成为法学上的方法，而且都不能缺少哲学的观点。"所以单独地运用某一种方法，"是没有前途的"。

第五，对各派法理学的批判具有深刻性，特别是能抓住所谓"公平""正义"进行切中要害的批判。李达着重指出："各派法理学都是不公平的基础上去觅求公平的。"例如，柏拉图和亚里士多德，双脚踏在奴隶的背脊上，大叫法律是正义、是公平。中世纪神学的法理学家，站在农奴制的基础上，宣称法律是正义、是公平。近代法理学家，站在雇佣奴隶制的基础上，提倡法律是正义、是公平。所以"各派法理学家所寻求的法律公平或正义，只是不公平中的公平，不正义中的正义"。这对玩弄"制宪"把戏欺骗人民的国民党反动派是多么巧妙而切中要害的揭露和批判，体现了作者斗争的坚定性和策略的灵活性的统一。

《法理学大纲》出版以来，法学界交口赞誉。正如著名的老法学家张友渔所说："李达同志的《法理学大纲》是解放前写的，现在看来仍然是观点正确，内容充实，特别是里面的'各派法理学之批判'30多年（注：至今实际上是 76 年了）后的今天,还没有人超过他的水平。"①《法理学大纲》是一部充满革命精神和求实精神的法学理论著作，是我国第一部运用马克思主义观点系统地阐述法学理论的专著。从这部著作中可以看出，李达运用马克思主义观点为我国法学研究开拓了一个新领域。我国著名法学家韩德培撰文指出："从这部讲义中，可以看出他为我国法学研究开辟了一条新的路子。我们不妨说，他是我国最早运用马克思主义研究法学的一位拓荒者和带路人。他的这部讲义是我国法学研究中的重要文献，也是他对我国法学的重大贡献。"李达是我国"一位少有的马克思主义法学家"②。他在法学研究中发挥了马克思主义的批判作用，坚持了实事求是的科学态度，体现了革命性和科学性的统一，世界观和方法论的统一，逻辑和历史的统一，理论和实践的统一。他对马克思主义法学的独特的建树，对旧的各派法理学的切中要害的批判，决不会随着时光的流逝而失去光辉和战斗力。

冲破黎明前的黑暗

在国民党统治下的湖南大学，李达冲破种种限制，坚持宣传马克思主义，积极支持爱国学生运动。

一些进步的青年教师和学生，经常秘密地到李达家请教。那时，李达虽然重病缠身，但一当他们来了，不管怎样，都要支撑起来热情接待，谈笑风生，忘记了自己的病痛。为了使那些进步青年更多地接触和更深刻地理解革命道理，他往往主动地向青年朋友推荐革命书籍。他说，艾思奇的

---

① 转引韩德培：《李达教授在法学方面的贡献》，《珞珈哲学论坛》第 2 辑，辽海出版社 1999 年版，第 125 页。

② 韩德培：《一位少有的马克思主义法学家》，《武汉大学学报（哲学社会科学版）》1981 年第 1 期。

《大众哲学》和华岗的《社会发展史纲》是两部学习辩证唯物论和历史唯物论很好的入门书，沈志远的《新经济学大纲》对初学政治经济学的人来说也是很有帮助的。李达唯独不推荐自己的马克思主义哲学著作和经济学著作，这也许是出于谦虚的缘故。他向来不表白自己，这种谦逊态度是令人崇敬的。

一次，一位学生到书店里去购买李达著的《新社会学大纲》，没有买到，不免感到惋惜。后来，李达知道了这件事，立即毫不犹豫地将自己保存的一册书送给了那位同学。当时一些进步教师积极为李达推销书籍，不少进步的专家教授读了李达的书后说：李先生的书很感人，觉得像年轻人写的，有锐气，有现实感，而且通俗易懂，说理透彻，有利于帮助读者从理论上进一步认识国民党反动政权的黑暗腐败以及反动头子蒋介石的罪恶；更有利于从思想上武装革命者的头脑，提高分析问题和解决问题的能力，还可以提高斗争的艺术和策略水平。

有一回，李达交给一位很熟悉的青年教师两本书，一本是《科学的哲学》，一本是亚当·斯密的《经济学》，他要这位教师把两本书对照读，然后再和他谈自己的读后感。这位助教读了书后，肯定前者，否定后者。李达面带微笑地说：《科学的哲学》才是真正的社会科学，他是讲唯物论和辩证法的，共产党就是按照这种科学的理论办事的。后来，李达还把自己过去的历史告诉这位教师，他本人曾经是共产党的发起人之一，和毛泽东很熟悉，都是坚信马克思主义的。正因为如此，他先后遭到了国民党反动派的种种迫害，抗战时期几乎死去。李达用亲身经历，教育许多进步的青年走上了革命道路。

他的学生回忆说：1947 年 5 月，湖大开展反饥饿、反迫害、反内战运动。几位同学去教授家访问，争取教授们支持学运。大部分教授表示同情，有几位教授慷慨激昂，痛斥国民党政府的腐败。给同学们印象最深的是李达老师的一席话。李达老师深有感触地对学生们说："国民党反动派不垮台，人民就要遭殃。"同学们对他的表态很满意，感到他是一位可以完全信赖的老师①。在"反饥饿、反迫害、反内战"和"反征兵、反征粮、反征税"以及"反保送"（反对教育部保送青年军入学）运动中，李达对来访学生发表谈话，表示坚决支持。1948年，国民党统治区物价飞涨，通货恶性膨胀。教授的月薪只能买一石米，工友的月薪只能买一斗米。学生缴不起学费和伙食费。湖大师生员工几乎都活不下去了。广大的革命师生在地下党领导下开展了声势浩大的"四罢运动"。学生罢课、教师罢教、职员罢职、工人罢工，并提出了"要饭吃，要活命，要民主"的口号。李达同全校师生员工一道，积极参加了这一斗争。

湖大举行形势座谈会，讨论新民主主义问题，李达在会上作长篇发言，主题是讲中国非改革不可。改革就是要从根本上改变旧的社会制度和政治制度，建设新民主主义的社会、政治制度，然后逐步过渡到社会主义。旗帜非常鲜明。还有一次，李达因病未能出席形势座谈会，事先他把自己的意见告诉了同学们。在讨论会上，当把他的意见宣读完毕时，全场响起了一片热烈的鼓掌声和欢呼声。但在反动派看来，李达是眼中钉、肉中刺。在一次国民党省政府特种汇报中，教育厅厅长王凤喈报告学生运动情况时说："共产党的学生运动，湖南大学是大本营。李达、伍薏农等是领导核心。"会后，长沙警备司令蒋伏生递以李达为首的黑名单18人，请求派兵拿办。②

在白色恐怖笼罩长沙和岳麓山的时候，李达和进步师生是患难与共的战友，互相关心，互相爱护。李达语重心长地对学生们说：在这黎明前的时刻，要特别当心留意！无谓的牺牲是没有价值的。老师爱护学生，学生更加关心老师。特别是当李达被列入黑名单随时可能被捕时，地下党组织进步学生，全力保护他，晚上还为他站岗放哨。正是由于地下党组织和进步学生的保护，李达才得以安全渡过黎明前的黑暗。

---

① 紫红：《我所知道的李达老师》，《中国青年报》1980年10月7日。

② 邓介松：《我所知道的湖南起义经过》，《湖南文史资料选辑》第12辑。

第十章

重新入党

促成湖南和平解放

　　1949 年 8 月 4 日，程潜、陈明仁将军接受中共中央提出的国内和平协定，在长沙发表《告湖南民众书》，宣布"正式脱离广州政府"，率军政人员 10 万人起义，湖南宣告和平解放。

　　湖南的和平解放是解放战争时期继北平傅作义将军之后，又一个以和平方式解决国内问题的榜样。湖南和平解放是由多种因素造成的结果。当然从根本上说，湖南和平解放是在党中央和毛泽东主席英明领导下实现的，是我们党长期坚持武装斗争和统一战线政策取得的伟大胜利。同时，在争取湖南和平解放中，以周里为首的中共湖南省工委，坚决执行党中央和毛泽东关于湖南问题的指示，宣传党的政策，加强统一战线工作，领导全省人民开展和平民主运动，团结大批爱国民主人士，努力争取以程潜、陈明仁两位将军为首的国民党党政军人员起义，为实现湖南和平解放作出了重大贡献。再则，程潜、陈明仁两位将军及其部属深明大义，以国家和民族利益为重，顺应湖南人民的心愿，不顾蒋介石、白崇禧的威胁、利诱，毅然率部起义；唐生智等各界爱国人士，也高举义旗，紧密配合，都对湖南和平解放做出了重大贡献。以上都是造成湖南和平解放得以顺利实现的重要因素或条件，这是毋庸置疑的。但除此之外，李达等人当时所起的作用也是不可忽视与低估的，它也是实现湖南和平解放的一个重要因素。

　　要实现湖南和平解放，关键在于首先争取程潜将军投向人民。这一艰巨任务则是在湖南省工委的领导下，很大程度上通过当时具有特殊身份的著名马克思主义学者李达教授和湖南大学讲师余志宏完成的。

　　李达在湖南大学任教期间，和中共地下党组织有密切联系，从 1948 年 11 月起，他受地下党委托，努力促成程潜起义，为湖南和平解放贡献了自己的力量。

1948 年 7 月，程潜奉蒋介石之命来到湖南，就任长沙绥靖公署主任兼湖南省政府主席。起初，他拥蒋反共，推行战争政策，被中共中央列入战犯名单。后来，由于中国军事形势的根本变化，国民党败局已定，加之自身处境孤立，程潜开始认识到只有与共产党求和才是出路。但又因自己被列入战犯名单，害怕得不到共产党的宽大处理而受惩办，他想逃往香港，一走了之，无奈本钱又不足。因此，思想上很苦闷。

中共湖南省工委根据中共中央关于可以和国民党地方当局谈判局部和平的指示精神，深入分析了程潜的历史和现状。程潜是国民党元老，早年追随孙中山先生从事民主革命。北伐战争中和共产党人林伯渠合作立过战功，受林伯渠影响较深，抗日战争时期曾率部抗击日本帝国主义的侵略，拥护第二次国共合作，他过去反对蒋介石，后来为了抗日而到南京任职，一直与蒋貌合神离，和桂系宿嫌很深。这次，蒋介石派他回湘主政，意在以他牵制桂系，同时对程又不信任，派了一批湘籍黄埔学生随他回湘掌握兵权。在走投无路的情况下，他很有可能投向中共。于是省工委成立了以余志宏任组长，涂西畴协助的军政策反小组，通过程潜周围的重要人物来影响他，促使他起义。这时，李达受省工委的委托，通过方叔章等人乘机向程潜进行形势和前途教育，促使他弃暗投明，走上和平起义的道路。

方叔章与程潜私交很深。从前，程潜任天水行营主任时，方叔章是他的秘书处长。现在方叔章又任省府参议，是程潜的高级顾问。方叔章时常出入省府机关和程公馆，同程潜形影不离，无话不说。李达又与方叔章很熟悉。正当程潜企求内线，想找出路之时，方叔章认为李达是共产党的发起人之一，与湖南地下党有联系，因此向李达表示程潜有转向起义之意。而当时具体负责做策反工作的余志宏，原是李达的学生，和李达过从甚密。李达主动配合余志宏，亲自出面鼓励方叔章首先做程潜周围高级人士的动员工作，然后再相继对程潜进言，促成起义。

1948 年 11 月 19 日，余志宏请方叔章在岳麓山桃子湖方宅，以请客为名，组织了一次重要的座谈会。应邀出席的有李达，余志宏，湖南省保安副司令肖作霖，省府秘书长邓介松，程潜的族兄弟、省物资调节委员会主任程星龄，民盟地下组织负责人肖敏颂，湖南大学教授伍蕙农。这次便宴，表面上是方家请客，实际上是请李达对肖作霖、邓介松施加影响，消除他们的顾虑，促使他们动员和支持程潜起义。大家围绕着"国民党败局已定的形势下，湖南怎么办？程潜怎么办？"这一主题进行讨论。彼此一道漫谈时局，分析形势。一谈就是一整天。起初吞吞吐吐，庄谐并出。后来越谈越起劲。李达就当前形势、湖南地位及中共政策各方面侃侃而谈。邓、肖、程、方把湖南军政等方面的内部实情，以及自己的看法和打算，也尽情倾吐。他们向李达探询，在当前局势下，程颂公（程潜号颂公）究竟怎样处理才好？李达直率地回答："内战是的确打不得了，但国民党一定要打，共产党也只好打。其实打下去对国民党也并没有什么好处，打就只有灭亡得更快更彻底，现在的形势就已经非常清楚。"李达接着说："颂公先生是国民党的元老，是一向追随孙中山先生的，孙中山先生生前就已深知只有和共产党合作，中国革命才有希望，他最后是这样做的，事实也证明了他从实践中得来的真知灼见。以颂公先生的亲身经历，当然应该有更深切的体会。从孙先生逝世后直到今天的历史事实，又该领受不少教训了。孙先生早就说过，'世界潮流，浩浩荡荡，顺之则昌，逆之则亡'。今天已经这样明明白白摆在眼前的潮流，难道颂公先生还没有看清楚吗？我想是不会的。"[1] 李达还斩钉截铁地指出："程颂公自称是湖南 3000 万人民的家长，既然是家长就要保家，保家就应当识时务，中共是会欢迎对人民做好事的人的。"[2] 指出，程颂公应当替湖南人民着想，坚持和平。蒋介石已经管不着湖南了，只有白崇禧这一点残余的武力，可能还要同共产党较

---

① 肖作霖：《湖南起义亲历记》，《湖南文史资料选辑》第 12 辑。

② 余志宏：《关于李达同志的一些情况》，未刊稿。

量一下。今后的问题是集中对付桂系，这一点要早作准备。并说："蒋介石不会有兵派到湖南来，白崇禧也只是从武汉路过湖南，有一个短时期的停留。湖南的解放就在旦夕，程颂公应善于自处。"①李达还建议把程潜的长子程博洪从上海叫到长沙，他们父子间更好说话。程博洪一贯倾向共产党，在上海办过进步刊物《时与文》，后来自动停刊，其原因是顾虑到他父亲的处境和进退。此时，他在复旦大学任教。把他叫回来，可以帮助说服他父亲，解除程潜的思想顾虑。肖作霖、邓介松听了李达的这番话很受启发。自从这一次谈话之后，邓介松、肖作霖的认识更加清楚，信心更加坚定，行动更加一致和积极了。随后撵走张炯，接收省党部；撵走赵恒惕，改选参议会议长，成立和平促进会等举措，不能说与李达的这次谈话的启发无关。肖作霖回忆说，这次座谈使大家都感到很愉快，尤其是李达的一席话说服力很大。他当时谈话的内容和神情，一直印象非常深刻，至今难忘。程星龄、邓介松和肖作霖回去后，即一同向程潜详谈了这次座谈的经过，程潜对李达所谈的话，也频频点头表示赞赏，说："本来就是他说的这样，现在确是没有别的什么路好走了。"由上表明，这是一次别开生面、卓有成效的时事座谈会，完全达到了预期的目的。李达对时局的精辟分析，不仅深刻地影响和教育了程潜周围的高级人士，使他们都积极支持起义，而且程潜本人也明确表示，愿意接受李达的建议，走和平起义的道路，并密嘱找地下党联系。

李达立即通过余志宏报告省工委书记周里。省工委和余志宏则通过李达向方叔章转达党对程潜的要求，如撤换卫队团的特务团长，把刽子手蒋伏生的警备司令部迁到衡阳，释放政治犯，不许捕杀革命群众等，程潜全部照办。教育厅长王凤喈，平日反共最卖力，此时眼见大势已去，畏罪自请辞职。程星龄向余志宏反映，请地下党推荐教育厅长人选，余志宏与李

---

① 程星龄：《参与程潜起义活动的回忆》，《湖南文史资料选辑》第12辑。

达商量，推荐湖大法学院院长李祖荫教授，程潜也照办了。

1949 年初，李达因病入湘雅医院，程博洪和方叔章前往看望，反映程潜愿意走和平起义的道路，但顾虑战犯头衔，怕共产党同他算旧账。李达便请他们转告程潜："只要决心走和平道路，新政府不但不把他当作战犯看待，并且还会请他担任重要职务。"几天后，程潜托方叔章向李达表示："只要共产党不把我当作战犯，于愿已足。"①

从 1949 年 2 月开始，程潜不仅下决心起义，而且在行动上也有了积极的表示。他不顾反共顽固分子的反对，宣布停止征兵一个月；减免军粮一半；释放前任省主席王东原所捕在押的政治犯；不准进攻共产党领导的游击武装；约束特务宪警，不得捕杀共产党人和进步人士。程潜支持湖南人民的和平运动，并公开发表声明，谋求湖南"局部和平"，表示要"以至诚至正的决心，以点滴归聚的群力，求使湖南免于战祸之惨痛，求使人民免于炮火的灾害"。他警告国民党反共顽固分子："纯重自我，不顾大众的行为，不仅徒劳，而且千夫所指。"一切表明程潜正在为争取和平解决湖南问题作准备。而他所采取的一个决定性步骤，就是在 3 月间通过桂系刘斐出面向白崇禧建议，将国民党第一兵团司令陈明仁调来湖南，并兼任长沙警备司令。这个决策事先则是由程星龄与李达、余志宏商量并经周里同意后实行的。这个决策的实施，即争取陈明仁起义这个艰巨任务，省工委把它主要交给了李达的助手和战友余志宏。之后余志宏等人胜利地完成了这个任务。

4 月初，方叔章告知李达：程潜知道特务分子将对李达下毒手，担心李达人身安全，想把李达送到乡下暂住。后来，程潜听说李达决定前往北平，很高兴。立即馈赠旅费 500 块大洋，由方叔章转交之，并委托李达向毛主席报告他投向中共的决心。李达安抵北平后，如实做了汇报，毛主席很高兴。

---

① 《李达自传》（1956 年 3 月 10 日），《湖南党史人物传记资料选编》第 2 辑。

恰好此时，党中央和毛泽东也收到了由王首道转交的程潜备忘录。于是立即电示"四野"（中国人民解放军第四野战军）陈兵湘鄂边界，随后又派出代表进入湖南，加速湖南和平解放的进程。后来，程潜回忆说，毛泽东给他的信中，谈到从李达那里得知他有起义之心，鼓励他下决心弃暗投明。

李达对促成湖南的和平解放，做出了宝贵的贡献。

应召北上

1948 年春，毛泽东曾三次电示华南局护送李达去解放区，通过党的"地下交通"带信给李达。11 月 9 日，毛致信李达，全文如下：

鹤鸣兄：

吾兄系本公司发起人之一，现公司生意兴隆，望速来参与经营。

毛泽东

1948 年 11 月 9 日 ①

这是极为重要的来信，其真义实际上就是要请李达速去解放区参加重要工作。李达也非常向往解放区，盼望早日回到党的怀抱。当他收到毛泽东的密信后，高兴得彻夜未眠，恨不得插上翅膀，马上飞到解放区。李达激动地说："在我贫病潦倒时，当初和我共同发起建立共产党的许多老战友，有的牺牲了，有的浴血奋战，他们确是顶天立地的真正的英雄汉！到今天，党中央仍然没有忘记理论战线上的一名老兵，多么情谊深重啊！"

正当准备奔赴解放区时，李达病倒了。严重的胃溃疡再一次降临，一时还不能长途跋涉。

---

① 《李达全集》第 1 卷，人民出版社 2016 年版，第 6 页。

为了及时听到党中央和毛泽东的声音，李达托熟人搞了个旧收音机，夜深人静之时，他全神贯注地秘密收听来自延安的新华社广播，充满了对解放区的向往之情。李达还尽量寻找最新的革命书报阅读。一次，他轻声地对一位前来看望的进步学生说："给我找点进步书刊看吧，不学习不行啊！"第二天，这位同学给他送来了两本香港出版的《群众》杂志，其中载有毛泽东为新华社写的1949年新年献词《将革命进行到底》一文。李达把它读了又读，兴奋地说："天快亮了啊！天快亮了啊！"

后来，李达病情略有好转，便悄悄地告诉陈力新，不久就可以作长途旅行了。他还写了一封亲笔信，请陈力新先到香港找中共华南局联络。信是写给香港生活书店总经理徐白昕的。陈力新做了一双特制的布底鞋，把信夹在鞋底的中央，又到另一个鞋店配了一双最新样式的毛绒面子。他小心翼翼地穿着这双别致新颖的布鞋到香港找到徐白昕，五天后，又通过徐白昕找到了华南局邵荃麟等负责人。邵荃麟详细询问了李达的近况，对陈力新说："党中央、毛主席曾三次电示华南局，催促我们迅速找到并护送李达去解放区。"又说："你来得太及时了，我们很感谢你。"接着送给旅费，托陈回湖南后立即护送李达到香港，再由华南局转送解放区。[①]

陈力新回长沙后，开始着手进行准备。

路途中最要紧的是"护身符"。陈力新找了地下党员、外文系学生李梅彬。他们通过关系，搞到了"湖南《国民日报》驻广州特派记者""衡阳警备司令部参事"以及如"交警队"之类的证件。从岳麓山到长沙火车站（老站）要渡江，渡江后还有一段路，为了使李达不露面，他们请湖南《国民日报》社社长欧阳敏纳以他个人的名义，向长沙兵站的一位处长罗某，借一辆军用吉普车，这样可以畅行无阻。另外，还请欧阳敏纳代买了两张软席卧铺票。

1949年4月15日，陈力新在火车站附近的中兴公寓订好了两个房间，

---

① 陈力新：《忆解放前夕岳麓山下的李达教授》，未刊稿。

并立即过江向李达汇报。一切准备就绪，次日动身。行前，李达爱妻石曼华眼泪涔涔地对陈力新、李梅彬说："这次他出门，全托你们照顾了，还不晓得以后我们能不能见面？"陈、李劝她不要难过，告诉她，"有我们在，就有李老师在，我们将不惜用自己的生命来保护李老师的安全"。

4月16日早晨，按照原定步骤，由李梅彬到欧阳敏纳家等车子，然后带车到岳麓山湖大集贤村接李达老师。汽车因故提前开出半小时，在途中看到陈力新正在马路旁等候。他俩迅速交换了一下眼色，陈力新示意一切正常。李梅彬就让车开到离集贤村五六百米处停下。李达仍然穿一件脱色蓝布长袍，着布鞋，两手空空。李达就像往常散步那样走出家门，到了吉普车旁，车门打开后，李达被人扶着上了车。

车子10多分钟就到了荣湾镇轮渡码头，碰巧，汽车不用排长蛇阵就立即过了江。进城后直驱欧阳敏纳家。

在欧阳家几乎待了一整天，直到当日晚才用黄包车送李达到长沙火车站附近的旅馆——中兴公寓休息。住房登记时，李达化名李和明，是陈力新的"姑父"，李梅彬则是他的"儿子"，职业"经商"。当晚，余志宏提着两盒点心，代表地下党到旅社送行。在黎明前的黑暗中，湘江边上一片凄风苦雨。雨夜里，这化了装的老少三位革命者，费了九牛二虎之力，于夜里一点多钟，爬上了火车。随着火车的一声长鸣，缓缓地告别了长沙。

火车开动了两个多小时后，人们均已进入了梦乡，忽然被咔咔的皮靴声惊醒。宪警队不知为什么，如临大敌一般，荷枪实弹挨个检查车票。他们只买有两张卧铺票，李达睡下铺，陈力新与李梅彬蜷缩在上铺。当宪警队走近时，陈力新机警地把别在李梅彬衣袖上的"交警队"臂章一闪。于是宪警队连票都未查，就擦肩而过。好险！这一夜他俩谁也没合眼，依然蜷缩在上铺，警惕地注视着周围的一切。

火车经过20个小时的行驶，于翌日晚抵达广州。陈力新的父亲陈恕人先生备车前来迎接。并把他自己最好的卧室让给李达住。

到了广州后的第三天，他们就乘车抵达九龙，先下榻弥敦道酒家。吃完午饭，休息片刻，即由陈力新渡海去香港通报邵荃麟。当天，第一个来看望李达的是吴荻舟。谈话不多，并告诉他们，暂在九龙住宿一晚，明天另行安排住处，今晚不用外出，有人前来看望。

客人走后，李达在陈力新和李梅彬的陪同下，到街上逛了一会儿，在商店选购了一套浅灰色派力司西服和一顶礼帽，在试穿时认为合身，就未再脱下。归途中，陈、李跟李达开玩笑说："人要衣装，佛要金装。您现在倒真像一个大学教授了。"

晚上，果然有客人来访。只见来客戴金丝眼镜，身穿西服，头戴拿破仑帽，十足的绅士派头，很神气。陈力新、李梅彬立即退出房间，以便他俩交谈。客人告辞走后，李达告诉他们，这人是潘汉年先生。

第二天，吴荻舟和华商报李实把李达他们接到香港六国饭店住下。这里临海，白天看到高耸云霄的大吊车穿梭一般往来，把源源不断的一包包货物运到码头上。晚间，隔海的九龙万家灯火，与海水交相辉映，蔚为壮观。但一听到饭店门前歌妓的卖唱声，又使人们欣赏景色的心情顿时化为乌有。

六国饭店是一幢六层楼房、设备齐全，这在20世纪40年代还是够标准的。这里住着一些知名的民主人士，经常来看望李达。比较熟悉的有王亚南、郭大力、邓初民等人。老朋友在这里见面，相互之间都有一种异乎寻常的亲切感。他们谈起来总是滔滔不绝，经常到深夜。那些日子，李达的心情从来没有这样舒畅过。

细心浏览各种报纸几乎是李达的爱好。左派的报纸，他看得特别仔细。右派的报纸大致浏览一下标题。甚至把那些社会丑闻，如抢劫、拐卖、跳楼自杀等乱七八糟的东西，当作殖民地社会很好的第一手材料看待，有关这类报纸如《红绿晚报》也看。

空暇时间，他们三人一道游览了可以俯瞰港九全景的山顶花园。正值春暖花开，李达兴致很高，他提议说："留个影吧，这真是春天来了！"后面一句话，是双关语，说了两遍。于是，他们三个人和陪同前往的陈恕人合摄了一张照片。陈力新、李梅彬一直妥善地保存着这张珍贵而富有纪念意义的照片。

在香港住了半个月，集合了一大批民主人士和高级专家。华南局通知他们，准备启程奔赴解放区。

华南局以亚洲实业公司的名义，向英国太古公司租用"岳州号"轮，于 5 月上旬由香港码头开赴天津。乘客大都是各民主党派、文学艺术和教育界知名人士，除李达外，还有吴茂荪、黄药眠、舒绣文、于立群、王亚南、郭大力、林砺儒等。此外，还有不少进步的青年学生，共 200 多人，都是从各地汇集到香港，然后由华南局组织奔赴解放区的。领队是周而复、曹健飞。共分五个小组，只有李达和林砺儒安排在头等舱，其余均住统舱。

海上七天的生活是令人着迷的。陈力新、李梅彬经常陪伴着李达在甲板上凭栏远眺。晴朗的早晨，风平浪静，碧蓝无边的大海是那样壮丽和宁静，极目长击，云天相连，涟波反映着融化的太阳，现出一片金红色的火焰。每当这时候，他俩看到李达的脸上总是洋溢着一种近乎陶醉的表情。他向他俩谈着到北平后的打算，甚至设想着具体的工作计划，那心情就像飞出了牢笼的鸟儿，任凭在海空之间自由翱翔。

由于这条船装了一部分运往韩国的货物，因此，轮船还需绕道仁川港停留一夜。货物卸完之后才转向驶往天津。仁川港是个现代化港口，从外表看来，又是一座美丽的城市。可是当轮船停靠港口内外，头戴 M·P·钢盔的美国宪兵和韩国警察来去如梭，显得气氛很紧张，给他们每个人的心里投下了一层阴影，幸而未发生什么事情。天亮后，在仁川港的货物卸完了，汽笛长鸣一声，轮船徐徐开出了港口。大家也跟着松了一口气。

从香港开航，经过七个昼夜的海上航行，"岳州号"轮于 5 月 15 日晚7 时许平安抵达天津港，大家下榻于天津市军管会招待所。

第二天，乘专车直赴北平。火车徐徐驶进前门车站，欢迎的人群载歌载舞，"解放区的天是明朗的天，解放区的人民好喜欢……"的歌声此起彼伏。使他们每个人都激动不已。李达梦寐以求的愿望终于得以实现，此时此刻那种激动愉快的心情无法用言语表达。面对着北平这座历史名城，他心胸格外开阔，心情格外舒畅，他觉得一种崭新的生活就要开始了，一个崭新的时代就要开始了。

到北平后，李达作为毛泽东的客人被单独接到北京饭店。其他人员乘坐大轿车分别被安排在前门外西河沿永安饭店、光明饭店和翠明庄。林伯渠、谢觉哉、徐特立、李维汉、齐燕铭等负责同志前去专门看望了李达。

几天后，周恩来副主席及中共中央统战部在北京饭店大厅举行茶话会，欢迎李达等从香港新来的客人。在大厅里，只听处处是欢声笑语，相互招呼、问候。许多老朋友在这里重逢，激动不已；还有的人东张西望，想在人群中找一找是否有自己相识的人。尤其令人终生难忘的是周恩来副主席在这次会上的讲话。他说，在座的朋友们和同志们从祖国的四面八方，经过香港汇集到北平来了，从今以后不再有什么主人和客人之分，是一家人了。正如你们乘坐轮船一样，共产党只是掌舵的，诸位有的是划桨的，有的是司炉的，只是分工不同罢了。现在，让我们共同携起手来，朝着一个方向前进，解放全中国，把我们的国家建设得繁荣昌盛起来。他的话音刚落，大厅里的掌声经久不息，人们都无法抑制住自己的感情，滚滚的热泪夺眶而出。①

新　生

到北平后稍微休息了两天，5月18日，李达应毛泽东的邀请，到香山毛泽东家里做客和叙谈。

---

① 李梅彬：《忆护送李达北上前后》，《湖南日报》1983年8月17、24、31日，9月7日。

这是一个非同寻常的日子。当李达坐着小轿车驰往毛泽东家的路上，往事一件件、一桩桩，使他陷入无限沉思和追忆之中。自从1927年初，他和毛泽东在武昌分手之后，整整20多年未见面了。久别重逢，该向毛泽东谈些什么呢？要向毛泽东详细汇报一下自己1927年以来的经历，检讨自己的过去，还要汇报湖南目前的局势和程潜求和的问题。到了毛泽东的家门口，毛泽东亲自出来迎候。这位历史的伟人同理论界的巨匠，在书房兼卧室整整谈了大半夜。

李达后来谈起这次会见时的情景说："毛主席还是那样亲切、那样热情、那样谦虚，对几十年前的往事记得那样清楚。"李达说，那天晚上，毛泽东同他谈的问题涉及面很广，不觉已是深夜，毛泽东留他在自己床上休息。李达问："主席，你自己不睡吗？"毛泽东答道："我还刚上班呢！"①李达因为长途之后，十分疲劳，顾不上更多的礼节，便在毛泽东的床上睡下了。一觉醒来，红日立竿，毛泽东还在批阅文件。

几天后，李达又接到毛泽东的亲笔信，毛泽东考虑到李达健康欠佳，要李达先安心休养一些日子，工作问题待体质增强一些再议。

6月15日至19日，李达参加新政协筹备会议，商讨建立新中国的筹备工作。在会议的第一天，毛泽东发表了热情洋溢的讲话。指出，这个筹备会的任务，就是：完成各项必要的准备工作，迅速召开新的政治协商会议，成立民主联合政府，以便领导全国人民，以最快的速度肃清国民党反动派的残余力量，统一全中国，有系统地和有步骤地在全国范围内进行政治的、经济的、文化的和国防的建设工作。毛泽东还指出，帝国主义者指挥中国反动派用反革命战争残酷地反对中国人民，中国人民用革命战争胜利地打倒了反动派。中国必须独立，中国必须解放，中国的事情必须由中国人民自己作主张，自己来处理，不容许任何帝国主义国家再有一丝一毫

---

① 陈力新、李梅彬：《毛泽东同志和李达同志的友谊》，《光明日报》1978年12月23日。

的干涉。这是李达 20 余年来，第一次在如此规模的新政协筹备会上聆听毛泽东的讲话，声音是多么的洪亮，内涵是何等的深刻！

人逢喜事精神爽，那些日子，李达哪顾得上休息，他以新的姿态投入到新的工作。除了参加新政协筹备会议，还同沈钧儒、谢觉哉等筹备中央政法大学，任第一副校长；创办中国新法学研究院，任副院长；同艾思奇、冯友兰、汤用彤等筹备中国新哲学研究会，任常委兼主席；同郭沫若、陶孟和、艾思奇、王亚南、郭大力等发起成立中国社会科学工作者代表会，在北平召开发起人会议，决定全体发起人组成筹委会，任常务委员，并被推选为副主席。

9 月 21 日至 30 日，李达作为社会科学工作者代表出席中国人民政治协商会议第一届全体会议，担任全国政协第一届全体会议主席团成员和共同纲领草案整理委员会委员，并被选为第一届政协委员。会议的第一天，全体代表聆听了毛泽东的开幕词。毛泽东着重指出，我们的民族将再也不是一个被人侮辱的民族了，我们已经站起来了。指出，随着经济建设高潮的到来，将不可避免地还要出现一个文化建设的高潮。中国人被认为不文明的时代已经过去了，我们将以一个具有高度文化的民族出现于世界。毛泽东还讲了全国政协的性质和职权，指出，中国人民政治协商会议，现在具有代表全国人民的性质，它获得全国人民的信任和拥护。因此，它执行全国人民代表大会的职权。会议通过了《中国人民政治协商会议共同纲领》以及《中华人民共和国中央人民政府组织法》《中国人民政治协商会议组织法》等历史性文件。特别是《共同纲领》作为中国人民的大宪章，起着临时宪法的作用。会议选举毛泽东为中央人民政府主席，朱德、刘少奇、宋庆龄、李济深、张澜、高岗为副主席，陈毅等 56 人为中央人民政府委员，同时选出以毛泽东为主席由 180 人组成第一届中国人民政治协商会议全国委员会。会议定都北平，复名北京，以五星红旗为国旗，以《义勇军进行曲》为国歌；并决定建立人民英雄纪念碑。以上这些历史性文件、决定和国家领导人选的通过，李达同与会代表一样，都是画了圈和举手赞成的，这是第一次真正行使人民赋予自己的权力。

10月1日下午2时，中央人民政府委员会举行第一次会议，一致决议宣布中华人民共和国中央人民政府成立，接受《中国人民政治协商会议共同纲领》为本政府的施政方针。会议推选林伯渠为中央人民政府委员会秘书长，任命周恩来为政务院总理兼外交部部长。

旧中国灭亡了，新中国诞生了！中华民族遭受外国列强蹂躏、奴役，中国人民过着悲惨生活的黑暗岁月一去不复返了！中国人民从此站起来了！中国的历史，从此开辟了一个新的时代。

祖国大地在欢腾，人民大众在歌唱。李达同一切爱国的革命的知识分子感到由衷的高兴。

10月，李达被任命为政务院文化教育委员会委员和法制委员会委员。

在毛泽东、刘少奇、林伯渠、李维汉处，李达诚恳地申请重新入党，并检讨了他早年离开党组织的错误。毛泽东向他指出："早年离开了党，这在政治上摔了一跤，是个很大的损失。往者不可咎，来者犹可追。"又鼓励他说："你在早期传播马列主义，是起了很大作用的；大革命失败后到今天的20多年里，你在国民党统治区教书，还是一直坚持了马列主义的理论阵地，写过很多书，做出了应有的贡献，党是了解你的，人民是不会轻易忘记的。"毛泽东表示，同意李达重新入党，不要候补期，并愿意做他的历史证明人。[1]

当时，李达已年近花甲，毛泽东的这一席话，李达认为是对自己近30年经历的最扼要而明确的总结，是对自己的极大鼓舞和鞭策。在毛泽东和中共中央其他负责同志无微不至的关怀与鼓舞下，李达胸怀为共产主义奋斗终身的远大目标，正式向党中央提出了重新入党的申请。1949年12月，

---

① 陈力新、李梅彬：《毛泽东同志和李达同志的友谊》，《光明日报》1978年12月23日。

由刘少奇同志介绍，毛泽东、李维汉、张庆孚等同志作历史证明人，党中央特别批准李达为中共正式党员。

李达重新入党，这是党中央对他脱党后20余年政治思想表现的最好结论。李达怀着无限感激的心情，感谢党和毛泽东对他的信任。李达每当谈到这件事时，总是激动地说："这么多年了，毛主席还没有忘记我。是毛主席和党中央的关怀和鼓励，才使我获得了新的政治生命啊！"他还意味深长地说："从此我'守寡'的日子终于结束了，我决心为共产主义事业奋斗到底，鞠躬尽瘁，死而后已！"

李
达

第十一章
CHAPTER ELEVEN

主政湖南大学

重返岳麓山

新中国成立后，李达先后担任湖南大学校长、武汉大学校长；兼任中国科学院武汉分院院长；被推选为中国科学院哲学社会科学学部委员、常务委员、中国哲学会第一任会长；湖北省社会科学联合会第一任主席；兼任中央人民政府政务院文化教育委员会委员、法制委员会委员、中南军政（行政）委员会委员、文教委员会副主任；还当选为第一、二、三届全国人民代表大会代表和第三届全国人民代表大会常务委员会委员，第一、二届全国政协委员，中国共产党第八次全国代表大会代表，中共湖北省委委员。

新中国成立时，党中央和毛泽东要李达留在北京工作，但李达一再请求回湖南继续从事高等教育。后来，这个请求获得批准。

1949 年 12 月 2 日，中央人民政府委员会第四次会议通过，由毛泽东签署，李达被任命为湖南大学校长。他是中央人民政府最早任命的大学校长之一。

李达肩负着党和人民政府的重托，于 1950 年 2 月 18 日回到岳麓山下的湖南大学。

湖大是李达曾经工作和战斗过的地方。一年以前，他在这里遭受国民党特务的严密监视并被列为黑名单的第一名。而如今国民党反动统治被彻底摧毁，湖南和平解放，他重返岳麓山担负起主持校政的重任，变化多大呀！

1950 年 6 月，李达赴京出席全国政治协商会议第一届全国委员会第二次会议，并参加了 8 月召开的全国司法工作会议，原定 9 月返校、主持开学典礼，后因返校途中，留汉出席中南军政委员会全体委员会议，9 月 27

日闭会后，即于当晚乘车返湘，28日返校。他没能赶上湖大9月24日的开学典礼。为了不耽误学校工作，他于会议空隙，写出《改进我们学校的工作》的书面发言，交由开学典礼会上宣读。

为了把湖大办成全国一流的大学，1950年7月24日，李达给他的高足、著名马克思主义史学家吕振羽写信，字里行间洋溢着勃勃雄心。信上说：你如离开大连大学（注：这是东北的第一个综合大学，吕振羽任校长兼党委书记。1950年秋，中共中央东北局决定大连大学分为几个专科学院，吕的工作也将调动），就同我去办湖南大学如何？湖大现有文教、社会（科学）、财经、自然、工程、农业6院25系，学生2000余人（在中南六省大学中，学生最多）。……只要你我去加强领导，稳可以把湖大办好，不难赶上北大和清华。[①]

重返湖大，李达感到由衷的高兴，同时更感到责任重大。湖大同新解放区的其他大学一样，是从国民党封建买办的法西斯统治下解放不久的，教育制度、教学内容和课程设置、教员和学生的政治思想以及学校的行政管理等各个方面，都要进行彻底的改造。加之，湖大在解放后，合并国立师范学院、克强学院、音乐专科学校、民国大学四校，人数激增，思想情况复杂，师生员工之间互不团结，这加大了改造湖大的艰巨性。

面对这种情况，李达说："当时，我知道困难是很大的，但我相信有党的领导，困难是可以克服的。"[②]这位尚未公开身份的"特殊的"共产党人，凭着坚强的党性，依靠上级党的领导，根据中央人民政府的方针、政策，同湖大党的组织一起，紧密团结全校师生员工，克服重重困难，为完成党和政府赋予自己的重大使命而努力工作着。

① 《李达给吕振羽的信》，《文献》1980年第4辑，1950年7月24日。
② 《欢送会上李校长的讲话》，《人民湖大》1953年1月28日。

建设新湖大

李达一到任，便以"要为人民办教育"，"改造旧湖大，建设人民的新湖大"为宗旨，贯彻党和人民政府的教育政策，实行"进步思想、健全体魄、科学知识"三位一体的教育方针。

在教育过程中，强调爱国主义教育与业务教育、政治理论学习与业务学习紧密结合。他说："教学是学校的中心工作"，但"必须贯彻爱国主义精神，离开了爱国主义的精神，教的学的都是空谈，不切实际，是人民的教育所不需要的"。办学首先要解决的问题，就是为什么教、为什么学的问题。教和学，都是要培育具有高级文化水平、掌握现代科学和技术成就，全心全意为人民服务的高级建设人才，这"就是我们的目的，这就是人民的大学教育的目的"。[①] 他还明确指出，人文科学和社会科学各系的教学，都要贯彻科学的内容、民族的形式和大众的方向；教自然科学和工程技术科学都要为生产服务，为国防服务。旧的教学方法必须彻底革新，他提出，首先要做到自学、集体学习与教师讲授相结合，并以自学为主；要走群众路线，师生互助，教学相长；要做到理论与实践相结合，反对读死书，死读书，主张死书活读，死书活用；要加强教师与学生及教师间的相互联系。李达还提出，要精简课程。根据少而精的原则，不必要的课可以停开，重复的课应该逐步集中或归并，有用的必需的课务必加强。他强调说，精简的目的是为了使学生学得更好，使教师教得更好，使学校教育办得更好。他还认为，在提高教学质量的同时，要活跃学术研究空气，"要把提倡新学术的风气作为校风"，尽量争取与各文化科研机关及各工矿企业部门加强技

---

① 李达：《在学生会第三届代表大会开幕典礼上的讲话摘要》，《人民湖大》1951 年 4 月 23 日。

术合作，开展专题研究，提高学术水平。他还提出湖大要搞三个刊物，包括工程技术方面的、社会科学方面的和自然科学方面的。并准备成立社会科学研究所和自然科学研究所，以提高学术研究的空气，建设一流的大学。

李达的上述办学思想是非常正确的。当年，他在湖南大学，就是以此为指导思想，进行旧教育的改造和新教育的建设。

李达紧紧抓住思想改造这一中心环节，对全校师生进行思想政治教育。

李达深有感触地说："从一个旧型大学转变到新型的人民的大学，首先要解决的就是新旧矛盾问题，这是一个主要矛盾。要解决这个主要矛盾方法就是思想改造，我们抓住了这个中心环节。"[1] 这里所指的新旧矛盾，就是新制度、新领导、新方针、新任务与人的旧思想的矛盾。因为许多人思想跟不上客观形势的变化，例如有的人立场未变、对新事物有抵触，对进步力量有隔阂；有的人有超阶级观点、单纯技术观点、雇佣观点，等等。因此，要建设好新湖大，必须改造旧湖大。改造是关键，是人的立场、观点、方法的改造，是人的思想的改造。李达认为思想改造是基本工作，是改造一切的关键。思想改造的意义，按照李达的说法，是"新国家……大规模的建设，需要大量新建设的干部。……而这些新干部的养成，不能不依靠原有的高等教师的帮助，……原有的高等教师如不进行思想改造，就决不能培养出所需要的新干部来。"[2] 可见，他是从知识分子的地位和作用，即从它对中国革命的贡献和建设新中国对知识分子的希望来谈思想改造的，与那种乱斗乱批、把知识分子一律当作资产阶级知识分子的极左行为严格区分开来。因此，他领导知识分子思想改造的做法也独具特色。

一是从政治理论教育入手，进行马克思主义唯物史观和革命人生观的教育。

全校成立了以李达为首的政治课委员会，组织领导全校师生员工学习

---

① 《在欢送会上李校长的讲话》，《人民湖大》1953 年 1 月 28 日。

② 转引自《人民湖大》第 1 期。

共同纲领、社会发展史、实践论、中共党史、《毛泽东选集》以及时事政策。李达亲自动员、带头讲课，主编《社会发展史》，强调"学习社会发展史，就是要学习马列主义的社会观，学习毛泽东思想的中国社会观。"[①] 李达指出，马列主义的社会观告诉我们：社会的历史，是劳动人民的历史，是劳动创造世界的历史，是劳动者生产斗争的历史。而毛泽东的中国社会观，是中国革命的理论，是马列主义社会观的普遍真理在中国社会的具体应用与扩张。他着重指出："我们必须学习马列主义的社会观，学习毛泽东思想的中国社会观，"只有这样，"才能理解中国由半殖民地半封建社会到新民主主义、社会主义社会发展的规律，才能自觉地为这一革命建设而奋斗，为创造新中国的前途而奋斗。"[②] 李达还强调学习社会发展史，必须树立下列五种观点：第一是辩证唯物的观点；第二是要有劳动的观点；第三，要有阶级的观点；第四，要有群众观点；第五，要有组织观点。[③] 并对这五种观点分别作了具体的解说。1951年开始学习《实践论》《毛泽东选集》第一卷和学习中共党史。他亲自启发动员、讲课、辅导和解答问题，尤其难能可贵的是在工作之余，加班加点撰写并发表了《〈实践论〉——毛泽东思想的一个基础》《〈实践论〉解说》《怎样学习〈实践论〉》《读毛泽东同志1926—1929年的四篇文章》《怎样学习党史？》《读〈为争取千百万群众进入抗日民族统一战线而斗争〉》《读〈怎样分析农村阶级〉》等高水平的系列论文。发表前后，基本上都要发给师生员工学习。李达说："政治学习问题，基本上也就是思想改造问题。""政治学习，就是要学马列主义毛泽东思想，树立马列主义世界观、国家观，正确了解社会发展的规律。"[④] 事实上，通过学习，全校师生初步掌握了马列主义的基本理论，树立了辩证唯物论的社会观和为人民服务的革命

---

① 《李达全集》第16卷，人民出版社2016年版，第49页。

② 《李达全集》第16卷，人民出版社2016年版，第52页。

③ 《李达全集》第16卷，人民出版社2016年版，第54—66页。

④ 转引自《人民湖大》第1期。

人生观；大部分教职工克服了雇佣观点，大部分学员也克服了纯技术观点，认识政治学习与业务学习的结合，是搞好工作、搞好学习的有利条件；培养了认真教、认真学的教学风气，为今后教学工作奠定了良好的基础。通过学习，全校绝大多数人都有了新的认识，认识毛泽东和中国共产党是光荣的、伟大的、正确的，认识人民政府是真正为人民谋利益的，认识中国社会是由新民主主义到达社会主义的。这些都是李达在调查研究的基础上，得出的符合客观实际的总结。

二是思想改造结合社会改革进行。

新中国成立初期开展的各项社会改革和政治运动是改造思想的大课堂。李达同湖大党组织一起，有计划地组织师生参加抗美援朝和各项社会改革运动。这对于促进师生的思想改造作用极大。李达认为，思想改造，不应该被理解为只是一种单纯的理论认识，必须到实际的工作中去锻炼，到严肃的斗争中去锻炼。参加土改，是知识分子与农民结合，为人民服务的最好机会，同时，也是思想改造的一个重要步骤。1951 年和 1952年，湖大全校师生两次大规模参加土地改革工作，使全校 70% 以上的出身于地主阶级家庭的教师、学生背叛了原有的阶级，在思想感情上和封建地主阶级割断了联系。1952 年 4 月 21 日，湖大举行开展思想改造与"三反"斗争的动员大会，李达在动员报告中着重指出："大学是教育阵地，因此是重要的思想阵地。……大学里的'三反'运动，必须结合思想改造去进行，不仅要消灭贪污、浪费和官僚主义的现象，而最重要的是清算非工人阶级教学思想，树立工人阶级的教学思想。"[①]"三反"斗争开展 40 天以后，李达身体力行，带头检查自己工作中的官僚作风，并诚恳表示要克服官僚主义，批判资产阶级思想，培养工人阶级思想，认真努力学习马克思列宁主义、毛泽东思想，更好地为人民大学的教育事业服务。李达的行动，给

---

① 李达：《湖大思想改造与三反斗争动员报告》，《人民湖大》1952 年 4 月 13 日。

全校师生员工以很好的教育，促进了"三反"斗争和思想改造的开展。对于开展思想改造，李达特别注意用党的政策来发动群众和武装群众。他在《纪念"七一"谈知识分子思想改造问题》的专文中，比较系统、准确地解释了党的知识分子政策，阐明知识分子在革命和建设中的地位与作用，指出知识分子思想改造的必要性和重要性。他强调，新中国成立以后，党对于知识分子的政策，是沿着《大量吸收知识分子》的决定所指出的方向进行的，即"使工农干部知识化和知识分子工农群众化"。[①]他号召知识分子应当自觉自愿地投身到思想改造中来，站在工人阶级的立场，用马克思列宁主义、毛泽东思想武装自己的头脑，并下决心为群众利益服务而与群众相结合。经过"三反"斗争和思想改造，全校师生员工的思想政治觉悟大大提高，基本上划清了敌我界限，划清了工人阶级与资产阶级的思想界限，为牢固树立工人阶级的思想领导，为完整地贯彻党的教育政策，打下了良好的基础。从此，湖南大学面目为之一新。教师们都在努力教学，职工们都在努力工作，同学们都在努力学习。

李达在狠抓思想教育、完成改造旧湖大的同时，逐步将重点转移到了新湖大的建设上。

为了建设新湖大，首要的是全面地贯彻党的教育方针，保证办学的正确方向。李达认为，教育的根本任务，是"为国家造就高级建设人才"，因此，必须注意提高教学质量，全面贯彻党的教育方针。他认为，政治与业务"不能有所偏重"，如同干部的任用一样，要讲"德才资"。德就是指全心全意为人民服务，才资也可说是指高级建设人才。要练好本领，学好技术，要为人民服务，没有本领是不行的。德才资三者是统一的，但"德是根本，没有德，才资都没有用，有时还有害"。[②]单纯的技术观点是错误的，仅有技术而没有政治认识，便不能发挥高度的工作热情，也不能全心

---

① 李达：《纪念"七一"谈知识分子思想改造问题》，《人民湖大》1952年7月1日。

② 李达：《改进我们的教学工作》，《人民湖大》1950年10月7日。

全意地去为人民服务。因此，必须贯彻"进步思想、健全体魄、科学知识"三位一体的教育方针，培养高质量的国家建设人才。

为了办好湖大，李达以极大的努力抓了课程设置和教学改革。教学改革是改造旧教育体系和建设新教育体系的重要一环。李达亲自兼任教务工作，早在 1950 年上学期，他领导成立了教学研究部和院、系教学委员会。依照华北各大学课程暂行规定，取消了含有毒素的课目，增设了社会发展史、辩证唯物论、新民主主义论、中国革命史、政治经济学、政策与法令等政治理论课程。为了教学计划化、学习组织化和实施教学检查，精简了课目，使各门课和各系的培养目标密切配合，从而减轻学生的负担，提高学生学习的自觉性和主动性。李达十分重视教学质量，注意"培养学术研究空气，提高教学水平"，提出了"以教学为中心，一切服从于教学"的口号[①]。1950 年下学期，根据高等教育工作会议的决定，李达又领导教师进一步精简了课目，并成立了各门课教研组，把教师组织起来，运用集体力量，改进教学和研究工作，实行教员间的集体备课和师生间的共同讨论。加强教材建设，改变原来一律搬用英美原版教材的做法，开始编写联系我国实际的讲义和教材，也选用了一些适用的苏联教材。这样方针明确、任务明确、课程明确、组织明确、教材明确，从而初步形成了新的教育秩序，提高了教学质量。

李达还兼任学校的总务工作，亲自抓学校的基本建设工作。如组织领导兴建了大礼堂、扩建图书馆，修建教师宿舍。桃园林、稻香村、民主村等宿舍就是那几年修建的，解决了教师的住房问题，改善了校园环境。兴建了五万多平方米的新校舍，使湖大校舍扩大了一倍。他主持修建的大礼堂，造价低、容量大、美观而实用。

李达在湖大，还主持了爱晚亭和枫林桥的重建，他请毛泽东为"爱晚亭"题名，他本人写了《爱晚亭记》，并为"枫林桥"题名。李达给

---

① 李达：《在学生会第三届代表大会开幕典礼上的讲话》，《人民湖大》1951 年 4 月 23 日。

毛泽东写信，请他为"湖南大学"题写校名，毛泽东欣然应允并给李达写了回信。信的内容不长，但很亲切。题写的校名是用宣纸写的，字体方寸大，雄劲秀丽。李达深有感触地说："毛主席日理万机，却很快满足了我们的请求。这是对湖大数千师生员工的巨大关怀，勉励我们努力把湖大的工作做好，早日改造成新大学，为革命和建设多培养人才。"[①] 1951年元旦，李达率领全校师生员工隆重举行校牌升悬典礼。它至今仍然保存完好，悬挂在湖大办公楼门前。

1952年初，刘少奇视察湖南工作时，曾和湖南省委常委、长沙市委书记曹瑛详细谈到李达的情况，刘少奇对李达在湖大的工作很满意。在曹瑛陪同下，刘少奇专程来湖大看望李达并合影留念。

李达在湖大主持校政将近三年。在上级党和政府的领导下，他带领全校师生员工多方努力，把半殖民地半封建的旧湖大改造成了人民的新湖大。李达为建设新湖大殚精竭虑做出了巨大的贡献。至今湖大人还在深深地怀念着这位最有名望的老校长。岳麓书院陈设的湖大校史馆里唯一雕塑的一座李达像伫立在中央，并介绍了李达主政湖大的事迹。

因全国院系调整，李达调离湖大。1953年1月下旬，李达临走的时候，全校师生为他举行了热烈的欢送大会。湖大党组织负责人在大会致辞中，高度评价了李达主政的功绩，并且号召全校师生员工学习李达坚持真理和为人民服务的精神。这位负责人说，在新中国成立前，李校长虽然处于白色恐怖下，遭到反动势力的迫害，可是他始终坚持马列主义的宣传与研究；新中国成立以后，又积极从事人民的高等教育事业。李校长虽然是60多岁的老人了，身体也有病，但他仍然坚持工作，并且取得了卓著的成绩。李校长的革命精神是值得我们大家学习的。

---

① 涂西畴：《李达同志收到毛泽东同志来信的情景》，《一代哲人李达》(吕芳文、余应彬主编)，岳麓书社2000年版，第118页。

第十二章

任武汉大学校长

坚持系统的马克思主义教育

1952 年 11 月，中央人民政府任命李达为武汉大学校长。翌年 2 月 23 日，李达到校视事，当晚发表广播讲话，宣布从 2 月 24 日起正式开始工作。

武汉大学是一所历史悠久的国家重点大学。它位于湖北省武汉市风景秀丽的武昌东湖之滨、珞珈山麓。

武汉大学具有光荣的革命传统。新中国成立前，周恩来、董必武、陈潭秋、邓颖超、罗荣桓、郭沫若、李达、李汉俊、恽代英、伍修权、郭述申等都曾在这里从事过革命活动。1949 年后，在李达任期内，毛泽东、董必武、李先念、叶剑英、彭德怀、陈毅、张闻天、陆定一等曾莅临学校视察。

武汉大学具有优良的学风，在国内外有着较高的学术地位。

在这所著名的重点大学里，李达主持校政达 13 年之久，他是武汉大学任职最久、威望最高、影响最大的校长。

为了把武汉大学建设成为国内外有较大影响的高水平社会主义的新型大学，李达依靠学校党委和几位副校长，团结全校师生员工，作了坚持不懈的努力。尤为突出的是，按社会主义方向办学，坚持系统的马克思主义理论教育。

马克思列宁主义、毛泽东思想，是我们党和国家的指导思想，是我们党领导中国革命和社会主义现代化建设的理论基础。马克思主义的这种重要地位，决定了马克思主义理论教育在大学教育中的重要地位，它是整个大学教育的重要组成部分，是党在高校思想政治工作的核心，是社会主义大学区别于资本主义大学的一个显著标志。对于这个至关重要的问题，李达的办学指导思想是非常明确的。

就职前，李达给吕振羽的一封信，充分证明了这一点。信上说："日内即去武汉大学就职……此后，我的主要工作是领导马列主义、毛泽东思想的研究。我身（体）虽（然）多病，但还能半休息半工作，决以余年献身于这一工作，学习、学习、再学习，或者能有一点成就。"[1] 这里，他把领导马列主义、毛泽东思想的研究当作自己的主要工作，无疑这一研究是包括了马克思主义理论教育的。在就职的欢迎会上，李达号召全校干部、教师团结一致，认真学习马列主义、毛泽东思想，按照社会主义的方向办好武汉大学。

李达从他自己的切身体验中，深刻地认识到，改造旧大学要靠强大的思想政治工作，靠马列主义、毛泽东思想理论武器；建设新大学也是一样。他认为，要办好高等教育，如果没有马列主义的理论武器，那是不可能的。师生员工只有提高了马列主义理论水平，才有分辨是非的能力，才能把学校办好。

李达一到武大，就组建了马列主义教研室（与系同级）并兼主任，亲自讲授辩证唯物论、中国革命史课程，加紧培养马列主义理论师资。当年暑假，李达率领马列主义教研室的中青年教师上庐山备课，并审阅他们的教学大纲、备课讲稿，指导各门课程内容的改革。

接着，李达创办了颇有影响的马列主义夜大学，在自愿的原则下，组织教师和干部系统学习马列主义、毛泽东思想。夜大学学习期限四年，开设中国革命史、马列主义基础、辩证唯物论与历史唯物论、政治经济学四门课程。1954 年 11 月 2 日，李达对参加夜大学的教职员作动员报告，说明我国已进入社会主义建设和社会主义改造的新时代，教育工作者的首要任务，是培养具有一定马克思主义水平的、掌握科学技术的、体魄健全的社会主义建设人才；教育者必先受教育，系统学习马克思主义理论是时代提出的要求。报名参加夜大学学习的有近 1000 人。除本校人员外，校外也有

---

① 《李达给吕振羽的信》，《文献》1980 年第 4 辑，1953 年 2 月 9 日。

人报名参加。当时，李达已是年逾花甲的老人，患肺气肿、胃溃疡等多种疾病，不能吃饭，只能吃流食，工作繁忙，社会活动多，可是对教师干部的理论教育他仍然抓得很紧。为了办好马列主义夜大学，李达亲自拟订教学计划，选拔任课教师，指导教师备课，并且担任哲学课的讲授。每次讲课前，李达总是认真写好讲稿，印发大家。讲授则针对大家自学中提出的问题，作解答报告。武大的老教师系统学习马克思主义哲学就是由他教的。

历史系一位老教授深有感触地说，在夜大学听李达校长亲自讲授唯物辩证法，深得教益，作为一个在解放前长期接受封建主义和资产阶级教育熏陶的旧知识分子，解放后能够认真学习马列主义、毛泽东思想，胜任思想性很强的历史学的讲授，饮水思源，不能不感谢李校长的教导。当然，这不全是出于私人感情，而是通过李达的教导使他在解放后，较早地接受了党的教育和培养，从而使其下半生能为我国历史科学贡献绵薄力量。

化学系一位老教授也怀着深情回忆说，他原来对马列主义、毛泽东思想是没有认真学习过的。老校长来到武大不久，就创办了马列主义夜大学，亲自给教职员讲课。他参加了夜大学，一边读李达的著作《〈实践论〉解说》《〈矛盾论〉解说》，一边听李达讲课，这才使他开始懂得了一些马列主义、毛泽东思想的道理。李校长讲课的时候，是那样地耐心细致，好像一位热情的小学老师在给发蒙的学生讲解课文一样，使受教育的人终身都不能忘记。

这两位知名的老教授，20世纪80年代中、后期已先后作古，但从两人的感受中，生动而深刻地阐明了李达创办的马列主义夜大学是如何教育和培养了武大从旧社会过来的一批老教授，提高了他们的马列主义水平，武装了他们的头脑，并用以指导教学和科研，为发展我国的自然科学和社会科学贡献了力量。现在虽然时代不同了，但是通过类似夜大学的形式，用马克思主义教育和武装学校的中青年教师和干部，仍是很必要的。

为了促进马克思主义理论教育的深入发展，1959年2月，武汉大学成立了以李达为首的马列主义政治理论教育委员会。下设办公室和哲学、政治经济学、科学社会主义、中共党史四个教研室，由学校党政主要负责同志分别兼任各教研室主任。该委员会由校长、书记、党委常委、党总支书记和有关同志组成。各教研室的教师除了专职理论教员外，还有一部分由党团干部兼任。各系相应成立了政治理论课教学小组，由党总支书记牵头，由分到各系工作的专职理论教员和有关党团干部担任小组成员，负责具体领导各系的马列主义理论教育工作。

同年 7 月，李达在《新武大》和《七一》杂志上发表了《掀起理论学习的高潮》一文，密切联系当时的实际，深入分析专业理论工作的落后状态，指出我们的理论水平还没有达到应有的高度，还没有做出显著的成绩，其所以如此，除别的原因之外，认真读书做得不够也是一个重要原因。李达强调："为了迅速提高我们的马克思列宁主义水平，适应飞跃发展的形势的需要，有必要掀起一个理论学习的高潮！"这段话，至今读来还具有现实指导意义。要搞好哲学社会科学的研究，减少工作中的失误和避免重大损失，都必须加强马克思主义理论的学习、研究，使各项实际工作提高到一个新的水平。

李达如此重视马克思主义理论教育，不仅培养了一代又一代的社会主义建设者和接班人，而且造就了一批又一批的马克思主义理论骨干。在李达的熏陶和影响下，武大一直把马克思主义理论教育放在学校工作的重要地位，该校的马克思主义理论教育，也步入了全国高校的先进行列。李达创建的马列主义教研室，如今已扩展为马克思主义学院，拥有马克思主义理论一级学科博士学位授予权点（含马克思主义基本原理、马克思主义发展史、马克思主义中国化研究、国外马克思主义研究、思想政治教育、党的建设、中国近现代史基本问题研究等七个二级学科博士点）、科学社会主义与国际共产主义运动、中共党史两个二级学科博士点，还拥有博士后流动站。在教育部学位与研究生教育发展中心组织中的一级学科评估中，学院的马克思主义理论学科排名第一。

重建哲学系

武大哲学系始建于 1922 年 9 月，久负盛名。1952 年 10 月，全国校院系调整，哲学系合并到了北大。李达对这件事是很有意见的，认为必须尽快重建。这种重建不是简单地恢复，而是要创办一个有自己特色的新的哲学系。这个哲学系应当以马克思主义哲学为主体，同时在马克思主义指导下建设其他学科。"他的这个想法是从 1953 年一到校时就非常明确的，一直在为此做准备，并向高等教育部力陈重建哲学系的必要。"①

经过几年的努力，武大终于在 1956 年经高教部批准，重新建立了哲学系，李达兼任系主任，直到 1962 年才由余志宏继任系主任。

哲学系重建时，面临的主要问题是师资极其缺乏。原哲学系的教授、副教授随着院系调整，全部调出了武大，给办系造成了极大的困难。为了充实师资队伍，李达采取了三个办法：一是到人大、北大去聘请教师。他不仅找那里的书记、校长谈，而且亲自到教师家里去拜访，请他们来武大任教，使许多年轻的教师非常感动。二是在武大已有的教师中物色遴选合适的人当教员。三是继续派青年教师去人大、北大研修班学习。

当时哲学系的教师队伍是一支特别年轻的队伍，也是一支生气勃勃的队伍。而且学科相当齐全，马克思主义哲学、中国哲学史、西方哲学史、逻辑学、美学、心理学、自然辩证法、哲学经典著作选读等都能开出合格的课程。李达对这支队伍充分信赖。他对办好哲学系信心十足。他认为，只要方向正确，团结一致，努力提高学术水平，哲学系一定能办好。

李达的办学思想非常明确：第一是坚持马克思主义的指导地位。他毫

---

① 《陶德麟文集》，武汉大学出版社 2007 年版，第 808 页。

不含糊地说，武大哲学系就是要办成马克思主义的哲学系。马克思主义哲学是主体，其他学科也都要以马克思主义为指导。第二是不遗余力地提高学术水平和教学质量，以"登山"的精神做学问。第三是培养人才，重视人才，要出名教授。第四是提倡学术上的自由讨论和争鸣。[①]

在课程的设置上，强调以辩证唯物主义与历史唯物主义为中心，使理论课、历史课、工具课相融合，并主张"得天下英才而教之"，要求学生以德为先，脑、口、手、德、体并重，全面发展。

1956年秋季，哲学系正式招生，李达非常重视新生的政治素质和业务素质。为了准备好马克思主义哲学课，新生进校前，7月1日，他就带领主讲教师先到黄山、又转到庐山备课，并亲自担任历史唯物主义这部分的教学。他在课堂上作提要式和启发式的讲授，由他的助手陶德麟再作详细的补充和发挥，然后展开课堂讨论。学生思想活跃，学习效果很好。他亲自组织编写高质量的学术性的教科书。后来的十年中，武大哲学系的学术水平在全国得到公认，教师队伍迅速成长起来，在全国学术界受到高度关注和重视。

所有这些，不仅对武大哲学系的重建起了极大的指导与推动作用，而且对哲学系后来的发展产生了深厚的影响。

在李达精神的鼓舞下，原来重建的哲学系早已扩展为哲学学院。在全国高校的哲学系中，武大哲学系以其历史悠久、成就卓著、实力雄厚、特色突出而跻身前列。这是武大几代人努力拼搏、奋发进取的结果，其中尤其不能忘记李达的巨大贡献。他当年的助手、我国著名马克思主义哲学家、武大资深教授陶德麟先生深有感触地说："40年前重建的武汉大学哲学系是与李达这个光辉的名字分不开的。没有李达同志就很难设想有今天的哲学系。"[②]

---

① 《陶德麟文集》，武汉大学出版社2007年版，第808页。

② 《陶德麟文集》，武汉大学出版社2007年版，第806页。

全面贯彻党的教育方针

全面贯彻党的教育方针，努力提高教育质量，这是李达主政武大的又一特色。

早在 1953 年武汉大学的国庆典礼暨开学典礼会上，李达就根据中央精神阐明了高等教育的方针、任务，指出：高等教育必须适应于国家建设需要，培养具有马列主义世界观，全心全意忠实于祖国和人民事业，掌握先进科学技术的专门人才。为此，应以马列主义关于自然和社会发展规律的科学，作为高等学校所必须具备的基础；要适应国家建设所要求的不同部门的不同建设人才，在广博的基础知识之上进行不同类型的专业教育，使其理论与实际相结合，全面发展与专业训练相结合，以培养出对各种建设事业胜任的专家。他说，这就是新型高等教育为培养德才兼备的人才所应遵循的道路，这是高等教育的基本方针，也是综合大学的基本方针。谈到高等学校的任务时，李达指出：综合大学和其他专科性的高等学校各自分担不同的任务。专科性高等学校的任务，主要是培养技术科学方面的从事实际工作的专门人才。综合大学的任务，则主要是培养理论或基础科学（自然科学和社会科学）方面的从事研究工作或教学工作的专门人才。因此，综合大学的培养目标，首先要使学生具有较高深的理论水平与较广阔的科学知识，通晓一般的自然科学或社会科学的规律，然后在这个基础上逐步进行专业训练，逐步养成能够独立地创造性地进行研究工作，并善于在马列主义方法论的基础上解决自己专业方面的某些理论和实际问题。李达还具体阐明了如何贯彻执行高等教育的方针、任务，指出：要贯彻高等教育的方针、任务，首先就要求我们教育工作的干部和教师改进工作，提高自己，而其重要的关键在于学习。学习马列主义、毛泽东思想，学习时事政策，学习苏联的先进经验，以提高自己政治水平和业务水平，养成理论与实际相结合的作风，我们才有可能完成为国家培养新人才的任务。同时学校的领导干部，要切实改进自己的工作作风和领导方法，克服主观主义、分散主义和官僚主义，一切从中国共产党和中央人民政府的政策出发，按照国家计划，根据实际情况，团结全校师生员工，为完成既定的方针和任务而努力。李达要求学生遵循毛泽东的教导，切实做到身体好、工作好、学习好。

1955年，中央高等教育部提出德、智、体全面发展的教育方针。为了贯彻这个方针，李达同副校长张勃川商量后，于这年年底至1956年1月6日，主持召开了第五次学术委员会（扩大）会议。李达向大会作了《关于提高教育质量坚决贯彻执行全面发展的教育方针的报告》和大会总结，着重指出："贯彻全面发展的教育方针的关键在于教师树立全面负责的思想。"他说，提高教学质量是提高教育质量的中心问题，业务课、政治理论课、体育课的教学质量都提高了，教师的政治思想水平都提高了，都能全面负责，都能关怀学生在业务、政治、身体三方面的发展，教育质量的提高就有保证了。

1956年5月，武大学术委员会举行第八次会议，讨论进一步贯彻全面发展的教育方针问题。李达在会上重申：第一，中央制定的全面发展的方针是完全正确的，并且是完全行得通、做得到的。第二，贯彻全面发展的方针应该首先在教学中贯彻。第三，要运用多样的方式，又要有周密的计划。第四，要有一定的制度来保证这个方针的贯彻。第五，要逐步改变教师负担不平衡的情况。

1957年5月6日《新湖南报》上发表了李达《怎样做一个社会主义大学生》的专文，就办学目的、社会主义大学生的标准以及做一个社会主义大学生应当从何处着手等问题提出了许多真知灼见的观点。

关于办学的目的，李达指出，我们的目的是培养为人民服务的知识分子，为社会主义事业服务的专家。要想在毕业后成为一个名副其实的社会主义建设人才，那么在学校里应当是一个名副其实的社会主义大学生。

关于社会主义大学生的标准，李达说："社会主义大学生有社会主义大学生的标准。这标准概括起来应该有三个条件：第一，他努力把自己培养成为具有马克思列宁主义的世界观和共产主义的道德品质的人，决心为社会主义的事业贡献自己的全部力量。第二，他努力地并且有成效地学习现代先进的科学和技术。第三，他努力锻炼自己身体，把自己锻炼成为足以胜任繁重劳动的强健体魄的人。"[①]

做一个名副其实的社会主义大学生，应当从哪些方面着手呢？李达的观点是："首先的决定的一条就是要建立马克思列宁主义的世界观。其所以是首先的、决定的一条，就因为世界观是一个人的一切思想、言论、行为的总指导，不管你自觉也好，不自觉也好，承认也好，不承认也好，事实上你总是受一定的世界观所指导的。"[②]在现在，世界观归根到底有两种，一种是无产阶级的世界观，另一种是资产阶级的世界观。不受无产阶级世界观的指导，就受资产阶级世界观的指导。……要反对资产阶级的世界观，就要建立无产阶级的世界观，就要学习马克思列宁主义。这应当从两方面下功夫：一方面是系统地学习马克思列宁主义的理论，也就是认真地学好规定的各门政治理论课程，从根本原理上了解马克思列宁主义的整个体系。另一方面还要通过对时事政策问题的分析研究，通过社会工作等，锻炼自己运用马克思列宁主义的立场、观点、方法观察问题和处理问题的能力，改造自己的思想，培养自己的共产主义道德品质。第二，"要做一个社会主义的大学生，光有正确的立场、观点、方法是不够的，还应当学好专业知识，使自己成为精通专门业务的专家。为了做到这一点，独立思考和刻苦钻研是有决定意义的。……要做一个有学问的人，有本领的人"[③]第三，"要做一个社会主义的大学生，还应当有强健的体魄。……没有强健的体

①　《李达全集》第18卷，人民出版社2016年版，第266页。

②　《李达全集》第16卷，人民出版社2016年版，第267页。

③　《李达全集》第18卷，人民出版社2016年版，第267页。

魄，是不可能坚持长期的繁重的工作的。……在青年时期把身体锻炼好了，就能够把自己的智慧和才能用来更好地为祖国的社会主义事业服务"。①

这些思想观点，进一步丰富和深化了"德、智、体"全面发展的教育方针的内涵。从李达的精辟论述中可以看出，德、智、体三者是相互依存不可分离的统一体，但德育是根本的。

1958 年，中共中央、国务院发布《关于教育工作的指示》，提出"教育必须为无产阶级政治服务，必须与生产劳动相结合"的方针。李达积极拥护并力求正确贯彻下去。李达认为这个方针的基本精神，仍然是要坚持德、智、体全面发展，又红又专，坚持理论联系实际，知识分子与工农相结合，脑力劳动与体力劳动相结合。当时，有人片面理解党的教育方针，学校工作出现了一些问题，主要是在知识分子政策上的"左"的错误以及师生关系紧张、社会活动过多、生产劳动过多，正常的教育秩序被打乱、教学质量下降等。对此，李达一再提出批评。为了及时而有效地改正这些缺点和错误，全面而正确地贯彻党的教育方针，李达提出：要努力改善师生关系，尊师爱生；要认真读书，又红又专；要使教学成为学校一切工作的中心。1959年 1 月，武大召开第二届党代会，李达在《开幕词》中明确提出：为了加强党对学校全面工作的领导，"全党干部和党员，都要朝着又红又专的方向前进，不但要大大提高政治觉悟和马列主义水平，而且要使自己逐步由外行变为内行"。只有如此，才能把党的领导渗透到各种具体业务中去。党代会不久，学校又召开首届师生员工代表大会，李达号召"进一步贯彻党的教育方针"，"为把武汉大学建成以教学为中心，教学和科学研究、生产劳动紧密相结合的基地而奋斗。"5 月，李达主持召开以讨论教学工作为中心内容的校务委员会扩大会议，并就教学中几个原则问题做了重要讲话。他说：要贯彻党的教育方针，在教学与科研、生产劳动的结合中，教学是中心，应把进一

---

① 《李达全集》第 18 卷，人民出版社 2016 年版，第 267—268 页。

步提高教学质量经常放在首要地位；建设社会主义和共产主义的伟大任务，需要我们具有高度的科学理论水平，我们应该向科学理论的高峰跃进；在师生结合方面，教师起主导作用，提高教学质量，提高学校的科学水平，都有待于教师们的努力，因此教师也要认真读书，这就要求保证教师有充分的读书时间，减少一些不必要的活动。李达意味深长地说，就是我们的专家、教授，也还要进一步钻研科学理论，进一步知识化。他号召教师们发狠攻读，刻苦钻研，向科学理论高峰迈进。他认为，高等学校如果没有很高的学术水平，不培养出全面发展的高素质的人才，那么这个学校的政治方向也是空的。李达很重视学生的学习质量，在几次校务委员会和系主任会议上他都反复强调："教师要对学生提出严格的要求，务使学生在校学习期间，养成一丝不苟，严肃认真的科学态度"；"要加强外国语文（英语、日语、德语、法语、俄语）的教学，要注意对学生学习方法的正确指导"；"要为国家培养和输送真正合乎规格的大学毕业生"；"文科学生没有时间读书不行，要多读点书，多想点问题"。

1961年，中央颁布了"高教六十条"，李达衷心拥护，并带领全校师生坚决贯彻执行。他在党委常委扩大会上明确指出："教育革命把教学计划打得稀烂，把基本理论、基础课搞得四分五裂，教学质量降低了，教学秩序，国家的许多制度打乱了，使党领导的学校成为无政府、无组织，师生关系、青老关系、党群关系恶化到了无以复加的程度。"李达大声疾呼恢复教学秩序，立即纠正由助教担任教研室主任和系主任的荒唐做法，"规定非讲师以上人员不能担任教研室主任以上干部"，要求各系系主任主持教学，总支书记不能总揽教学行政大权，"要恢复反右以来的各项规章制度"，"要重视基础课，要由有经验的教师担任基础课。"对于1958年"教育革命"中的"左"的做法，李达总是挺身而出，坚决抵制，一派正义，不怕打击，坚持不懈地进行斗争。

1962年以后，随着教学秩序和教学制度的恢复，李达指出，现在"我们学校的主要矛盾是提高教学质量与师资水平不相适应的矛盾"，培养和提高师资是当务之急，是学校能否办好的关键。李达多次召开校务委员会和系主任会议，研究师资问题。他反复强调，师资提高是基本问题。他殷切希望各系青年教师中有培养前途的，要普遍创造条件培养，不断通过教学实践和学术活动，大力提高师资水平，迅速形成一支强大的又红又专的工人阶级知识分子队伍。他"希望三至五年内，八至十年内，涌现一批名教授"，在学术界出现几个有地位的专家、学者，把中青年骨干充实起来。李达非常关切地说："武汉大学在国家大学中占第几位，我很注重这事，有人说我们是第五位。要努力迎头赶上去。"又说："我设想十年以后，武大水平线以上教员数以百计，然后赶上国际水平，应当向这方面走。"① 这些讲话，在"文化大革命"中曾被当作"恶毒攻击教育革命""疯狂推行刘少奇反革命修正主义教育路线"的"罪证"而横加批判。可是，我们今天读它却倍感亲切。这对于我们汲取历史教训，彻底肃清教育工作中"左"倾错误的影响，把重点大学办成教学和科研中心仍然很有教益。

1963 年 11 月 15 日，李达在《贯彻党的教育方针，办好社会主义大学》的报告中，从哲学的高度，更加深刻地总结了办学的基本经验。

李达从办学的实践中体会到：毛泽东教育思想是以能动的反映论为基础，强调认识的能动作用，强调理论一旦为群众所掌握，就会成为改造主观世界和改造客观世界的巨大力量。有了这种体会，使我们深刻认识到教育者必须先受教育，只有掌握马克思列宁主义、毛泽东思想的真理，认真改造自己的主观世界，才能很好地为培养社会主义建设人才服务，为建设社会主义祖国做出应有的贡献。

李达从高等教育体系的改革实践中，深深地感到，走过了迂回曲折的道路。他说：从最初的课程改革到 1958 年的"教育革命"，我们由实践到认

---

① 《李达文集》第 4 卷，人民出版社 1988 年版，第 724、728、725、726、748 页。

识，由认识到实践，经过多次的反复。党的教育方针是完全正确的，我们的发展方向也是完全正确的，但是，要把正确的方针政策变成我们自己的认识，也需要经过反复的实践。在实践过程中，我们往往以为自己的认识已经能够正确反映客观的规律，可是，每当根据已有的认识制订成计划、方案、办法，用来指导工作付诸实行的时候，却常常发现还不能完全达到预期的目的。这是由于我们对党的方针政策的精神实质领会不深，对客观存在的具体情况缺乏深刻的了解，因此，曾经以为正确的某些认识，就不能在实践中得到验证，也不能真正发挥指导实践的作用。1960 年以来，我们总结了教育革命的经验教训，进一步明确了如何调整教学与生产劳动的关系，教学与社会活动的关系，教学与科学研究的关系等，从而更好地贯彻以教学为主的原则，建立了稳定的教学秩序。这样就发扬了执行教育方针的主要的正确的经验，克服了实际工作中的缺点，按照高等学校工作条例所规定的目的要求和步骤措施，继续前进。我们在反复实践中提高了认识，积累了比较丰富的经验，我们的高等教育事业也就一年比一年取得比较多的成绩。

自从贯彻"高教六十条"以来，学校已经具有一套比较完整的教学计划、教学组织、教学方法。全校各系的课程，绝大部分已经编写或采用了新的教学大纲、教材或讲义。全校的教学设备和基本建设也有了成倍地增加。李达说，我们所以能够在短时期内获得这样巨大的成就，是由于党中央和省委的亲切关怀和正确领导，全校师生员工团结一致，共同努力的结果。

李达高兴地指出："现在，情况比较明了，方向比较对头，只要我们保持谦虚谨慎的态度，从实际出发，兢兢业业地贯彻党的教育方针和知识分子政策，就有可能在不太长的时期内，把我校建设成为一所具有先进的教学质量和科学水平的大学。"① 我们今后的中心任务是，努力提高教学质量和学术水平，为科学文化的现代化做出应有的贡献。

---

① 李达：《贯彻党的教育方针，办好社会主义大学》（1963 年 11 月 15 日）。

李达最后指出，教学内容必须以马克思列宁主义、毛泽东思想为指导，反映最新的教学成就。在教学中要贯彻理论联系实际、因材施教等原则，力求少而精、学到手，注意培养学生的独立思考和独立工作的能力，使他们很好地掌握专业知识，能够精通和应用，成为具有更高质量的社会主义建设人才。还要积极开展科学研究，培养出一支具有先进水平的马克思列宁主义政治理论队伍和科学技术队伍。在高等学校开展科学研究，重视科学实验和社会调查，是提高教学质量、提高学术水平的重要途径。为了达到先进的科学水平，必须充分发挥老年教师的专长，鼓励青年教师刻苦钻研，共同向科学进军。理科应当结合专业特点和国家需要，一面加强基本理论的研究，一面联系当前生产实际和社会主义建设中的重大科学技术问题，进行研究。文科要加强马克思列宁主义、毛泽东思想的学习，加强劳动锻炼，积极参加学术思想斗争，同时要努力运用马克思列宁主义、毛泽东思想的基本原理，研究总结我国革命和建设的丰富经验，研究世界人民革命的新经验，整理我国文化遗产和吸收世界文化遗产。我们要争取在较短时期内培养出一批又红又专的教师和科学家。

这是李达主政武大的基本经验的深刻总结，包括办学指导思想、高等教育体系的改革、教学质量的提高、科学研究的开展和知识分子政策的落实诸方面的经验。这些经验集中到一点，就是贯彻党的教育方针，办好社会主义大学。这是经验之谈，又富于哲理，因此，它并不在于总结过去，而是为了更好地指导未来，至今仍然有着重要的指导意义。

注重科学研究

对于科学研究，李达历来十分重视。他认为，高等学校，特别是国家重点大学，既是教学机构，又是科研机构。教学工作与研究工作是相互作用、相互提高的。所以，学校除了搞好教学之外，还必须大力开展科学研究。

为了推动科学研究，提高教学质量和学术水平，1955 年，李达决定正式出版发行《武汉大学人文科学学报》和《武汉大学自然科学学报》，并成立了学报编辑委员会，他亲自兼任编委会主任。1956 年党中央发出向科学进军的伟大号召，李达积极带头响应，主持制订了武汉大学十二年规划草案，并在这年 6 月，举行全校首届科学讨论会。此后，科学讨论会又多次举行过。提交讨论的科学论文的数量和质量，如同芝麻开花节节高，每次都有提高。特别是 1963 年举行的第四届科学讨论会，更是全校科学成果的大检阅，那次提交讨论的科学论文以及展出的科学著作之多，在武大校史上是空前的。

为了组织领导好全校的科学研究工作，李达总是大力宣传和贯彻百家争鸣的学术方针。他在首届科学讨论会的开幕词中发表了"谈百家争鸣"的专题讲话，这篇讲话正式发表在 1956 年 6 月 13 日的《长江日报》上。

李达指出："党所提倡的'百家争鸣'的方针，是我们开展科学研究必须遵循的指导原则。"并且"深信这个方针必将成为推动我国科学迅速发展的巨大动力"[①]。党一向认为如果没有不同意见的争论，没有批评与自我批评，任何科学都是不可能发展、不可能进步的。可是，过去几年来，我们的科学机构的领导人和科学界对这个极端重要的原则领会得很差，因而自由讨论的空气在我们的科学界还没有形成，独立钻研、大胆创造的精神显得非常不够。

李达进一步举例批评说，比如，在学习苏联方面，有些人是采取教条主义的生搬硬套的方法来学习的。他们错误地以为只有把苏联科学技术中的一切原理一丝不改地硬套到中国来，才算是老老实实地全面系统

① 《李达文集》第 4 卷，人民出版社 1988 年版，第 517 页。

学习了苏联；如果根据我国的实际情况对苏联科学技术中的某些原理作了修改或补充，那就是学习得不够老实，不够全面系统。又比如，在学习英美和其他资本主义国家的科学技术成就方面，过去有些人的态度基本上也是不正确的。仿佛不论什么科学技术，只要沾上了美国或英国两个字，就是唯心主义的东西，就是资产阶级的东西，就要不得。对于资本主义国家在自然科学和技术方面的成就，往往是武断地一概否定，或者干脆不闻不问。

我们的社会科学家在这方面的情形是不是有所不同呢？李达认为这也难说。因为我们的书呆子气还重得很。就我们的报刊杂志上发表的某些论文冷静地分析一下就会发现，这些论文中的相当大的一部分，都不过是经典作家和伟大人物的论点的复述：有的是直接的引用，有的是变相的引用。如果把一篇论文中带引号的引文和不带引号的引文统统去掉，剩下来的东西恐怕就很少了。在这种情况下，作者不是在写论文，而是在编论文，就是把经典作家的论点加以组合，编成一篇在逻辑上语法上没有毛病的东西罢了。指靠这样的论文去推进科学，是要失望的。我们也可以看见这样的科学工作者或教育工作者，他们非常熟悉马克思列宁主义经典作家关于某个问题的言论，能够熟练地以种种形式加以复述。可是如果谈到运用这些言论中的原理去解决我国当前的实际问题，那就无能为力了；至于谈到从大量实际材料的分析研究中得出有独创见解的结论，那就很少很少了。

通过上述具体分析，李达得出的科学结论是："不言而喻，这种缺乏探索精神的、缺乏独立见解的、足以窒息生机的教条主义态度，是与生气勃勃的马克思列宁主义的精神是根本抵触的。""由此可见，党所提出的'百家争鸣'的方针，具有多么重大的意义！"[①]

李达还指出，在科学上之所以一定要有自由讨论，并且一定要"争"，

---

① 《李达文集》第 4 卷，人民出版社 1988 年版，第 519 页。

"这是由科学本身的特点所决定的。在马克思列宁主义看来，科学，也和人类的一般认识一样，决不是个别伟大人物独建的奇勋，而是实践着和思考着的全人类的集体创作。"① 不管多么聪明的人物，若不批判地接受前人的思想成果，若不与同时代的人们进行思想上的交流和切磋，他就不能获得起码的科学知识，更不用说在科学上有所建树了。在科学上是绝对不能容许任何的特权和偶像的。在争论中必须强调坚持真理。坚持真理是科学家的宝贵品质。不过坚持真理必须与修正错误结合起来，这是一件事情的两面。唯有勇于坚持真理的人，才能勇于承认错误。

李达最后指出："只要是真正科学的东西，不论它来自何方，都可以兼收并蓄，用来提高我们的科学水平，为社会主义事业服务。"②

李达的上述观点，与毛泽东的论断是完全吻合的。毛泽东提出，在中华人民共和国宪法之内，各种学术思想，正确的、错误的，让他们去说，不去干涉他们。他甚至还表示过，即使对他写的著作，对任何领导人的学术思想如有不同的意见，"都可以谈论"，"不应加以禁止"。如果企图禁止，"那是完全错误的。"③ 李达同毛泽东一样，他们的论断都是建立在"真理面前人人平等"的原则和基础之上的。表现了一个马克思主义者无私无畏、坚持真理修正错误的革命精神和科学态度。

正因为如此，李达在谈做学问时，总是始终坚持"百家争鸣"的方针，他甚至讲过这种话："我们在政治上绝对服从毛主席的领导，但是在学术上，我们同样可以跟毛主席争论。"④ 这些话，在当时是没有哪个敢说的。这些话，李达却敢讲，并且亲自实践过。在不少问题上，他与毛泽东讨论，甚至还有争论，而毛泽东也非常尊重他。

① 《李达文集》第4卷，人民出版社1988年版，第519页。
② 《李达文集》第4卷，人民出版社1988年版，第522页。
③ 转引自《党的文献》1988年第6期。
④ 《无限感佩话李达》，《纪念李达诞辰一百周年》，湖南出版社1991年版。

上引的这段话，是否不尊重毛泽东呢？绝对不是这样。李达向来是尊重毛泽东的。他多次说："党在革命斗争中，终于找到了把马克思列宁主义的理论同中国革命的具体实践完全恰当地统一起来的最伟大的代表，这个最伟大的代表，就是毛泽东同志。""毛泽东同志和党的其他领袖们，都是马克思列宁主义的哲学社会科学的巨匠，他们在创造性地运用、宣传和发展马克思列宁主义的哲学社会科学理论上作出了杰出贡献。"[1]他还说，毛泽东思想是马克思列宁主义的普遍真理和中国革命的具体实践相结合的产物，"是中国民族智慧的最高表现和理论上的最高概括"。[2]由此可见，他对毛泽东向来是敬重的，对毛泽东思想是信奉的。

1959年，李达在《理论战线》第5期发表了题为《积极发展哲学社会科学的理论研究工作》的署名文章。作者联系研究中所存在的三种倾向问题，明确指出："毋庸讳言，过去我们做哲学社会科学理论工作的人是有浓厚的教条主义倾向的，我们的工作成绩离开党对我们的要求，离开革命建设的实践对我们的要求，都差得很远。"尽管近年来，那种重理论、轻实践的错误倾向已经基本上被扭转了过来，"但是，与此同时，在一部分同志中间又产生了一种重实际、轻理论的倾向。他们认为'实际就是理论'，'读书越多就容易犯教条主义'。有些青年同志们甚至把马克思列宁主义的经典著作看成'空洞的理论'，不愿意刻苦钻研。这实在是对于反对教条主义的误解。反对教条主义决不是反对学习理论，决不是反对读书。……我们党过去、现在和将来都坚持反对教条主义。但是学习理论，认真读书，却完全是另外一回事"。"另外也有些同志因为害怕妨碍读书，主张今后不要再提反对教条主义。我以为这是不妥当的。……反对教条主义的任务，无论现在或将来，都是不能取消的。书必须读，教条主义也必须反。我们不是无条件地提倡读书，而是在理论联系实际的前提下提

---

① 《李达文集》第4卷，人民出版社1988年版，第713、714页。
② 《刘少奇选集》（上卷），人民出版社1985年版，第335页。

倡读书。"李达的结论是："我们既不能因为反对教条主义而忽视钻研理论，也不能因为提倡钻研理论而忽视反对教条主义。"①像李达这些议论，并不是无的放矢，而完全是切中时弊的。如果联系1958年的"教育革命"和1959年的反右倾给学术研究带来的严重后果，更能体会到李达的批评是多么地切合当时高校和社科研究机构的实际，又是何等的深刻！

"高教六十条"实行以后，各方面的情况都有了调整，知识分子政策获得落实，学术空气开始好转，面对这种情况，李达继续重申："高等学校必须开展科学研究，重视科学实验和社会调查。开展科学研究，又必须坚决贯彻百花齐放、百家争鸣的方针，划清学术问题与政治问题的界限。学术问题和政治问题既有联系，又有区别。只要不违反六条政治标准，都应当作学术问题看待。学术问题必须采取自由讨论的方式，容许坚持和保留不同的意见，不能要求服从多数，只能要求服从真理。贯彻'双百'方针的目的，主要是促进科学发展。"②

李达是学风正、造诣深、声望高的著名专家、学者，但非常谦虚。他同助手、教师乃至学生讨论问题，总是采取平易近人的态度，坚持在真理面前人人平等。他有时和大家进行激烈的争论，可以争得面红耳赤，没有任何不屑于与青年讨论问题的样子。哲学史教研室的同志曾和李达在封建社会分期问题上发生过争论。李达主张西周封建说，他们却主张战国封建说，各不相让。但是争论过后，李达毫不介意，并不强求别人接受他的观点。这种态度充分体现了平等待人、百家争鸣的精神。

李达虽然是校长，校务繁重，但他始终认为自己是教授，应该积极带头培养研究生、培养高质量的人才。

李达从社会主义事业的长远利益出发，指出："科学上没有长足进步，建设社会主义、共产主义不可能。"他要求"各位系主任，拿出六分之四

---

① 《李达文集》第4卷，人民出版社1988年版，第715、716、717页。
② 李达：《贯彻党的教育方针，办好社会主义大学》（1963年11月15日）。

的时间带个头，向学术方面进军"①。

李达一生著作等身，影响和培养了一代又一代的学者，而这些著作是他一生的心血，是他一丝不苟严谨治学、辛勤耕耘的结果。李达自己学风踏实、严谨、实事求是，对助手和别人也要求严格。他反对人云亦云，因循苟且，要求要有自己的看法，自己的创见。有一次，他的一位助手写了一篇文章给他看，他看后觉得没有什么新意，便批了几个字："唯陈言之务去"，要求这位助手重写，使这位同志受了一次深刻的严谨治学的学风教育。李达也要求所有的哲学社会科学工作者，应当提倡和鼓励在独立思考、刻苦钻研的基础上大胆发表自己的意见。不要害怕犯错误而不敢从事独立的、创造性的研究，只要学风严谨，不人云亦云，敢于独立思考，善于创造性的劳动，即使有缺点错误，也是可取的。坚持真理，修正错误就应该成为座右铭。

李达是学校科学研究的组织者和领导者，也是模范的践行者。新中国成立后，他撰写并出版了近百万字的论著。20 世纪 60 年代初，李达写信鼓励吕振羽教授"约集几位同志写一本《周代社会制度研究》，科学地解决古代史分期问题"。②他还准备在此书写成之日，写一篇读后记。当时，尽管身患多种疾病，李达仍以"继续在理论战线上发挥一个老兵的作用"自勉。他还亲自组建毛泽东思想研究室，积极开展对毛泽东哲学思想的研究，并为此做出了卓越的贡献。

李达在担任武汉大学校长期间，还负责湖北社会科学联合会的工作。1957 年下半年筹建科学院武汉分院时，李达兼任筹委会主任委员，哲学社会科学研究所所长，《理论战线》编委会召集人。李达对《理论战线》管得很细，从选稿计划到每期的内容安排，到拟发的稿件和目录、清样，都要过目。虽然他很少提出具体意见，也从不在纸面上批语，但所有这些他

---

① 《李达文集》第 4 卷，人民出版社 1988 年版，第 725 页。
② 《李达给吕振羽的信》，《文献》1980 年第 4 辑，1960 年 12 月 28 日。

都看过。当时李达已经快 70 岁了，身体羸弱，患有多种疾病，他经常流露出一种紧迫的责任感，他一心想在自己有生之年在理论上做出更多的贡献。从 1958 年到 1959 年，李达在助手的帮助下，在《理论战线》分 15 次发表"历史唯物主义讲座"八章，还发表了其他文章。李达的文稿，送到编辑部前，一般都是打印好了的。清清楚楚，干干净净，很少有涂改的痕迹。打印之后又需要作修改或补充的，他都另外写好贴在打印稿上。他的手颤抖，钢笔底下的笔画有些弯曲，但却工工整整，毫不马虎。他的引文准确无误，都是认真查对过的。

李达的著述，文笔隽永，通畅练达，词义明晰，结构严谨，他是一个随时代前进步伐而同步前进的马克思主义理论战士。

《理论战线》是在反右派的基础上创办的，当时正处在"左"的恶性膨胀的时期，在这种特殊的历史条件下，李达的言论中自然也有"左"的影子。但是，他在基本理论观点上从不动摇。他没有因为"左"的影响而改变某一理论的基本观点，去迎合现实的需要。1958 年上半年，在"大跃进"的声浪中，有人片面鼓吹"不计报酬"的"共产主义劳动态度"，因而贬低社会主义按劳分配原则，说它体现着资产阶级法权，必须加以限制。针对这种论调，有人写了一篇《"按劳分配"的历史使命是否已经完结》的文章，从理论上维护按劳分配的原则，准备在《理论战线》上发表，有些人认为这篇文章不宜发表，李达指出："讲按劳分配为什么不对？社会主义不讲按劳分配，讲按需分配？"坚持在《理论战线》上发表了这篇文章。李达还对当时哲学社会科学研究所缺乏正常的工作秩序和相对安定的工作环境深表不安，在力所能及的范围内，使研究所的工作正常进行。现在的湖北省社会科学院，就是在他主持的原哲学社会科学研究所的基础上扩建后创办的。

重视和爱惜人才

作为一个教育家，作为一个重点大学的校长，不重视人才、不爱惜人才，就是不称职，就不能办好大学。李达是十分重视人才的。在武大工作期间，他就经常讲，一个学校，一个系办得好不好的一个标志就是看有没有一批知名的教授、学者。又说，大学是最高学府，教师要有最高学术水平才行；教师的教学水平和科学水平，是反映学校的重要标志之一，是出成品、出人才的最基本条件。世界上许多著名的学派和学术中心的经验，都证明了这一点。他深感人才可贵和来之不易。为此，李达含辛茹苦，呕心沥血，不知操劳了多少个日日夜夜。

这里有一个最具典型的例子。当年曾昭抡教授是著名的化学家、科学院学部委员、高等教育部副部长，他被错划为右派之后，别人都不敢用他，李达知道了这一消息之后，便大胆地聘请曾昭抡教授来武汉大学任教。这在当时，是要有胆略和远大的战略眼光才能办成的。而这种胆略和战略眼光当然首先来自他的为了办好高等教育事业的爱才之心。曾昭抡教授是戴着"右派帽子"来武汉大学任教的。他来之后，担任化学系元素有机教研室主任，并首先倡导创办元素有机新专业，招收研究生，给青年教师开提高课，还主持编写《元素有机化学》丛书。曾先生言传身教，辛勤耕耘，以实际行动改变了武大化学系沉闷的空气，一大批中青年学术骨干脱颖而出，硕果累累，名声大振，至今在化学系还留下了极深的影响。这无疑与曾先生的辛勤耕耘分不开，但又与李达慧眼识才、爱才、不拘一格用才的思想有重大的关系。

李达确实十分爱惜人才，并且到处招贤纳士。哲学系一批著名教授像萧萐父、陈修斋等就是他从北京大学聘请来的。李达每次去北京，都亲自登门拜访已调来武大或由武大派往北京进修的教师。或者挨家挨户去拜访，或者派车接来，在他自己的寓所相聚畅谈。陈修斋清楚地记得，李达当时带着病痛到他家中拜访，和他交谈自己重办武大哲学系的意义和打算，并表示了邀请他回武大一道办好哲学系的诚意，使陈感动不已。李德永教授原是天津的一个中学教员，李达听说他擅长哲学史，就把他调到武大哲学系来。这位教师全家都在天津，爱人又是家庭主妇。李达了解到这个情况后，主动把路费寄到天津，帮助李德永连家带眷一起搬迁到武大。有位老师的爱人在人民大学学习，武大有关部门准备与校外中学联系，打算安排到校外，李达知道后说，何必要别人去跑呢？他亲自过问，把这位老师的爱人调来武大。

刘纲纪教授和雍涛教授，也是在李达的关心下成才的。刘纲纪从北大分到武大，本来是做李达的研究生的，当这位同志提出自己的志趣是在搞美学时，李达非但不以为怪，还非常支持，叫秘书写介绍信，让他到北大进修，充分发挥个人的志趣和专长。以后，他便成为我国美学领域有影响的学科带头人。雍涛教授，原是读经济学的，提前毕业后被分配到化学系做团总支书记。1958 年，他在武大校刊上发表了几篇学习辩证法的短文章，李达看到后，认为他很有培养前途，就把他调入哲学系，后来又派他到人民大学进修，到了 20 世纪八九十年代，他已成为研究毛泽东哲学思想的知名专家了。

对于学有专长的老教授，李达非常尊重，经常找他们促膝谈心，征求他们对办学的意见，政治上充分信任，生活上多方照顾，工作上努力创造条件，帮助配备助手，使每位老教授的专长都能得到充分发挥。当时即使是全国全省大名鼎鼎的所谓"右派"，李达也一视同仁，有时还把他们请到家里谈心。这些同志背着"右派分子"的沉重包袱，思想苦闷，工作不大胆，说话更是小心翼翼。李达开导他们说，什么右派不右派，不过是鸣放时说错了几句话。鼓励他们放下包袱，好好工作。1961 年学校进行人事调整时，这些所谓"右派"同其他老教授一样得到了妥善安排。有的被安置在校务委员会或系、教研室、研究室等重要岗位上，有的甚至还被安排到社会团体里担任重要职务。

李达这种重视人才、爱惜人才的精神始终贯彻在他的教育实践中。

李达深入群众，民主办学，为人处事以身作则，严于律己，宽以待人。每逢学校工作要做决定时，他不仅找几个副校长谈，而且广泛征求有关教师和干部的意见。任命系主任亦是如此。他要求教授承担什么任务，不是先下通知或者打电话，而是专门访问，当面商量，而后布置工作。教师生病，常去探望；教师家属的调动，也常过问。教师去他家汇报工作，反映情况，谈完后都要亲自送出大门。学生登门拜访，立即停下工作接待。每年除夕，当中央广播电台新年报时钟声响过之后，李达通过学校广播电台致新年祝词，向全校师生员工致以亲切的祝贺和慰问。春节期间，他也常访问有名望的教授、专家、学者，致以祝贺和慰问。

李达是坚持按马克思主义原则办大学的。他对教育战线上的那些违背马克思主义的做法不仅有很强的辨别力，而且有坚决抵制的勇气。他来武大之前，在中南局开会时听到介绍武大三反五反、思想改造运动的"经验"，就感到这样搞是要出问题的。他到武大后，采取了一些措施，纠正错误，包括登门拜访受了委屈和冤枉的教师。对于1958年的"教育革命"，他是坚决反对的。在党的会议上尖锐批评了那些错误；后来又花了很大的气力去纠正那些错误，坚决贯彻高教六十条，使学校走上了正轨。就在1961年，他提出了武大要在十年之内赶上国内先进水平，进而向国际先进水平迈进的奋斗目标。

李达衣着朴素，平易近人，毫无旧大学校长那种高高在上的官架子，因而赢得了全校师生员工的尊敬和爱戴，大家都亲切地尊称他为"老校长"。

李达在武汉大学主持校政13年。他有一套完整的教育思想，是我国享有盛誉的马克思主义教育家，是建设社会主义精神文明的巨匠，是当代真正的灵魂工程师。他坚持按教育规律办学，实事求是，一切从实际出发；坚持马克思主义的理论教育和思想政治工作，按社会主义方向办学；坚决贯彻党的教育方针，全面提高教育质量；注重科学研究，提倡百家争鸣；爱才惜才，视人才如珍宝；非常注重武大在国家重点大学中的地位，提出要迎头赶上国际先进水平。这些宝贵的办学思想，为后继者们提供了典范。李达在长期的教育实践中，培养了成千成万的学者名流，确是名副其实的"桃李满天下，人材遍域中"。李达不仅在武汉大学校史上占有极其重要的地位，而且在中国现代教育史上也是彪炳史册的。他为发展社会主义的高等教育，建树了不可磨灭的功绩。

李
达

宣传和阐述毛泽东哲学思想

《〈实践论〉解说》和《〈矛盾论〉解说》

新中国成立后，李达在担任高等教育行政领导工作的同时，身兼多职，参加各种社会政治和学术活动。尽管任务非常繁重，他还是不知疲倦地继续从事学术研究，特别是致力于马列主义理论和毛泽东哲学思想的研究。

李达向来崇敬毛泽东。他把认真学习、积极探索和宣传毛泽东哲学思想当作自己的光荣职责。

1950 年 12 月，毛泽东的《实践论》重新发表。李达立即以极大的政治热情研究和宣传这篇名著。在短短几个月内，他就撰写出《〈实践论〉——毛泽东思想的一个基础》《怎样学习〈实践论〉？》《〈实践论〉学习提纲》等重要文章，深入浅出地阐明《实践论》的基本观点，从毛泽东思想的哲学基础论述了《实践论》的重大意义，着重指出，《实践论》是无产阶级实践的哲学，《实践论》论证了实践是真理的唯一标准，《实践论》发展了马克思主义的认识论，《实践论》是革命行动的指针。紧接着李达又撰写了《〈实践论〉解说》一书，并亲自作学习《实践论》的辅导报告。

1952 年 4 月，毛泽东的《矛盾论》重新发表，李达又以饱满的热情从事《〈矛盾论〉解说》的写作，并相继发表《〈矛盾论〉——革命行动和科学研究的指南》《怎样学习〈矛盾论〉？》等文章。李达认为，《矛盾论》首先是革命行动的指南，同时也是科学研究的指南。关于怎样学习《矛盾论》的问题，他认为，第一，要联系《实践论》来学习《矛盾论》；第二，端正立场和处理问题的态度；第三，具体的分析和综合；第四，处理好链与环的关系，抓住中心环节；第五，不仅要学习《矛盾论》的原文，而且要学习其他有关的知识。

《实践论》和《矛盾论》是毛泽东哲学思想的代表作，是毛泽东思想的哲学基础。这两篇哲学名著，从理论上总结了中国革命的实践经验，并丰富和发展了马克思主义认识论和辩证法。因此认真研究、积极宣传这两篇哲学著作，对于武装全党和全国人民的思想行动，具有深远的意义。

《毛泽东选集》第一卷发行前夕，李达以最大的热情从事《〈实践论〉解说》的写作。他勤奋钻研，力求深入浅出、准确无误地表达原著，常常工作到深夜。《〈实践论〉解说》刚刚写完，《毛泽东选集》第一卷正式发行了。李达在认真学习、宣传《毛泽东选集》的同时，把一切可能用的时间和精力都用来从事《〈矛盾论〉解说》的写作上。那时他胃溃疡严重，只能少吃多餐，每隔一两个小时吃几片饼干，喝点开水或者就吃点流汁；白天要主持行政工作，只能早起晚睡，在清晨和深夜抱病加班；有时痛得直冒冷汗，也未停止思考和写作。

李达的《〈实践论〉解说》和《〈矛盾论〉解说》是 20 世纪 50 年代中国哲学界研究毛泽东哲学思想的主要成果。它是在毛泽东的亲切关怀与指导下写成的。写作《〈实践论〉解说》时，为了解说得更准确、更精粹，李达每写完一部分，就寄请毛泽东审阅修改。毛泽东收到后，立即审读并亲笔修改。凡书稿中写有"毛主席"三个字的，他都通通圈掉，一律改为"毛泽东同志"。他在回信中写道"第二部分中论帝国主义和教条主义经验主义的那两页上有一点小的修改"，主要有这样几点：（一）在《解说》中谈到中国人民对列强作排外主义的自发斗争的地方，加写了这样一句话："中国人民那时还不知道应当把外国的政府和人民、资本家和工人、地主和农民加以区别，我们应当反对侵略中国的外国地主资本家和政府官员，他们是帝国主义者，而在宣传上争取外国的人民，并不是一切外国人都是坏人，都要排斥。"（二）在《解说》中谈到孙中山当年所倡导的民族主义完全以清政府为对象，从未提起过反对帝国主义的地方，加写了这样一句话："虽然辛亥革命实际上起了反对帝国主义的作用，因为推翻了帝国主义的走狗——清政府，当然就带着反帝的作用，因而引起了帝国主义对于辛亥革命的不满，不帮助孙中山而帮助袁世凯；但是当时的革命党人的主观上并没有认识这一点。"（三）《解说》中谈到"唯物论的'唯理论'是今日教条主义的来源，唯物论的'经验论'是今日经验主义的来源。"毛泽东把这句话修改为"唯物论的'唯理论'与今日教条主义相象，唯物论的'经验论'则与今日经验主义相象。"①

《〈实践论〉解说》原稿中关于对帝国主义认识一段话，没有对中国人民曾经有过的排外主义认识作出概括，也没有对辛亥革命实际上起了反帝作用这一点作出评价。毛泽东在这两处所作的修改，使论述更深入和完善了。李达非常重视毛泽东对《解说》的指导和修改。在出版《解说》单行本时，加进了毛泽东修改的内容。但是李达并没有拘泥于毛泽东修改后的词句，按照毛泽东的意见，作了一番斟酌，对毛泽东修改的两段话，又作了个别的修改。

在《解说》中，李达同样并不拘泥于毛泽东的个别词句、个别观点，而力求比较全面、准确地去阐述毛泽东思想。毛泽东原来在《实践论》中写道：中国人民对于帝国主义的认识，"第一阶段是表面的感性的认识的阶段，表现在太平天国运动和义和团运动等笼统的排外主义的斗争上。"李达在解说这一段话时，没有拘泥于毛泽东把太平天国革命列入排外主义的判断，而是采取了实事求是的态度，只把义和团运动算排外主义。毛泽东在修改李达的《解说》时，肯定了他不把太平天国运动列入排外主义的观点，1951年3月27日给李达复信时，特别注明："实践论中将太平天国放在排外主义一起说不妥，出选集时拟加修改，此处暂仍照原。"

《毛泽东选集》第一卷出版时，《实践论》中将太平天国放在排外主义一起说的那句话，尚未按毛泽东在这里表示的意见修改。1991年《毛泽东选集》第二版出版时，编者在《实践论》中的这句话后面加了一个注，把

---

① 《毛泽东书信选集》，人民出版社1983年版，第408页。

毛泽东 1951 年 3 月 27 日致李达信中提出的"拟加修改"的意见引了出来。

李达的这部《解说》，得到了毛泽东的高度评价，他在 1951 年 3 月 27 日致信李达说："这个《解说》极好，对于用通俗的言语宣传唯物论有很大的作用。"并说："关于辩证唯物论的通俗宣传，过去做得太少，而这是广大工作干部和青年学生的迫切需要，希望你多写些文章。"① 在撰写《〈矛盾论〉解说》时，毛泽东也写信给李达提了具体意见。

两本《解说》不是纯粹的诠释性读物，而是站在马克思主义的高度，对毛泽东哲学思想进行独立研究和创造性写作的结果。它不仅做到了深入浅出、通俗易懂，而且准确深刻，富有特色。

比如，在分析"实践是真理的标准"这一基本观点时，李达着重解说了实践和理论的辩证关系，指出："辩证唯物论的认识论，是建筑在社会实践的基础之上的。它认为实践是认识的出发点和源泉，是认识的真理性的标准。人若是离开了实践，就不能得到任何一点的知识。所以实践对于认识，占据第一位。凡属否认实践的重要性，使认识离开实践的理论，都是错误的理论，是辩证唯物论所排斥的。""真理的标准，只能是社会实践，此外别无标准。"但又认为，理论与实践，有着不可分离的有机联系，实践是理论的基础，理论是实践的因素，由实践证明为真理的理论，能够组织实践，指导实践。强调："任何理论，必须通过实践，才能完全证明其真理性，才能纠正其不符合于、或不完全符合于变化、发展着的客观世界的缺点或错误。"② 认识之是否真理，不是依主观上觉得如何而定，而是依客观上社会实践的结果如何而定。这对于我们正确处理理论与实践的关系是很有启发的。在这个问题上，我们过去的错误是往往产生片面性，总是强调一个方面而忽视另一个方面。一段时间来，我们反对了教条主义却忽视了对经验主义的批判，许多人对理论不感兴趣，误以为这是少数理论工

① 《毛泽东书信选集》，人民出版社 1983 年版，第 407 页。
② 《李达文集》第 4 卷，人民出版社 1988 年版，第 54、56、99 页。

第十三章·宣传和阐述毛泽东哲学思想

作者的事，妨碍了全党理论水平的提高；而一提倡理论学习，有些人又把马克思主义经典著作和毛泽东著作中某些论点和设想加以教条化，当作不可移易的真理，到处乱套，以致发生错误。由此应当吸取教训，既要反对看重理论而轻视实践的教条主义，又要反对轻视理论而盲目实践的经验主义，力求达到理论与实践的统一。

又比如，在解说认识的运动由感性认识到理性认识的过程时，李达不仅说明了理论与实践的统一和理论对于实践的指导作用，而且说明了毛泽东能够进行中国革命理论创造的特殊才能及其对于马克思主义的伟大贡献。他认为，毛泽东同志在领导革命的斗争中，应用马克思列宁主义的普遍真理，综合百多年来中国革命的经验，结合中国革命的具体实践，形成了中国革命的理论——毛泽东思想。毛泽东思想已经指导我国人民得到了胜利和解放，并将使我国经由社会主义而到达共产主义。毛泽东之所以能够进行革命理论的伟大而艰巨的创造，这是由于他对于无产阶级的事业、人民的事业，具有百折不挠、移山填海的无限忠心。他对于历史、社会有非常丰富的知识；对于领导革命有极其丰富的经验。他善于运用马克思列宁主义的方法，对中国社会和中国革命作精确的科学的分析；他善于集中群众的经验、意志和思想，又应用到群众中去。因此，他能依据历史进程中每个特殊时期和中国具体的经济、政治环境及条件，对于马克思列宁主义作独立的光辉的补充和发挥，并用中国人民通俗语言的形式表达出来，使之适合于新的历史环境和中国的特殊条件，成为中国无产阶级群众与全体劳动人民群众战斗的思想武器。这为我们正确评价毛泽东的历史功绩和毛泽东思想的历史地位提供了榜样。我们必须坚持毛泽东思想的深远的指导作用，反对任何贬低毛泽东思想的错误言行。我们要学习毛泽东对无产阶级的事业、人民的事业的赤胆忠心；学习毛泽东将马克思主义普遍原理同中国具体实践相结合的思想原则，坚持和发展马克思主义；学习毛泽东树立的群众路线，相信群众，依靠群众，从群众中来，到群众中去；学习

李
达

毛泽东的丰富知识，掌握理论，熟悉历史，了解社会。

再比如，在解说绝对真理与相对真理的关系时，李达指出，若把人类对于绝对的总体的宇宙发展过程的认识，叫作绝对真理，那么，人们对于各个具体过程的认识，只能叫作相对真理。绝对真理就是无数相对真理的总和。绝对真理犹如长河，相对真理犹如支流，无数相对真理的支流，汇成为绝对真理的长河。所以"相对真理与绝对真理的关系，是一个辩证法的关系，两者之间并没有不可逾越的界限"。他以人们对"物质"概念的认识为例说，"物质"概念发展的历史，概括了关于客观的物质世界的认识的科学史，至于"分子""原子""电子""原子核"等概念，又是表现着"物质"概念的发展的各个阶段，反映着客观的物质世界各方面的新属性。他进一步指出："分子说、原子说、电子说、原子核论（将来还会有新的发现）等等，虽然都是相对的认识，但每一个新的学说都比较前一学说进到了高一级的程度，它们表现着一步又一步地接近于物质世界的完全的认识，即逐步接近于客观的绝对真理。""上述分子、原子、电子、原子核等学说，都是逐步添加于绝对真理那个总和上的各个真理的颗粒。这即是说，它们是顺次汇入于绝对真理的长河中的各个支流。"[①] 像如此生动具体而深刻地独立表达绝对真理与相对真理的关系是不多见的。

两本《解说》有一个非常突出的特点，即在论述中总是力求讲清毛泽东的论点的理论渊源和实践根据，讲清毛泽东怎样运用马列主义基本原理总结中国革命的丰富经验，从而对这些原理作了"独立的光辉的补充和发挥"。例如，李达在解说《矛盾论》时，开宗明义指出："《矛盾论》是论'事物的矛盾法则'的学说。它是革命行动与科学研究的指导，是认识问题与解决问题的关键。"事物的矛盾法则，即对立统一的法则，"是唯物辩证法的最根本的法则。"唯物辩证法的创始人马克思和恩格斯，"都把这个

---

① 《李达文集》第 4 卷，人民出版社 1988 年版，第 110 页。

法则当作唯物辩证法的中心问题发展了。"列宁在捍卫和发展马克思主义的辩证法时，"把对立统一的法则当作辩证法的本质和核心来了解。"在列宁的著作中，"都充分地'说明和发挥'了辩证法的本质、核心，表明了这对立统一法则是辩证法的最基本的、最重要的、最有决定意义的法则。"并且着重指出，毛泽东师承列宁的遗教，不但根据马克思、恩格斯、列宁、斯大林的文献，研究了世界无产阶级革命的经验，吸收了现代科学上的新成就，充分地、详尽地、明晰地'说明和发挥'了对立统一法则的学说，而且具体地、灵活地、巧妙地应用了这一学说于中国革命问题，建立了中国革命的理论与政策，并用亲身领导人民革命的经验，丰富并发展了这一学说。"《矛盾论》，如同《实践论》一样，正是马克思列宁主义的普遍真理与中国革命的具体实践相结合的宝贵的理论收获。"[①] 这里，李达为我们如何研究毛泽东著作和其他党的领导人物的著作，提供了示范。

在两本《解说》中，李达非常重视毛泽东对马克思主义哲学的发展。他在《〈矛盾论〉——革命行动和科学研究的指南》一文中，阐述毛泽东丰富、发展了马克思主义的辩证法，着重指出，由马克思列宁主义到毛泽东思想，是由一般到特殊，而"毛泽东思想又补充、丰富和发展了马克思列宁主义。"《矛盾论》正是马克思列宁主义的普遍真理与中国革命的具体实践相结合的范本。"[②] 他在《〈实践论〉——毛泽东思想的一个基础》一文中，专门写了一节论述《实践论》怎样丰富、发展了马克思列宁主义认识论。

他首先论述毛泽东发展了列宁关于认识真理、认识客观实在的辩证途径的原理。列宁说过："从生动的直观到抽象思维，并从抽象的思维到实践，这就是认识真理，认识客观实在的辩证的途径。"毛泽东发展了这一原理，把由感觉到思维，和由思维到实践这两个过程，分别地作了透彻的

---

① 《李达文集》第 4 卷，人民出版社 1988 年版，第 95、175、176、177 页。

② 《李达文集》第 4 卷，人民出版社 1988 年版，第 386 页。

说明。指出感觉到思维这个过程中，感觉是认识的低级阶段，思维是认识的高级阶段，前者是感性认识，后者是论理认识或理性认识。在前一阶段只能看到事物的现象、外部联系，在后一阶段，却能认识事物的本质、内部联系。只有从感性认识进到理性认识，人们才能发现事物的规律性，引出论理性认识，人们才能发现事物的规律性，引出论理的结论。所以说："理性认识依赖于感性认识，感性认识有待于发展到理性认识，这就是辩证唯物论的认识论。"①

其次，他论述毛泽东发展了马克思所说的"哲学家们只是用不同的方式解释世界，而问题在于改变世界"的原理。毛泽东主张我们的认识不仅以暴露客观的规律性为满足，而且十分重要的问题是"在于拿了这种对于客观规律性的认识去能动地改造世界"。②

同时，他还论述毛泽东的《实践论》更进一步地发展了列宁"没有革命的理论就不会有革命的运动"的学说，发挥了理论对于实践的重要性，逐一说明理论与实践的统一的问题。"理论由实践发生，仍需回到实践中去，由实践来证明。由实践证明的理论，才能组织实践，推动实践。所以理论与实践两者形成的统一，其统一的基础是实践。"③

此外，他还强调毛泽东对相对真理与绝对真理的关系问题，也作了精辟的论述。

总之，李达反复强调，毛泽东同志的《实践论》，"是马克思列宁主义实践理论的发展，是毛泽东思想的一个基础，是辩证唯物论的基本原理与中国革命的具体实践的结合。它是中国革命行动的理论，是毛泽东的思想方法与工作方法的科学总结"。又说，这是一个极其富有指导意义的革命文献，它是毛泽东同志长期革命经验的科学总结，"在这里综合了马克思

①　《李达文集》第 4 卷，人民出版社 1988 年版，第 35 页。
②　《李达文集》第 4 卷，人民出版社 1988 年版，第 37 页。
③　《李达文集》第 4 卷，人民出版社 1988 年版，第 37 页。

列宁主义哲学的基本理论与中国革命指导原理"①。

1954年12月28日，毛泽东致信李达说："你的文章通俗易懂，这是很好的。在再写文章时，建议对一些哲学基本概念，利用适当的场合，加以说明，使一般干部能够看懂。要利用这个机会，使成百万的不懂哲学的党内外干部懂得一点马克思主义哲学。"②

在通俗宣传马克思主义哲学方面，李达花费了大量精力，没有辜负毛泽东对他的殷切希望。除了写书、写小册子以外，他还积极关心并热情支持报刊上的理论宣传。报刊约他写稿，他从不推辞。经常是亲笔撰写，亲自回信，绝不敷衍了事。他写稿尽量按照报刊的要求，短小、精悍，不搞长篇大论。

《〈实践论〉解说》和《〈矛盾论〉解说》这两本通俗宣传毛泽东哲学思想的名著，自20世纪50年代初出版以来，被翻译成多种文字，人民出版社1979年还出版合编本，深受广大读者的欢迎和好评。它为马克思主义哲学的通俗宣传提供了一个很好的榜样，它是马克思主义哲学大众化的典型范例，也是当年广大干部和群众学习毛泽东哲学著作的良师益友，在推动全国学习毛泽东思想的热潮中起了重大的历史作用。

《谈宪法》

1954年9月15日，中华人民共和国第一届全国人民代表大会在北京召开。会议的重要议程之一，是刘少奇向大会作了《关于中华人民共和国宪法草案的报告》。会议经过热烈的讨论，一致通过了《中华人民共和国

---

① 《李达文集》第4卷，人民出版社1988年版，第30、40页。
② 《毛泽东书信选集》，人民出版社1983年版，第487页。

宪法》。

这部宪法通过以前，在全党和全国刚刚开展《宪法草案》的讨论时，李达就以马克思主义法学家特有的精湛造诣和巨大热情，连续发表了《谈宪法》（中南人民出版社 1954 年版）、《学习宪法，拥护宪法》（1954 年 6 月《新武大》）、《热烈参加宪法草案的讨论》（1954 年 7 月 3 日《长江日报》）和《我国宪法是人民革命成果的保障和为社会主义斗争的旗帜》（1954 年 8 月 2 日《人民日报》）。《中华人民共和国宪法》颁布后，他又立即赶写并发表了《学习中华人民共和国宪法》（1954 年 10 月《新建设》）和《中华人民共和国宪法讲话》（人民出版社 1956 年版）。以上这些论著，阐述了马克思主义法学和法律知识，论述了我国新宪法的意义和基本精神，说明了我国宪法的性质和特点，揭示了考察宪法的方法。

关于考察宪法的方法。李达认为，宪法问题如同列宁所说的国家问题一样，"也是被资产阶级社会科学家、哲学家、政治家和法律家'有意无意地混乱得这样糊涂不堪'。"资产阶级学者关于宪法问题的学说很多，派别也非常复杂，但它们却有一个"共通之点"，即"资产阶级的立场，唯心论的观点与形而上学的方法"。它们都不是从实际出发，而从"观念""假说""理性"等出发，或者从制度和法律出发来说明宪法的原理。它们绝对不涉及社会的经济制度，反而主张经济制度是由"观念""假说""理性"或法律制度创造出来的。它们也绝对不谈阶级对抗，反而主张宪法是超阶级的。"它们的唯一目的，就是要编造一些虚伪的、欺骗的、似是而非的理论，来维护资本主义制度和资产阶级专政。"[①]

与资产阶级学者相反，李达认为："政治、法律等观点和政治、法律等制度所由产生的来源，并不是要到人类头脑中去探求，不是要到'观念'或'理性'中去探求，也不是要到那些观点和制度本身中去探求，而是要

① 《李达文集》第 4 卷，人民出版社 1988 年版，第 404、405 页。

到社会的生活条件中去探求，要到社会在特定的历史时期所采取的生产方式中，即要到社会的经济制度中去探求。"这也就是说，考察宪法问题，必须站在无产阶级立场上，坚持辩证唯物主义和历史唯物主义的观点、方法，彻底划清与资产阶级学者唯心论和形而上学的界限。

关于宪法的本质。李达认为，宪法是社会的上层建筑，是统治阶级意志的表现，也是阶级力量对比关系的表现。他说："宪法是完全具有阶级性的。宪法的阶级性构成宪法的本质。所谓全民宪法或超阶级的宪法，只是资产阶级愚弄无产阶级的胡说。"资产阶级宪法是资产阶级意志的表现，无产阶级宪法是无产阶级和人民大众意志的表现。资产阶级宪法是巩固资本主义所有制，保持剥削制度，保持阶级对抗的；无产阶级宪法是巩固社会主义所有制，消灭剥削制度，消灭阶级对抗的。他进一步指出："资产阶级宪法是随着资本主义基础的消灭而消灭，而社会主义宪法则随社会主义基础的产生而产生。这是历史的规律。"①

宪法与普通法律不同，李达认为，"宪法是国家的根本法律"，它"只规定国家最基本最重要的问题"，如只规定国家制度和社会制度的基本原则、国家机关的组织与活动的原则以及公民的权利和义务，它并不涉及一般的问题。"宪法具有最高的法律效力。"它是日常立法的根据，普通法律的内容必须符合于宪法。此外，宪法的制定和修改的程序，也和普通法律不同。李达还强调指出："宪法虽然是国家的根本法律，但它仍然是一种法律，仍是特定阶级的国家用以统治被统治阶级的工具。"②

关于我国新宪法的性质和特点。李达首先分析对比了两种不同类型的宪法，指出，世界上有两种敌对类型的宪法，即"资本主义类型的宪法与社会主义类型的宪法"。资本主义类型宪法的基础"是资本主义民主制"，它巩固生产资料的资本主义所有制和资产阶级民主，即"资产阶级专政"。社

① 《李达文集》第4卷，人民出版社1988年版，第406、412、410页。
② 《李达文集》第4卷，人民出版社1988年版，第461、462—463页。

会主义类型宪法的基础"是社会主义民主制",它巩固生产资料的社会主义
所有制和无产阶级民主即"无产阶级专政或人民民主专政"。"中华人民共
和国宪法属于社会主义类型。它是以社会主义民主制为基础的宪法。"社
会主义民主不仅是我国新宪法的基础,而且是我国新宪法的基本精神,它
确实是一部真正的人民民主的宪法。接着分析了新宪法属于社会主义类型
的原因,或许有人要问,当时我们的国家还处在由新民主主义到社会主义
的过渡期,还不是社会主义国家,为什么说我们的宪法是社会主义类型的
宪法呢? 李达回答道:"这是因为我们国家是以共产党为代表的工人阶级
所领导的国家,它在过渡时期的总任务,是要建成社会主义。(注:准确
的提法是即在一个相当长的时期内,逐步实现国家的社会主义工业化,并
逐步实现国家对农业、手工业和资本主义工商业的社会主义改造。)我们的
宪法是以实现社会主义的总任务为出发点的,所以它是社会主义类型的宪
法。"[①] 或者说,我国宪法是工人阶级领导的人民革命运动的胜利成果,它巩
固着人民民主专政的政权,反映着社会主义建设和社会主义改造的总路线。

李达认为,《中华人民共和国宪法》是我国历史经验的总结,具体说
来,它是中国人民 100 多年以来英勇斗争的历史经验的总结,是中国近代
关于宪法问题和宪政运动的经验的总结,是新中国成立以来新的历史经验
的总结。它是"全国人民大众共同意愿的表现,它决不是几个法学家在书
斋里写出来的东西"。它贯穿着辩证唯物论的观点,体现着一切从客观实
际出发的辩证唯物主义精神。所以我们学习这部新宪法,"必须结合客观
的革命实际和社会实际,来理解它的根本精神。"我们决不可以从主观的
理想,如资产阶级法学家所说的"最高理想"或"伟大观念"出发,来认
识我们的宪法,也决不可以拿资产阶级的宪法来衡量我们的宪法。李达明
确地提出:"过渡时期社会的一切发展都是辩证的发展,我们的宪法反映

---

① 《李达文集》第 4 卷,人民出版社 1988 年版,第 432、432—433 页。

了过渡时期社会的辩证法，我们必须用辩证的观点来学习这个宪法，才能体会它的基本精神。"为要深入地理解我国的宪法，还必须学习中国革命史、学习党的理论和政策，学习毛泽东同志的著作，才能真正懂得："这个宪法是马克思列宁主义的宪法理论与中国革命的具体实践的结合。"①

关于新宪法的意义。李达认为，我国宪法是全国人民为建设社会主义而斗争的宪法。这部新宪法，巩固了我国人民的革命成果和中华人民共和国成立以来政治上、经济上的新胜利，并且"反映了国家在过渡时期的根本要求和广大人民建设社会主义的共同愿望。这是完全符合中国的历史实际和社会实际的"。我国要建成社会主义社会，具有充分的有利的内外条件。其根本保证"首先是中国共产党的领导以及党所领导的各民主阶级、各民主党派、各人民团体的广泛的统一战线"。李达强调说，这个统一战线在新民主主义革命斗争中，在新中国成立以来的政治的、经济的、社会的改革斗争中，都发生了"巨大的作用"，今后在社会主义建设、社会主义改造和反对国内外敌人的斗争中，"将继续发挥作用"。他还指出，我国在社会主义建设的过程中，"需要一个长期和平的环境来进行经济和文化的建设工作，使我国的生产力和文化水平更高的发展，这是我国人民的共同愿望"②。

关于人民代表大会制及其国家机关的特点。李达认为，人民代表大会制是"最能发挥广大人民的力量进行革命和建设的政权形式，是人民民主专政的最有效的形式"。我国的政体，我们国家的政治基础，是"建筑在民主集中制之上的人民代表大会制"③。

李达还阐明了人民代表大会制的国家机关所具有的下述特点：

一、人民代表大会制度表现着我们国家权力的完整和统一。

① 《李达文集》第 4 卷，人民出版社 1988 年版，第 488、443、443—444、445、445 页。

② 《李达文集》第 4 卷，人民出版社 1988 年版，第 446、447、516 页。

③ 《李达文集》第 4 卷，人民出版社 1988 年版，第 448 页。

二、一切国家机关贯彻着民主集中制，表现着全国的统一领导。它是民主的，又是集中的，在高度民主的基础上的集中，在高度集中领导下的民主。

三、立法工作与行政工作的统一。

四、能发挥批评与自我批评的精神，防止官僚主义，保证人民群众直接地参加国家管理。能够充分发挥人民群众的积极性和创造性。

五、在国家生活中，各民族一律平等。

以上这些特点，"表现着人民代表大会制是社会主义民主制"①。

围绕着我国第一部社会主义类型的宪法，李达所撰述的上述20余万字的论著及其精辟论证，是他对新中国法制建设和法学理论的重要贡献。特别是他的《谈宪法》所阐发的真知灼见，至今对宪法学界具有指导性。李达是我国新法学的奠基人和创始人之一。

对胡适实用主义的揭露和批判

20世纪50年代初期，我国思想文化战线曾发生过对《武训传》、对《红楼梦》研究、对胡适思想、对梁漱溟的错误批判。由于受当时形势环境的影响，李达也不能超脱世外，不能不带有那个时期的某种"左"的印记，故此也响应号召，写过一些错误的批判文章，起了消极的作用。这是应当予以基本否定的，但是在普及马克思主义哲学、划清革命与改良的界限方面仍有一定的积极作用。

1954年12月20日，李达将自己撰写的《胡适的政治思想批判》和《胡适思想批判》两篇文章一并寄给毛泽东。毛泽东看后于12月28日致

---

① 《李达文集》第4卷，人民出版社1988年版，第456页。

信李达 :"觉得很好。特别是政治思想一篇,对读者帮助更大。"又说:"在批判实用主义时,对实用主义所说的实用和效果,和我们所说的大体同样的名词,还需加以比较说明,因为一般人对这些还是混淆不清的。"① 该文三天后,便在 12 月 31 日的《人民日报》上发表了。《胡适思想批判》后来发表在 1955 年 1 月号《新建设》上面。

《胡适的政治思想批判》共 9000 字左右。顾名思义,主要是批判胡适的实用主义政治思想。文章认为,个人主义即实用主义的社会观,是胡适的政治理论之基础。五四时期胡适提倡"多研究些问题,少谈些主义",就是主张对旧社会"一点一滴地改良它",实际上"是拥护资本主义,反对社会主义"。中国共产党成立后不久,他又宣传"好政府主义",并在《努力》周报上发表文章希望北洋军阀政府"恩赐"宪法,表现了妥协性。他 20 世纪 30 年代主办的《独立评论》标榜所谓"独立精神",但其基本倾向是反共的。抗战开始以后,便成了国民党政府的"过河卒子",给蒋介石"做面子"。

该文值得肯定的是理论性较强的开头那一部分。文章把实用主义的内容作出了如下的归纳:(一)实用主义者在"经验"这个名词下面贩卖主观唯心论。(二)实用主义者否认真理的客观性,有"适用"或者有"效果"的便是真理,否则便是假理。(三)实用主义的方法是假设和求证。(四)实用主义者还从庸俗进化论取来了进化这个观念导入于实用主义之中,说他们经验中的宇宙是"一点一滴一分一毫"地进化的,这种人生观便是改良主义。

文章继续写道:"胡适还说,这种淑世主义(改良主义)的目的在于拯救世界,一点一滴一分一毫地努力贡献于这个世界的长城。实用主义要拯救的是资本主义世界。"李达还指出 :"胡适是实用主义的信徒",改良主义的社会观"又可说是实用主义的社会观。它是胡适的政治理论的基

① 《毛泽东书信选集》,人民出版社 1983 年版,第 487 页。

础"。"他的政治思想是实用主义在政治方面的应用。"①

根据毛泽东 1954 年 12 月 28 日给李达信中所提的意见，李达特写了《实用主义——帝国主义的御用哲学》一文，最先发表在 1955 年第 4 期《哲学研究》上。它对实用主义的本质及其手法作了进一步的揭露和批判，并阐明了实用主义是帝国主义政治纲领的哲学伪装，阐明了实用主义对哲学上根本问题的态度，阐明了实用主义的不可知论和信仰主义，阐明了实用主义的主观真理论、实用主义的诡辩论与实用逻辑，最后指出了胡适为什么和怎样宣传实用主义及其在反共方面的表现。

应当着重指出的是李达对实用主义哲学的实质的深刻揭露和批判，他明确指出，所谓实用主义，"就是把求得一种思想对资产阶级有无实用一事来说明那思想的意义的一种学说"，它和马赫主义一样，其实质是主观唯心主义。它是"帝国主义的御用哲学"即"帝国主义的政治纲领在哲学形式上的表现"。实用主义哲学家攻击马克思主义的革命理论和马克思主义哲学，大肆宣扬所谓零碎进步的非心非物的第三派哲学，实际上是"对抗马克思主义而愚弄无产阶级"。

李达剖析了实用主义的不可知论、主观真理论、诡辩论。他认为实用主义的这些基本内容与唯物论是根本对立的。他还批驳了胡适的崇美亲美论，指出这是竭力颂扬美国的"好处"。甚至把美国视作他的"第一故乡"。胡适在中国传播实用主义，就是从"充当美中文化结婚的媒婆"到"充当美中两国结婚的媒婆"。②

综上所述，通过对实用主义特别是胡适实用主义的批判，不仅划清了政治上的革命与改良的界限，而且划清了唯物主义与主观唯心主义的界限，普及了马克思主义哲学的宣传。从这个意义上看，这种批判无疑具有一定的积极意义。

---

① 以上均引自李达：《胡适政治思想批判》，《人民日报》1954 年 12 月 31 日。

② 李达：《实用主义——帝国主义的御用哲学》，《哲学研究》1955 年第 4 期。

第十四章

思想理论战线上的"老兵"

坚持真理　无所畏惧

李达是思想理论战线上的一位老战士，一直站在思想理论斗争的最前列。他坚持真理，对那些违背马克思列宁主义、毛泽东思想的错误理论和行为进行了坚持不懈的斗争。

社会主义改造基本完成以后，我们党领导全国各族人民开始转入全面的大规模的社会主义建设。正如党的十一届六中全会通过的《关于建国以来党的若干历史问题的决议》所指出的，这是这个期间党的工作的主导方面。

但是，这个期间党的工作在指导方针上也有过严重失误。这不仅是反右派斗争被严重地扩大化了，而且由于对社会主义建设经验不足，对经济发展规律和中国经济基本情况认识不足，更由于中央和地方不少领导同志在胜利面前滋长了骄傲自满情绪，急于求成，夸大了主观意志和主观能动性的作用，没有经过认真的调查研究和试点，就在总路线提出后轻率地发动了"大跃进"运动和农村人民公社化运动，使得以高指标、瞎指挥、浮夸风和"共产风"为主要标志的"左"倾错误严重地泛滥开来。尽管毛泽东和党中央曾经努力领导全党纠正已经觉察到的错误，但是，庐山会议后期，毛泽东错误地发动了对彭德怀同志的批判，并通过党的八届八中全会，错误地作出了关于所谓"彭德怀、黄克诚、张闻天、周小舟反党集团的决议"，进而在全党错误地开展了"反右倾"斗争。这是新中国成立以后我们党内政治生活中一次重大的失误，铸成了我们党历史上一个重大的错案，其后果是十分严重的。这场斗争在政治上使党内从中央到基层的民主生活遭到严重破坏，在经济上打断了纠正"左"倾错误的进程，使错误延续了更长时间。由于"大跃进"和"反右倾"的错误，加上当时的自然灾害和

李达

苏联政府背信弃义地撕毁合同，我国国民经济在 1959 年到 1961 年发生严重困难，国家和人民遭到重大损失。

为了渡过严重的困难时期，1960 年冬，党中央和毛泽东开始纠正农村工作中的"左"倾错误，并决定对国民经济实行调整，随即在刘少奇、周恩来、陈云、邓小平等同志的主持下，制定和执行了一系列正确的政策和果断的措施，这是这个历史阶段中的重要转变。1962 年 1 月扩大的中央工作会议前后，政治上又进行了部分的甄别平反。因而从 1962 年到 1966 年国民经济得到了比较顺利的恢复、发展。但是，"左"倾错误在经济工作的指导思想上并未得到彻底纠正，而在政治和思想文化方面还有发展。

在那个"左"的狂热年代，作为马克思主义理论家和教育家的李达，虽然并不完全了解毛泽东和党中央在社会主义建设指导方针上的严重失误，但却察觉了党在实际工作中的主观唯心主义和"左"的错误。

李达充满着为马克思主义真理而献身的强烈情感，从不计较个人的名誉地位，只知道奋不顾身地为党工作。他只要看到党的工作出现缺点错误，就忧心如焚，生怕给党的事业带来损失。从 1958 年起，李达对我们党实际工作中的"左"倾错误及其严重危害，就有所察觉，并进行了坚决的批评、抵制。

在"大跃进"和人民公社化运动中，面对以高指标、浮夸风、瞎指挥、"共产风"为主要标志的"左"倾错误，李达坚决反对。他尖锐地指出，如果不顾客观规律，违背实事求是的原则，共产主义就会搞成"破产主义"，大跃进就会变成"大后退"，人民公社就会变成"人民空社"。

1959 年 1 月 21 日，在武汉大学第二届党员代表大会上，李达作了《共产主义社会的两个阶段》的专题发言，并发表于同年第 1 期《武汉大学人文科学学报》上。29 日，在《光明日报》上发表《正确认识由社会主义到共产主义过渡的问题》一文。这个专题发言和文章的基本精神是一致的。李达着重论述了共产主义与社会主义的区别，反对降低共产主义标准，正确地回答了当时人们迫切关注而又最感兴趣的问题，对于被搞乱了的共产主义形象具有拨乱反正的作用。

李达在文中开宗明义地指出："现在，实现共产主义成了几亿人们最感兴趣的话题。于是什么是共产主义社会，共产主义与社会主义的关系怎样，要通过怎样的途径去实现共产主义，也就成为人们最关心的问题了。"

为了正确回答这个问题，李达认为，既要看到共产主义与社会主义的联系，更要看到共产主义与社会主义的差别。他在简要地列举了共产主义与社会主义的共同点之后，着重论述了共产主义与社会主义的明显差别。这些差别包括经济、政治、思想和科学文化诸方面，涉及生产、分配和交换等领域。他强调指出："目前的生产力发展水平毕竟还是相当低的，我国现在还是处在社会主义阶段，社会消费品的分配还不得不适应按劳分配的原则"，还必须承认价值规律，进行商品的生产和交换。20 世纪 50 年代末，陈伯达认为"人民公社化"以后，应该取消商品生产和商品交换。社会上掀起了一股批判商品生产、批判价值法则的歪风。李达明确指出，这是错误的。他认为："商品生产和商品交换在整个社会主义阶段，不但不会取消，而且要继续发展。只有进到了共产主义阶段，商品生产和商品交换才能取消。"李达进一步指出，即令全面实现了社会主义全民所有制，商品生产和商品交换也不会立即取消，"在相当时间内还是存在的"。从指导思想上应当重视发展商品经济，并将商品经济与计划经济联系起来，主张社会主义社会"必须继续发展商品生产"，"在国家计划的领导下"，"实行必要的商品交换"。在这里，他已将社会主义经济看作是计划经济和商品经济的统一体了，是颇有见地的。他也反对张春桥提出的取消资产阶级权利的错误观点，他认为，社会主义还存在着三大差别和"反映这些差别的资产阶级式法权"，只有到了共产主义阶段，才能消灭三大差别和消灭资产阶级权利。

李达之所以如此强调共产主义与社会主义的区别，显然具有明确的目的性，即是为了反对降低共产主义的标准，正如他所说："目前的生产力

李达

发展水平毕竟还是相当低的"，我们绝不能"看到一点共产主义的萌芽就认为是实现了共产主义，这样就会降低共产主义的标准，助长平均主义倾向"。这是切中时弊的。他坚决反对"一平二调三收款"的共产风和大办食堂、推行供给制、吃饭不要钱的平均主义倾向。这对于那些鼓吹"三天"或"一个月"或"几个月"就可"跑步"进入"共产主义"的人来说，无疑是给了他们一针清醒剂。

这年秋天，李达在青岛休养期间，得知庐山会议"批判彭德怀反党集团""反对右倾机会主义"的消息后，心情十分沉重，他对身边的助手陶德麟、萧萐父说："现在本来应该反'左'，怎么反起右来了？""彭德怀、黄克诚、张闻天、周小舟等同志不会是'反党集团'。"① 李达谈到彭德怀等同志的革命功勋和高尚品德时，激动地说："这些人会反党？不可能！党内出了怪事！"他一直"想不通"。②

1962 年 9 月，李达以全国人大代表的身份，回家乡调查"五风"危害的情况。他说，这次要好好调查调查，以便向毛泽东汇报。李达严肃指出了"五风"特别是"共产风"所造成的严重后果，十分尖锐地指出："1958 年'大跃进'把田种成那个样子，还不抵解放前的八成""这样搞下去，要唱'霸王别姬'了"。根据调查所得，李达公开表示在庐山会议上"彭德怀（提）的意见是正确的"③，并就农村工作中存在的问题，给零陵县委、湖南省委和党中央写了报告，反映真实情况，提出了改进意见，特别提醒家乡的父母官，要提倡实事求是，反对说假话；要实行群众路线，关心群众疾苦。

李达对 1958 年"教育革命"中的"左"倾错误更为不满，进行了严

---

① 《纪念和学习李达同志——哲学系教师座谈纪要》，《武汉大学学报（哲学社会科学版）》1981 年第 1 期。

② 陶德麟、萧萐父：《怀鹤鸣师》，《武汉大学学报（哲学社会科学版）》1981 年第 1 期。

③ 转引自《湖北日报》1966 年 6 月 30 日。

厉批评和坚决抵制。在当年全国高校掀起的所谓"教育革命"中，武大是最具"典型"的。这场"革命"经历了"拔白旗，插红旗"→"政治挂帅，劳动上马"→"大办工厂、农场"→"大编教材"（即发动学生和助教，与专家、教授"打擂台"）等过程。这场"革命"按照当时党委主要负责人的说法是"资本主义教育道路与社会主义教育道路、专家路线与群众路线的斗争"，"是一场极其尖锐复杂的阶级斗争，实质上是教育战线上的社会主义革命"。对于这场"革命"李达始终是抵制的，抵制不了就离校养病。但是到了1961年，空气有了改变，他又回校积极恢复教学制度、教学秩序，积极贯彻执行党中央颁布的高等教育六十条。

那么，李达是怎样抵制和反对"教育革命"的呢？

他认为"拔白旗，插红旗"这样的"革命"是"胡闹"，是"破坏党的知识分子政策"，损害了知识分子的自尊心，挫伤了知识分子的积极性。当时，有人提出要打倒牛顿和爱因斯坦，李达说："科学的权威是打不倒的！"1958年，哲学系师生下乡10个月，他极为不满地说："学生尽搞劳动，大学还成其为什么大学呵？！"他对那些办事缺乏科学态度，又不肯认真学习，一味瞎指挥的人很不以为然，常说："让这种人来领导教学工作，真是误人子弟，要害死人的。"他对学校以党代政的领导体制也提出了批评，说："书记挂帅成了一切书记说了算，以党代政，行政不起作用。各系总支书记挂帅，总支书记说了算，系主任甩在一边，教学又不懂，学校怎么办得好？！"①

1961年5月，李达在校党委常委扩大会议上讲话说："学校两三年来运动很多……把学校工作打得七零八落，很多规章制度破了未立。最可痛心的就是把教学计划打乱了，教学秩序打乱了，仪器设备、保管处于无政府状态，我很痛心。"又说："现在助教可以做副系主任，做教研室主任，

---

① 《湖北日报》1966年6月30日。

荒天下之大唐！助教是辅助教学的，如何主持教学？总支书记包揽教学行政大权，这在过去也是没有的。教学秩序打得这样乱，是很可痛心的。……几年来专搞运动，单打一，把秩序搞乱了，应该改的马上改。"又说："'革命'，把中央教育部规定的都革掉了，教育部的东西成了革命对象，这对吗？……理科各系的工厂有的还要下马，搞生意经不对。有人一开口就讲能赚几十万，学校不是做生意的。武大是重点学校，重点大学出了这些怪事，与名称很不相称。"① 李达本人也承担了领导责任，说自己挂了校长的名未做校长的工作，经常在外面，教学行政工作未管。

对于一切违反马列主义、毛泽东思想的错误理论和错误行为，李达不仅敢于在下面坚持真理，随时提出批评甚至抵制，而且常常直接"通天"告状。每当他发现问题，就给毛泽东写信，或者在会见时当面汇报。1961年8月中旬，李达在庐山面见毛泽东时，就1958年以来，地方上发生的严重问题，向毛泽东做了详细反映，充分表现了他对党和社会主义事业的高度责任感。

探索规律　总结经验

1958年，在《理论战线》开辟的《历史唯物主义讲座》中，李达宣传和研究历史唯物主义的基本原理，并对其中的某些问题，比如社会发展的一般规律和特殊规律问题，社会主义革命和社会主义建设的共同规律和民族特点问题，生产力和生产关系问题，进行了深入的研究，发表了一些现在看仍然是很深刻的见解。

什么是社会发展的一般规律和特殊规律呢？李达认为，人类社会发展

---

① 《李达文集》第4卷，人民出版社1988年版，第723—724页。

的一般规律主要有生产关系一定要适合于生产力的性质和发展水平的规律，经济基础决定上层建筑的规律，物质生活资料的生产方式决定社会全部性质的规律，社会形态由低级向高级发展的规律以及阶级社会阶级斗争规律和社会革命规律。但是，这些一般规律"在各种个别社会形态中发生作用的条件和它所表现的形式是各不相同的"，"在不同的历史条件中起着不同的作用"；即使同一个一般规律，"在处于同一社会形态的许多个别的国家和民族中所起的作用和表现形式，也是各色各样的"。李达进一步强调指出："社会发展的一般规律和各个社会形态发展的特殊规律是有差别的，却又是统一的。这个统一是一般与特殊、一般与个别的统一，即是辩证的统一。"①

李达在1958年《理论战线》第2期发表了《社会主义革命与社会主义建设的共同规律》一文，实际上也论述了一般规律与特殊规律的关系问题。一方面，阐述了各国革命和建设的共同规律，诸如各国无产阶级领导广大劳动人民群众进行革命和建设时，必须坚持马克思列宁主义政党作为领导核心；一切革命的最主要的问题是政权问题；无产阶级必须依靠自己领导的工农联盟；向社会主义过渡，实质上是由生产资料的私有制到社会主义所有制的过渡；为要建成社会主义和共产主义，必须按照社会主义基本经济规律，有计划按比例地发展国民经济，提高劳动人民的物质、文化生活水平；必须有高度的科学文化，必须制定正确的知识分子政策，用马克思列宁主义教育知识分子，大力培养工人阶级的知识分子队伍；必须彻底地用民主主义和民族平等的精神去解决民族问题，各民族之间一律平等；各国党始终奉行无产阶级国际主义原则。另一方面，着重阐述了各国革命和建设的共同规律与特殊规律的关系，强调指出："共同规律与民族特点的结合，可说是马克思列宁主义理论与各国革命和建设的实践相结合。一个马克思列宁主义政党如果忽视了民族特点，就必然脱离生活，脱离群

---

① 《李达文集》第4卷，人民出版社1988年版，第540—541页。

众，就必然会使社会主义事业遭受损失。"但是"如果夸大这些特点的作用，借口民族特点而脱离马克思列宁主义的关于社会主义革命和社会主义建设的普遍真理，也必然会使社会主义事业遭受损失"。因此，"马克思主义的政党必须用辩证唯物主义的观点去观察问题，对事物作全面的具体的分析，防止片面性和主观主义，防止思想僵化和脱离实际，防止修正主义和教条主义的错误。并且在实际工作中，要运用辩证唯物主义、运用马克思列宁主义教育干部和广大群众"①。这就明白地告诉人们，社会主义革命和社会主义建设的共同规律，一定要坚持，但必须同本国的具体特点相结合。换句话说，马克思主义的普遍原理必须同本国的具体实践相结合。

1958 年《理论战线》第 3、5 期，连续刊载了李达的《生产力与生产关系》一文。李达在阐述这个问题时，坚持从劳动过程出发，分析了生产力三要素及其社会性，阐明了生产力与生产关系两者的辩证统一性，指出："生产力与生产关系形成为辩证的统一。离开了生产力，生产关系不能成立；离开了生产关系，生产力不能发挥。所以我们说起生产力的时候，必须联系到生产关系；说起生产关系的时候，必须联系到生产力。"阐明了生产力的决定作用，指出："社会生产力是生产发展过程中决定的要素，也是人类社会发展的决定的要素。"尤其重要的是提出了科学技术是生产力的观点，明确指出："科学及其技术应用的发展，确是生产力发展的一个因素。""科学技术化，技术科学化，两者的发展有相互依存的关系。科学本身是一般生产力，它和其他生产力是有区别的。为要使科学成为社会生产力发展的强有力的要素，就必须使科学参加于生产过程而在技术上去应用它，它才能变成为新生产力。"②

李达对中国革命和世界革命的基本经验进行了科学的总结，不仅撰写了《世界无产阶级社会主义革命论》，而且撰写了《中国共产党的中国革

① 《李达文集》第 4 卷，人民出版社 1988 年版，第 560—563 页。
② 《李达文集》第 4 卷，人民出版社 1988 年版，第 575、577、590 页。

命论》。这篇文章发表在 1959 年《理论战线》第 1 期和第 2 期。他始终坚持以毛泽东著作为核心，以党的历史文献为根据，密切联系刘少奇等其他领导人的著作，着重阐明了马克思列宁主义普遍原理与中国革命具体实践相结合的基本经验，阐明了毛泽东关于中国革命的基本规律，尤其是阐明了毛泽东关于中国新民主主义革命的理论和政策。然后围绕中国革命的三大法宝，分别阐述了党的建设、武装斗争和统一战线。

关于党的建设。李达概述了党的思想建设、组织路线和工作作风的基本内容及其理论意义。他认为，党的思想建设过程是马克思列宁主义的普遍真理和中国革命的具体实践日益结合的过程，同时又是无产阶级思想不断地克服非无产阶级思想的过程。又指出，组织路线是实现党的政治路线的组织保证，党的组织是建立在民主集中制的根本原则之上的。党的工作作风是毛泽东所概括的理论与实际相结合、和人民群众紧密地联系在一起以及批评与自我批评的三大作风。

关于武装斗争。李达认为，毛泽东不仅阐明了武装斗争的意义，说明了武装斗争是中国革命的主要斗争形式，提出了一条马克思主义的军事路线；而且说明了土地革命是武装斗争的基本内容，而建立革命根据地又是发展红军战争和土地革命的保障。

关于统一战线。李达阐明了毛泽东关于统一战线理论和政策的基本点，概括地指出，第一，中国革命不仅需要统一战线，而且需要坚持无产阶级的领导权；第二，统一战线的基础是工农联盟；第三，对资产阶级实行又联合又斗争的政策，是决定中国革命成败的关键之一；第四，无产阶级要善于利用矛盾，争取多数，集中打击最主要的敌人。

实质上，这是阐述毛泽东思想的一篇论文，也是一篇研究党史的论文。

当中苏论战开始时，李达也积极投入了批判赫鲁晓夫错误言论的斗争。当时，他已届古稀之年，还同青年人一道学习、讨论、写文章。他说："我是一个老兵，应当上阵！"1963 年冬，他拖着病体在湖北省学术工作会议上再次热情地表示，愿以"老兵"身份参加战斗。

李达的突出优点或特点之一，就是理论原则上的坚定性，坚决反对随风倒。1961年到1965年，党虽然胜利地进行了国民经济的全面调整，但"左"的指导思想并没有从根本上得到纠正，对形势和政策的许多看法在党内和党的领导层中实际上还存在分歧。经济形势好转后，随着国内政策调整的进一步深入，再加上中苏论战的进一步激化，政治思想领域的"左"倾错误再度发展起来，党的八届十中全会的中心议题是阶级斗争问题。毛泽东把社会主义社会中一定范围内存在的阶级斗争扩大化和绝对化，发展了他在1957年反右派斗争以后提出的无产阶级同资产阶级的矛盾仍然是我国社会的主要矛盾的观点，进一步断言在整个社会主义历史阶段资产阶级都将存在和企图复辟，并成为党内产生修正主义的根源。阶级斗争要"年年讲，月月讲，天天讲"。这使1957年以来党内存在的阶级斗争扩大化的错误观点，更具有了系统性和理论性。在意识形态领域也错误地进行了一系列所谓阶级斗争，对一些文艺作品、学术观点和文艺界学术界的一些代表人物进行了错误的、过火的政治批判。但是，李达决不随风倒，体现了理论原则的坚定性。

当时，康生在哲学界别有用心地发动了对杨献珍的"合二而一"论的大批判，李达却默不作声，非常冷淡。那时一家不怀好意的外国电台也说，中国的老马克思主义哲学家李达"沉默了"。有人把"这个情况"告诉了他，建议就这个"大是大非"的问题写点文章，明确表个态。他说："这样的批判文章，我不好写！也不能写！"并叮嘱他的助手："在对立统一规律一章中，不要提一分为二和合二而一等词句。"他敏锐地觉察到那时的政治气氛不对，非常反感地说："现在好像要打倒老东西了。我也是老东西，要不要打倒呀？！"[①] 在理论队伍中也有不少披着马克思主义外衣的人，

---

① 《湖北日报》1966年6月30日。

他们竟以侮辱恩格斯的胡言乱语，来冒充恩格斯自己的理论，最显著的例子就是说"恩格斯肯定了思维和存在的同一性"。杨献珍回忆道："李达同志对此，正如古诗所云：'何似东坡铁柱杖，一时惊散野狐禅。'这里举一个现实的例子。李达同志是全国人大代表，我也是全国人大代表，我们都是湖北人大代表团的成员。有一年，正当报纸刊物哄闹'思维和存在的同一性是唯物论'的时候，一天，我们在湖北人大代表团开小组会。中间休息时，李达同志和我在会场外散步。李达同志望着我说：'怎么搞的，思维和存在的同一性是唯心论，可是人们现在都说是唯物论。'我听了，会心地笑了。这真可谓一语破的，表现了李达同志对马克思哲学的坚定性和党性。"①

1960 年，李达为湖北省编写的哲学教科书写了认识论一章，坚持唯物论的反映论，反对夸大主观能动性的错误倾向。李达的这个正确观点当时被人错误地指责为"旧唯物论的感觉论"。李达不服，于次年夏天，在庐山同康生当面谈了四个小时，明确表示要进行反批评。康生狡猾地说："你是权威嘛，何必同他计较！"对于经过自己认真研究，确信其正确的观点，李达决不因为听到什么风就轻易改变。事实表明，李达坚持的正是马克思主义的基本观点。

1966 年年初，康生找李达传达所谓理论问题的"新精神"，说什么唯物辩证法只有对立统一这一条规律，才是唯物辩证法的一元论。李达决不同意，仍然坚持旧著《社会学大纲》中论述的观点，并说这是学术问题，同谁都可以争鸣。在重大的思想论原则问题上，李达的旗帜非常鲜明，从不模棱两可，从不动摇让步，不管风刮得多大，也决不随风倒。他曾经多次说过："一个理论工作者，如果动动摇摇，今天这么讲，明天那么讲，墙上一根草，风吹两边倒，那是假马克思主义者，不是真马克思主义者。"②

---

① 杨献珍：《李达同志是我国真正的马克思主义哲学家》（1984 年 7 月 12 日）。
② 尹世杰：《忆李达同志》，《新湘评论》1979 年第 5 期。

又说，哲学工作者要独立思考，不要人云亦云，要尊重事实，从客观实际出发，实事求是，才能揭示客观规律性，揭示马克思主义的真理。

真正的唯物主义者是无所畏惧的。毛泽东曾经讲过："李达同志是一个真正的人。"我们也不妨说，他是一个无所畏惧的真正的唯物主义者。尽管在 1958 年那个狂热的年代，李达在个别的论著中也打下过"左"的印记，但总的说来，李达一直保持着清醒的头脑，始终坚持真理，捍卫真理。对一切违反马克思主义的东西，不管来自谁，李达都是敢于抵制、敢于斗争的。

第十五章

《唯物辩证法大纲》

毛泽东交给的任务

1956 年，李达创办武汉大学哲学系时，就打算编一本供哲学系用的哲学教科书。但因为校务繁忙，体弱多病，一直未能如愿。

1959 年下半年起，正值中苏关系开始恶化。中苏的矛盾和冲突，包括两个方面：一是意识形态的分歧。两党对于国际形势，对于国际共产主义运动的路线和策略，对于对方的国际和国内政策，有尖锐的意见对立；二是苏联党当时的领导仍然以"老子党"自居，要求中国党跟着他们的指挥棒转，企图使中国成为他们的附属国或卫星国。这当然是毛泽东和中国共产党所绝对不能接受的。于是，苏联赫鲁晓夫便采取突然袭击的方式，片面地撕毁协议，撤走全部在华专家，甚至逼迫中国偿还抗美援朝期间的军事借款。这些都加剧了当时中国已经发生的严重经济困难，极大地损害了党和中国人民的感情。

为了反击赫鲁晓夫的霸权主义、为了捍卫马克思主义为指导的社会主义意识形态，李达深深感到必须编写一本系统阐述马列主义、毛泽东思想的哲学教科书。这年冬天，湖北省的哲学工作者集体编写哲学教科书。李达虽年迈体衰，仍满怀热情地参加这一工作。他不但同年轻人一起分担写作任务，而且自告奋勇地给编书组作编写指导思想的报告。在湖北省哲学教科书编写小组会议上，他讲道："写书要注意科学性和革命性（党性）相结合，普遍真理和中国实际相结合，要贯彻阶级观点、实践观点、矛盾观点和群众观点。要强调宣传毛泽东思想对马列主义的发展。在写作的组织上，要使写教科书与写专题结合、上下结合、领导、执笔者、群众三结合。"[①] 李达参加一

---

① 李达：《在湖北省哲学教科书编写小组会议上的讲话》（1959 年 12 月 19 日）未刊稿。

段编写工作后，病倒了，不得不于 1961 年夏天去庐山休养。

这时，毛泽东也在庐山。他们俩相遇后不久，于 8 月 25 日下午进行了详细的交谈。谈话中，毛泽东再一次提到和肯定李达在十年内战时期写成的《社会学大纲》，并说："这本书当时起了很大作用，现在也还有意义，应该修改一下重新出版。"李达回答道："自己精力有些不济，手颤得厉害，怕不行了。"毛泽东说："你们武大不是有哲学系吗？可以找几个得力的助手帮你搞，你指导嘛！"① 李达当即愉快地接受了这个任务。第二天就打电报要他的助手陶德麟赶到庐山商谈。他并决定停止休养，马上开始工作。

与此同时，李达还急忙给当时武大哲学系副主任、党总支书记余志宏写了一封信。信中说：

系的教学计划和教师任务，想都已经安排妥当，现在只是毕业生分配和新生质量问题，想也有了着落。请你在有暇时候回我一信。

我真是一个体弱多病的人了，旧病未去，新病续增，今年增加了两种病症。其一是四月间新添的浮肿病，今尚未愈，据说这与一般的浮肿病不同，而是一种与年老有关的病；其二是心脏病，据武汉医学院来信报告描心电图的结果说，"冠状动脉硬化，供血不足，宜小心在意"。后一种病可能是送终病，这不能不作思想上的准备。

日前见到毛主席，在谈话中，主席嘱咐我把《社会学大纲》修改出版。我说，现在的精力不济，他说可找几个得力的助手帮忙。我表示照做。因此，我想回校后即开始这一工作。至于助手呢，德麟、玄武是合适的，但他们有教学任务，至多只能拿出一部分时间来相助，我还希望你在所有毕业生中选拔两位能想能写的人跟着我干。这样做，对于他们提高教学质量是有益的。请你替我考虑一下，并大力以支持。

假我数年，拟首先完成下面几项工作：

---

① 转引自陶德麟：《李达与〈唯物辩证法大纲〉》，《书林》1979 年第 2 期。

一、《唯物辩证法》——即《社会学大纲》上半部的改写。至于下半部不拟写了。

二、《中国革命的唯物史观》——已有一些轮廓。

三、修改《〈实践论〉解说》。

四、修改《〈矛盾论〉解说》。

五、《关于正确处理人民内部矛盾的问题》读后记。

六、《毛泽东的思想方法和工作方法》。

上述六项工作如能在三年之内完成，并且那时我还能活着，就再进一步搞别的东西。这是后话。①

从这封信中，可以看出李达虽然身患多种疾病，但仍满怀壮志，要全身心地致力于毛泽东思想特别是毛泽东哲学思想的研究，要撰著六本这方面的著作，还要进一步搞别的研究。这里表达了一位病魔缠身的七旬老人的坚强意志和献身于毛泽东思想研究的心声。

宣传马克思主义理论的责任感，使这位理论战线上的"老兵"焕发了青春。李达中断休养，由庐山返校，立即调集助手，组建毛泽东思想研究室。对于他的早期著作《社会学大纲》，虽然毛泽东给予了充分肯定，但李达并不以此自满，而是认为此书写作于20多年前，由于时代条件的限制，没有把新的科学成就概括进去，没有反映中国革命的丰富经验，没有反映毛泽东对马克思列宁主义哲学的贡献和发展，决心对全书重新改写，写成一部新的哲学教科书。

李达坚定明确地表示，这是毛主席交给的任务，我们一定要尽力完成。

李达

---

① 李达：《给余志宏同志的信》（1961年8月26日），《武汉大学学报（哲学社会科学版）》1981年第1期。

编写《马克思主义哲学大纲》

李达对几位参加编书的助手说："苏联人写了一部《马克思主义哲学原理》，在世界上到处流传，我们就不能写一部书吗？革命人民很需要学习马列主义、毛泽东思想，我们的书不但写给国内的人民看，而且要写给全世界的人民看，尤其是要写给亚非拉的人民看！这本书就叫《马克思主义哲学大纲》吧，要写 50 万字！"他还满怀激情地说："苏联的书是院士、博士、教授们写的，我们一个都没有，能不能写呀？我看能写！只要下苦工夫，一定能写好！"[①]这种坚强的决心和自信心，使助手们无不为之感动。即令别人看来，也会深受感动的。

从那时候起，将近五个年头，李达奋不顾身地把自己的全部心血都倾注在这本书的写作上。他的治学态度历来一丝不苟，从不敷衍了事。对这部书的编写工作，尤为严肃。毛泽东的《实践论》《矛盾论》等著作，早在新中国成立初期，他就认真读过，并写出了著名的《〈实践论〉解说》和《〈矛盾论〉解说》。但是为了写作和研究的需要，1961 年后，李达又反复地阅读《实践论》《矛盾论》全书不下 10 遍，力求更加深刻地把握其精神实质。1962 年，李达身患多种疾病，每天要打针吃药，但仍手不释卷，胃溃疡病发了，吃点药；严重时，就趴在床上，休息片刻，又继续工作。每写一章之前，李达总是亲自钻研各种材料，拟出提纲，跟大家一起讨论。定稿时，他亲自审阅，反复修改。遇到难题，他往往接连琢磨好几天。偶有所得，即使是深夜，也马上披衣下床，展纸捉笔。因年老，他的手颤得厉害，写字极感困难，但还是一丝不苟地书写。李达风趣地说："我这不叫写字，是刻字！"一位领导看

---

① 转引自陶德麟：《李达与〈唯物辩证法大纲〉》，《书林》1979 年第 2 期。

到他那样吃力地工作，心里实在难受，心痛地劝他说："李老，你这么重的病，总要休息一下吧，何必自苦如此呢？"李达深知自己年已垂暮来日不多，回答说："我已经是风烛残年，来日不多了，我还能为党做什么工作呢？就靠这支笔了。我这支笔不能停。哪一天，我不行了，我就掷笔而去！"

1962年冬天，李达心力衰竭，病刚好转，根据上级领导的决定，去广州从化休养。他叫人装了几箱书籍资料带着。医生一再嘱咐他，要好好休息，绝不能再过度用脑，绝不能再写东西。李达毫不在意这些。只要病体稍适，立即伏案执笔。一到休养地，李达就把急需要的书摆了一桌子，床铺上也堆满了书。招待所的工作人员对待这位"特殊"的休养老人，十分敬重，特地在他的房间里增放了一张大书桌。

当时，从北京来此地一同休养的几位老干部见李达带病坚持写书，十分关心，邀他一道去海南岛等地看看，借此休息一下。为了抓紧写书，李达婉言谢绝了。李达见同他一起工作的助手也同他一样劳累，心中很是不安，抱歉地对助手说："你们跟着我到了外地，也不能出去玩玩。你们一定能理解我的心情吧！我现在是风烛残年，来日不多了啊！我一定要早点把毛主席交给我的这个任务完成好。这是我的唯一心愿！"

1963年6月，李达住湖南宾馆。一次，他的侄儿李定钧询问他的健康状况，李达放下笔，在房里转了两圈，说："我现在死不得呀，死不得呀！毛主席交给我的任务还没有完成……"他满怀深情地说："搞完了这个，我想再搞本《〈关于正确处理人民内部矛盾的问题〉解说》，这样，我就可以去见马克思了。"李达也询问了侄儿的学习情况和大学毕业后的打算，并鼓励侄儿"好好锻炼，拜人为师，要做到学而不厌，教而不烦，日积月累，是定会有作为的"。李达还针对侄儿不愿当教师的心病，语重心长地说："教书有什么不好呢？七十二行行行出状元嘛！要做一个有志气的人，做一个对社会有贡献的人。我们不能为了个人的名誉地位，而要为党的事业着想。党和国家正需要教师，也会重视教师，你是学师范的，反而不想当老师这怎么行？至于工作地点，我看还是服从分配，听组织安排。我的意见最好还是回家乡去。"李达一席话，使李定钧心悦诚服，毕业后自愿地要求分配到家乡，做了中学教师。

李达作诗自勉，写道：

此身莫向沟中殒，
犹上文坛作老军。

1965 年下半年，《马克思主义哲学大纲》前半部即《唯物辩证法大纲》脱稿了。李达极为兴奋，用四号铅字印了少量稿本，立即送呈毛泽东和中央其他领导同志审阅。书中《马克思主义哲学前史》一篇，李达原以为是得意之作，但当他知道毛泽东认为这一篇"古人讲得太多"时，立即毫不犹豫地把这一篇做了删节。李达在写完唯物辩证法部分后，紧接着开始做撰写历史唯物论部分的准备工作。10 月 14 日，他从北京写信给他的助手陶德麟说："我们编写中的《马克思主义哲学大纲》已写完《唯物辩证法》部分，其余《历史唯物论》部分，希望你和启咸、少白同志大力协助，予以完成。这是我的夙愿。"10 月 26 日又写信给陶德麟说："现在是计划写历史唯物论部分了。关于这一部分，过去写了将近 30 万字的稿子，现在看来，其中大概有一半是可以采用的，只要加以补充修改就行了。请你和段（启咸）李（少白）等同志写一个全书的提纲，以便进行资料准备。提纲大致确定后，就好准备资料了。你以为如何？过几天，我也想写个提纲，供你参考。"这时，李达担任了全国人大常务委员，全家已迁到北京居住。

1966 年初，为了及早完成《马克思主义哲学大纲》的下半部历史唯物论的写作，李达特地赶回武大，指导他的助手拟提纲，写初稿。他感叹地说："人生七十古来稀，我已经快八十岁了，要敢快做！"[1]再一次体现了这

---

① 转引自陶德麟：《李达与〈唯物辩证法大纲〉》，《书林》1979 年第 2 期。

位年老体衰、病魔缠身的马克思主义者的坚强斗志，也体现了这位哲学巨匠的高度责任感和紧迫感。

但是，一场史无前例的浩劫不仅使李达完成全书的夙愿无法实现，而且使他连脱稿的《唯物辩证法大纲》也未能及时看到出版，就抱恨终天了。

《唯物辩证法大纲》的出版

《唯物辩证法大纲》[①]（以下简称《大纲》），是李达生前主编的最后一部哲学著作，是他献给党和人民的最后一部珍品。

这部著作同其他马克思主义哲学教科书相比较，是独具特色的。《大纲》全面贯彻列宁关于辩证法、认识论和逻辑学三者同一的原理，建立了一个以唯物辩证法为中心的辩证唯物主义理论体系。在这个总体系下，系统地论述了马克思主义哲学产生、发展的历史，全面地阐述了辩证唯物主义的基本原理，特别是突出了毛泽东哲学思想；紧密联系当时国内外思想战线斗争的实际，对各种资产阶级反动哲学包括修正主义哲学的思想观点进行了有力的批判；同时结合我国社会主义革命和社会主义建设的实际，从方法论上论述了学习和运用唯物辩证法原理的重要意义。本书论述深入浅出，文字简练，概括了大量哲学史材料和自然科学成就，较好地体现了马克思主义哲学的理论与实践的统一，党性与科学性的统一，世界观与方法论的统一。

《大纲》 共分五篇：第一篇是马克思主义哲学是无产阶级革命的精神

---

① 该书是 1961—1965 年间李达受毛泽东委托主编的《马克思主义哲学大纲》上册，1965 年曾印出少量稿本。"文化大革命"结束后，主要执笔人陶德麟根据李达的遗愿和嘱托，对原稿作了必要的修订，于 1978 年 6 月由人民出版社正式出版（同时发行维吾尔文版）。2007 年 4 月武汉大学出版社再版，并列入《武汉大学百年名典》。

武器；第二篇是马克思主义哲学是人类认识史的唯物的辩证的综合；第三篇是世界是物质统一体的无限发展过程；第四篇是唯物辩证法的规律和范畴；第五篇是当作认识论和逻辑学看的唯物辩证法。

《大纲》的一个显著特点，就是在论述唯物辩证法的每个原理时，不仅十分注意划清唯物论和唯心论以及可知论与不可知论的界限，而且十分注意划清辩证法与形而上学以及马克思主义哲学与旧唯物论的界限。这些就是贯穿于哲学斗争的一切方面的大是大非问题。本书第一篇更集中地对这些重要问题作了系统、完整、准确的论述，使读者一开始就能明确地弄清这些原则的界限。

《大纲》在论述恩格斯关于"全部哲学，特别是近代哲学的重大的基本问题，是思维与存在的关系问题"这一命题时，首先说明了为什么不是别的问题，而恰好是思维和存在的关系问题成了全部哲学的基本问题。作者认为，第一，自有人类以来，整个世界的一切现象归结起来只有物质和精神两大类。这两类现象之间的关系如何的问题，就成为一切哲学必须首先回答的最基本的问题。第二，哲学上其他一切问题的解决，都是以如何解决思维与存在的关系问题为出发点的。第三，思维与存在的关系问题也是人们一切实践活动中的基本问题。随着对于这个问题的回答不同，人们对于认识世界和改造世界的态度和主张也就会不同。进而正确地回答了哲学上的派别只能按照这个标准划分为这样的两派而不能按照别的标准划分为别样的两派或更多的派别的问题。作者认为："这是因为思维与存在的关系问题是全部哲学的最高的、最基本的问题，而思维与存在何者是第一性的问题，又是这个基本问题的首要的方面（哲学基本问题的第二方面是从属于第一方面的）。只有对于这个基本问题的首要方面的回答，才体现了各派哲学的实质及其解决一切问题的总原则、总方向。"由此出发，深刻地阐明了哲学的党性原则，指出，哲学史上尽管各派哲学的差别极其纷繁，然而只要是对思维与存在何者是第一性的问题作了相同回答的派别，

它们之间的差别就是相对次要的。因此，思维与存在何者是第一性的问题，是"划分哲学上"唯物论与唯心论"两大党派的唯一标准"①。《大纲》还阐述了唯物论与唯心论斗争的实质、意义；唯物论与唯心论两军对战的社会阶级根源和认识论根源。对哲学的基本问题第二方面（可知论与不可知论的对立）同第一方面（唯物论与唯心论的对立）的关系也作了专门的论述，《大纲》明确指出，"哲学根本问题的第二方面是从属于第一方面的。"事实上，任何哲学派别都必须首先回答第一方面的问题，才可能进而回答第二方面的问题，即是说，必须先对世界的本源是什么的问题有一个主张，然后才能回答世界能否被认识的问题；而"对于第二方面的回答，归根到底又必然要回到第一方面"，因为任何哲学派别，无论主张世界可知或不可知，归根到底总是为了论述自己的唯物论或唯心论的世界观。因此，关于世界可知不可知的问题，并不是一个可以脱离唯物论和唯心论两大党派的斗争的孤立的问题，也不是一个同它相平行的占有同等地位的问题，而是一个从属于这个斗争、贯穿着这个斗争、体现着这个斗争的问题。"不过，这个问题也并不完全等同于唯物论和唯心论的斗争。"还有种种复杂的情形，需要作具体的分析。对第二方面的回答又必然要反过来影响对第一方面的回答。这就是说，只有坚持世界可知性的原理，才能贯彻唯物论；反之，如果否认了世界的可知性，那就必然要通过这样那样的途径最终地陷入唯心论。所以，"哲学基本问题的两个方面是互相联系着的"。

《大纲》还阐述了发展观与哲学基本问题的关系，认为两种对立的发展观，与哲学基本问题的两个方面"都是密切地联系着的"。就哲学基本问题的第一方面看，"这种联系主要表现在：只有同辩证法相结合唯物论才可能是彻底的唯物论；只有建立在唯物论基础上的辩证法才可能是彻底的辩证法。"如果不是采取辩证法的发展观，而是采取形而上学的发展观，

① 《李达全集》第20卷，人民出版社2016年版，第12页。以下引文均见本卷的《唯物辩证法大纲》。

要把唯物论的原则坚持到底是不可能的；如果不是在唯物论的基础上，而是在唯心论的基础上建立辩证法的发展观，要把辩证法坚持到底也是不可能的。再就哲学基本问题的第二方面看，"发展观同哲学基本问题的联系主要地表现在：只有把辩证法应用于考察认识问题，才可能科学地说明世界的可知性；同时，也只有彻底地坚持世界可知性的原理，才可能有彻底的辩证法。"没有彻底的辩证法的发展观，要科学地回答哲学基本问题的第二方面是不可能的；如果不严格地按照可知论的原则来解决哲学基本问题的第二方面，要全面地彻底地坚持辩证法的发展观也是不可能的。

《大纲》在阐述唯物辩证法的对象之后，还阐明了唯物辩证法的一般特征，归纳起来，就是唯物论和辩证法的统一；科学的世界观和科学的方法论的统一；理论和实践的统一；阶级性（革命性）与科学性的统一。

《大纲》的第二篇从"马克思主义哲学是人类认识史的唯物的辩证的综合"这一命题出发，科学地阐明了马克思主义哲学的创立和发展。作者认为，马克思主义哲学的产生是人类认识史上"空前的大革命"（恩格斯语）。它为无产阶级提供了一个完全科学和彻底革命的世界观，它是与以往任何一种哲学根本不同的崭新的哲学。这种哲学之所以产生，首先是由于资本主义生产方式的内在矛盾以及由此决定的无产阶级反对资产阶级的斗争，否则，它的产生是不可能的。但是，另一方面，如果不批判地改造两千多年来人类认识史上的积极成果，它的产生也是不可能的。正如列宁所说，它"吸收和改造了两千多年来人类思想和文化发展中一切有价值的东西"（《论无产阶级文化》），是综合了人类认识史的积极的成果。因此，"要了解马克思主义哲学的产生，除了首先要了解它的社会经济的前提以外，还必须了解马克思和恩格斯是怎样综合了人类认识史的积极成果的。"

那么，马克思和恩格斯从以往的哲学遗产中批判地吸取了哪些"有价值的东西"或"积极的成果"呢？《大纲》概括地指出："总起来说，马克思主义哲学从以往的哲学遗产中批判地吸取了的有价值的东西，就是唯物论、辩证法和逻辑学这样三个部分。"这三个部分经过马克思和恩格斯的改造和发展，就成了一个有机的整体，即唯物辩证法。马克思和恩格斯进一步把唯物辩证法推广于社会历史领域，就成为唯物史观。

《大纲》指出，人类认识的历史，包括从原始时代起至现在为止的人类对于客观世界的历史。作者在唯物辩证法的前史一章中，系统地阐述了原始时代的人类认识、古代哲学中的辩证法和唯物论、中世纪哲学中积极的成分、西欧资产阶级革命时期资产阶级哲学中的积极成分，特别是德国古典哲学包括康德哲学中的辩证法、黑格尔哲学中的辩证法和费尔巴哈唯物论中的积极成分。

在阐述唯物辩证法的创立和发展时，不仅阐述了唯物辩证法创立的历史根据及其创立的过程，而且着重阐述了包括马克思和恩格斯、列宁、毛泽东几代历史巨人对唯物辩证法的发展。

《大纲》在第三篇中，根据大量的自然科学材料，环绕着世界的本原这个根本问题，具体深入地阐明了唯物辩证法关于物质、运动、空间、时间的基本观点，阐明了世界的物质的统一性和发展的无限性的基本原理，概括起来就是：

（1）物质是世界的唯一本原。世界上除了物质以外什么也没有。物质的唯一特性就是客观实在性，即离开人的意识而独立又能为意识所反映。物质的具体形态是无限多样的，决不能把物质归结为某一种或某几种特定的形态或特定的结构。

（2）运动是物质的根本属性。没有不运动的物质，也没有无物质的运动。运动的形态是无限多样的，决不能把物质的运动归结为机械运动一种形式或任何一种别的形式。各种运动形态是相互联系并在一定条件下相互转化的。整个物质世界是一个由低级到高级、由简单到复杂的无限发展过程。

（3）空间和时间是物质存在的形式。没有不存在于空间和时间中的物质，也没有不以物质为内容的空间和时间。

（4）意识决不是可以离开物质而独立存在的实体，决不是物质世界的创造主。意识是物质世界发展到一定阶段的产物，是人的头脑的机能，是客观物质现象在人的头脑中的反映。意识一点也不能离开物质。

《大纲》着重指出："上述这些，可以归结为两个基本原理：一个是世界的物质统一性原理，一个是世界的无限发展的原理。用一句话概括起来，就是：世界是物质统一体的无限发展过程。""这就是唯物辩证法在世界本原问题上的根本观点。这是彻底的物质一元论的观点。"

还应提到的是《大纲》在阐述意识的本质及其与物质的关系时，准确地说明了人的主观能动作用问题。作者认为："所谓意识的能动作用或主观能动作用，就是认识世界和改造世界的能力。"除了人以外，任何动物都没有这种能力。"主观能动作用是一种伟大的力量。"在人的活动所及的范围之内，到处都可以看到人们的"意志的印记"。它同机械唯物论、庸俗唯物论彻底划清了界限。但是人的主观能动作用决不是主观唯心论和唯意志论，意识的能动作用不管有多么大，仍然不能不受物质世界的制约，不能超越客观物质条件所许可的范围。机械唯物论看不到意识的能动作用，固然是错误的；但是，"如果丢掉了物质第一性、意识第二性这个唯物论的基本前提，把意识夸张成为不受物质制约的东西，以为无论什么奇谈怪论、狂想谬谈都可以变成现实，以为画饼可以充饥，杯水可以行船，地球可以停转，时间可以倒流，那就是十足的主观唯心论、唯意志论，十足的狂人哲学了"。

唯物辩证法科学地说明了意识的起源和作用，从而驳倒了唯心论以及二元论在世界本原问题上的谬论，完满地证明了世界是物质统一体的无限发展过程的原理。

《大纲》在论述了世界的本原问题，指出了世界是物质统一体的无限发展过程之后，又深入论述了唯物辩证法的规律和范畴，指出了世界发展的普遍规律。这就是本书第四篇所要论述的问题。

这一部分的一个突出特点，就是在力求准确地阐明唯物辩证法的基本原理的同时，还力求做到马克思主义世界观与方法论的统一，阐明怎样运用唯物辩证法的规律去观察问题和解决问题。

　　《大纲》指出，唯物辩证法的规律是自然、社会和思维发展的普遍规律，掌握唯物辩证法的规律，对于无产阶级的实践活动有着重要的意义。这个意义，沿用毛泽东的话说："一切比较特殊的规律都是被比较普遍的规律制约着的，'小道理'都是被'大道理''管'着的。如果违反了普遍规律或'大道理'，就不可能符合于特殊规律或'小道理'。""唯物辩证法的规律是最普遍的规律，是最'大'的'道理'，它把自然、社会和思维三大领域中的一切特殊规律，一切'小道理'统统管起来了，无论是过去、现在或将来的任何具体过程都不能不受它的支配。"因此，不管研究什么特殊过程，有了唯物辩证法的规律的指导，就有了指南针。掌握了唯物辩证法的规律，虽然不能保证绝对不犯错误，但是却可以不犯方向性或全局性的错误，减少那些难免的错误，在错误发生之后也比较容易纠正。这样就对学习和掌握唯物辩证法的规律的重大意义，做出了深入浅出的解说。

　　《大纲》指出，唯物辩证法最根本的一条规律是对立统一规律，其他诸如量变质变规律、肯定否定规律以及一系列成对的范畴，都是这条最根本的规律的具体表现形态。把它们概括起来叫作唯物辩证法的规律，或称之为唯物辩证法的规律和范畴。

　　《大纲》对辩证法的核心——对立统一规律，对矛盾的普遍性和特殊性、主要矛盾和矛盾的主要方面、同一性和斗争性、矛盾的对抗性与非对抗性的辩证关系，分别作了正确的阐述。

　　《大纲》突出地说明了对立统一规律在唯物辩证法中的核心地位。指出：对立统一规律之所以是唯物辩证法的最根本的规律，首先，"是因为只有对立统一规律才揭示了事物发展的源泉，显示了辩证法同形而上学根本分歧的焦点"。其次，"还因为辩证法的其他规律和范畴，都是对立统一规律在不同方面的表现形态，都只有从对立统一规律的观点出发才能得到理解。"对立统一规律，是"理解辩证法的钥匙"。学习唯物辩证法首先就要把对立统一规律学好，要学会正确地揭露矛盾、分析矛盾和解决矛盾，从而促进各项工作的开展。这就是我们学习唯物辩证法的目的。

在论述矛盾的普遍性和特殊性的时候，《大纲》首先明确而肯定地论述了矛盾的普遍性。指出，任何事物的内部都包含着矛盾，不包含矛盾的事物是没有的，每一事物在其全部发展过程中存在着自始至终的矛盾运动，不包含矛盾的阶段是没有的。"没有矛盾，就没有世界。""否认矛盾的存在，就是离开了辩证法。""要做一个真正的马克思列宁主义者，就要学习毛泽东同志的榜样，在任何时候和任何情况下都坚持矛盾普遍性的原理。"接着详细论述了矛盾特殊性的几种情形，指出："矛盾的普遍性与特殊性的关系问题，是关于矛盾问题的精髓，不懂得它就等于丢掉了辩证法。"所谓具体地分析具体情况就是说要找出矛盾普遍性和矛盾特殊性的联系。在这里，现代修正主义者借口"具体情况，具体分析"，把马克思主义普遍真理攻击为"过时"的"教条"，《大纲》严肃地指出这不过是给"叛徒嘴脸罩上一层遮羞的面纱"。

《大纲》还根据毛泽东在《矛盾论》中所提出的观点，对主要矛盾的主要的矛盾方面做了进一步的发挥和补充。所谓主要矛盾，就是指诸种矛盾在事物发展过程中，起着领导的、决定的作用的矛盾，规定或影响着其他矛盾的存在和发展。抓住主要矛盾，集中力量加以解决的方法，不仅是党在制定战略策略时所必须采用的，而且也是进行任何一项具体工作时必须采用的。主要矛盾和非主要矛盾是相互联系、相互制约的。不分主次固然是错误的，忽视非主要矛盾也是错误的。能否正确地处理非主要矛盾，也是能否顺利地解决主要矛盾的必要条件之一。又指出，无论是主要矛盾或非主要矛盾，矛盾的双方必有一方是主要的，另一方是非主要的。"事物的性质，主要地是由取得支配地位的矛盾的主要方面所规定的。"如果不分主次，或颠倒主次，就会把事物的性质理解错了，就会导致处理上的根本错误。但是，矛盾的主次双方的地位不是一成不变的。一旦矛盾主次双方互易了位置，事物的性质也就随之发生变化。有人觉着有些矛盾双方的主次地位并不互相转化。其实，这是机械唯物论的见解，不是辩证唯物论的见解。

在阐述矛盾双方同一性和斗争性的问题时，《大纲》首先论证了矛盾同一性的两种意义。第一种意义是矛盾双方在一定条件下共处于一个统一体中。第二种意义是矛盾的双方在一定条件下互相转化。同一性的存在，是矛盾能够转化的根据，没有同一性的两个事物不能互相转化。在这里，特别着重指明了两个要点："第一，矛盾归根到底总是要互相转化的"。"新事物的产生和旧事物的灭亡，正是要通过双方的转化实现的。这一点正是资产阶级感到恐惧和烦恼的东西，也正是辩证法的革命精神的表现。""不讲矛盾双方的互相转化，那就从根本上阉割了辩证法的革命灵魂，把它变成资产阶级也可以接受的庸俗理论了。""第二，矛盾双方转化的实现，需要一定的条件。"没有一定的条件，不能转化。矛盾双方在一定条件下的共居和转化，就是矛盾同一性的全部意义。否认其中任何一种意义，或者杜撰出其他的意义来"补充"这两种意义，都必然会导致荒谬的结论。

《大纲》接着论述矛盾的斗争性。指出："斗争性就是矛盾双方互相排斥，互相对立的性质。""任何矛盾，只有通过斗争，才能解决"，"否认斗争，就是否认事物的发展，特别是否认革命变革"。对于同一性和斗争性的关系，《大纲》强调两点：第一，同一性和斗争性是任何矛盾的不可少的属性，只有同一性而无斗争性，或者只有斗争性而无同一性的矛盾，都是没有的。第二，同一性是相对的，斗争性是绝对的。任何矛盾双方的斗争从来不会停止，矛盾双方共居于一个统一体中的状态是暂时的，有条件的，归根到底，将被矛盾斗争所打破。在这里，作者痛斥了那种把矛盾共居状态绝对化，把同一性的一种情形绝对化的形而上学思想。为了避免误解，在这一部分中特别对于"斗争"一词的概念，做了不厌其烦的讲解。书中说："在这里，'斗争'是一个哲学范畴，不能按照日常中的习惯用法来理解它的含义。有人把斗争与外部冲突等同起来，这是错误的。其实，作为哲学范畴的'斗争'除了表示对立面的互相排斥以外并不表示别的意义，而这种互相排斥的形式是多种多样的，可以是外部冲突，也可以不是。"这就同滥用所谓"斗争哲学"严格地划清了界限。

《大纲》还阐述了对抗性矛盾和非对抗性矛盾。唯物辩证法把千差万别的斗争形式区分为对抗和非对抗两类。认为，矛盾的斗争形式是由矛盾本身的性质所决定的。"有些矛盾到了最后要通过外部冲突的斗争形式才能解决，这一类矛盾就叫做对抗性矛盾；有些矛盾只有通过非外部冲突的斗争形式才能解决，这一类矛盾就叫做非对抗性矛盾。"矛盾的斗争形式取决于矛盾的性质和周围的条件。把矛盾区分为对抗和非对抗两种，这就使我们有了用正确方法处理矛盾的客观依据。"当矛盾的性质发生了转化的时候，斗争的形式或解决矛盾的方法也必须作相应的改变，否则就会犯'左'的或右的错误。"但矛盾性质的转化能否实现，决定于是否具备了一定的条件。不具备一定的条件，是不可能实现转化的。

《大纲》在阐述量变质变规律时，在质的范畴的分析上，通过对质的范畴的多方面的展开，对质的范畴作出如下的定义："质是由事物内部的特殊矛盾所决定的，通过各种属性表现出来的、使一事物区别于其他事物的内在的规定性。"在量的范畴的分析上，不仅说明"量是标志质的范围和等级的范畴"。而且指出，应当区别外延的量和内涵的量。"外延的量是质的存在范围的标志，是质的广度的标志。""内涵的量则是质的等级的标志，是质的深度的标志。"这样就深化了量的范畴。对于事物的认识固然首先要注意质的方面，但是在认识事物的质的基础上对于事物的量的方面进行分析或估计，也是不可忽视的。《大纲》还认为使事物能够保持某种特定的质的量的界限，在哲学上就叫作度。掌握度的范畴，对于革命实践具有十分重大的意义。

《大纲》在阐述量变和质变时，首先指出，量变和质变是由事物内部的矛盾斗争所引起的两种运动状态。强调事物的发展过程，就是由量变到质变、由质变到量变的循环往复而又由低到高的无限过程。不仅如此，而且着重阐述了量变过程中的部分质变和质变过程中量的扩张。所谓部分质变，"大体上可以分为阶段性的部分质变和局部性的部分质变两种情形"。阶段性的部分质变，是事物在其内部的根本矛盾以及由此规定的事物的根本的质没有改变以前，在不同的发展阶段上显现出来的部分的质变。而局部性的部分质变，是在事物的全部没有发生根本质变以前，在局部范围内显现出来的根本质变。总的量变过程中的部分质变，是量变质变规律的重要内容之一，对于指导革命实践具有重大的意义。所谓质变过程中的量的扩张，是指当事物的质变开始时，在旧质的范围内首先突破一点或几点，然后在数量上迅速扩张，直到占领全盘，完成质变过程的。"这种新质在数量上迅速扩张的情形，就是质变过程中的量的扩张。"质变过程中量的扩张，同量变是不同的；同量变过程中的部分质变也是不同的。质变过程中量的扩张的原理，对于革命实践也是很重要的。

《大纲》在阐述肯定否定规律时，着重指出："由肯定到否定，又由否定到肯定，表现为波浪式的前进运动。"其所以是波浪式的运动，这是因为由肯定到否定，是事物由正面走到反面的过程；由否定到肯定，则是由反面走到反面的反面的过程。所以说，事物的发展是波浪式的，而不是直线式的。其所以又说这是前进运动，则因为否定意味着新事物的产生和旧事物的灭亡。事物由肯定阶段到否定阶段，肯定阶段被否定了，这是一个前进；事物由否定阶段到新的肯定阶段，否定阶段又被否定了，这又是一个前进。作者进一步指出："波浪式的前进运动，是事物发展的普遍规律。"肯定否定规律揭示了事物的发展道路是波浪式的前进运动，这对于无产阶级的实践活动具有重大的指导意义。

《大纲》用对立统一规律，阐明了本质与现象、内容与形式、原因与结果、必然与偶然、可能与现实等的关系。指出："唯物辩证法的诸成对范畴是对立统一规律的具体化形态。"换句话说，这些成对范畴，都是对立统一规律在各个不同方面的具体表现，都只有拿起对立统一规律这把"钥匙"才能获得理解。"这些范畴从不同的侧面反映了事物发展过程中的最普遍的矛盾关系，更具体地揭示出事物发展的客观逻辑。"作者在阐述这些成对范畴时，不仅准确地说明了这些范畴的理论内容，而且说明了它们的现实意义。例如，因果性原理"对于无产阶级和一切革命人民的实践活动，是具有重大的意义的"。其意义就在于：第一，无产阶级的政党要制定正确的路线和政策，革命工作人员要制订正确的工作计划，都必须对事物的发展前途有科学的预见。而科学的预见是必须以对客观事物因果联系的正确认识为基础的。第二，无产阶级政党和革命工作人员进行任何工作，必须争取有利的前途，避免不利的前途。这也必须以对因果关系的正确认识为基础。

《大纲》的最后一篇系统论述了马克思主义的认识论。在这篇的前言部分，首先阐明了辩证法、认识论和逻辑学的同一性问题，根据列宁关于辩证法、认识论和逻辑学的同一性原理，正确地指出：这个问题"只有在马克思主义哲学中，在唯物论的基础上，在思维规律是存在规律的反映这一科学原理的指导下，才得到了真正科学的解决"。在马克思主义看来，"认识论就是辩证法，辩证法也就是认识论，辩证法和认识论是同一的。"同样，"列宁是把逻辑学（指辩证逻辑）同认识论看作同一个东西的。"由此可见，列宁关于辩证法、认识论和逻辑学的同一性的原理，深刻地体现了唯物辩证法这门哲学科学的特点和实质。

据此，《大纲》深刻地论述了马克思主义认识论同一切唯心论、不可知论的认识论的对立以及同形而上学唯物论的认识论的原则区别。认为："形而上学唯物论的认识论是缺乏实践观点和辩证观点的反映论，是一种消极的直观的反映论。"这样的理论，不符合于认识的实际情况，也不能成为指导人们进行实际斗争的武器，既不是科学的理论，也不是革命的理论。"唯物辩证法的认识论则是贯串着实践观点和辩证观点的反映论，是能动的革命的反映论。"这样的认识论，是自有人类历史以来唯一正确地揭示了人类认识的实质的科学的认识论，也是自有人类历史以来唯一能够指导革命人民进行实际斗争的革命的认识论。

《大纲》论述了认识对于实践的依赖关系，不仅指出了实践是认识的动力，实践决定认识的内容，而且着重强调了实践是检验认识正确与否的唯一标准，并分析批判了哲学史上常见的几种唯心主义的真理标准，比如以圣人的意见为标准，以我自己的意见为标准，以多数人的意见为标准，以"有用"或"效果"为标准，此外，还有以概念是否清楚明晰为标准，以认识是否合乎以往的理论为标准，以对方是否同意为标准。这样的标准，实际上等于没有标准。指出："除了马克思主义哲学以外，古往今来的任何一种哲学派别都没有找到检验认识的客观标准。""在马克思主义看来，检验认识正确与否的唯一标准，只能是社会实践。"

《大纲》分析了感性认识和理性认识诸形式，阐明了唯物辩证法的思维方法，指出："概念的形成，判断的确定，推理的进行，都离不开一定的方法。要使概念明确，判断恰当，推理合乎逻辑，就应当自觉地运用科学的思维方法。"总起来说就是唯物辩证的思维方法。它包括归纳与演绎、分析与综合、历史的方法与逻辑的方法。应当指出，这些方法并不是思维方法的全部；而且，在实际思维过程中，人们决不是孤立地运用某一种方法，而是综合地运用各种方法。"所有这些方法，都服务于一个目的，就是对感性材料实行去粗取精、去伪存真、由此及彼、由表及里的改造制作工夫，造成概念和逻辑的系统，从而达到深刻的理性认识。"

《大纲》在论述认识只有通过实践才能得到检验和发展时，指出，理性认识不但需要检验，而且需要发展，否则它就不能反映不断发展着的客观实际。但是，"理性认识归根到底是实践经验的概括和总结。它只有同实践紧密联系，仔细倾听实践的呼声，才能不断地汲取新的经验，随着实践的发展而发展，不致停留在原有的地方，变成枯槁的东西"。马克思列宁主义、毛泽东思想之所以永远生气勃勃，威力无穷，就因为它一刻也不脱离实践，不断地从实践中汲取新的养分，丰富和发展自己。

《大纲》在论述马克思主义认识论与群众路线时，突出了毛泽东的伟大贡献。指出："把认识论同党的群众路线的工作方法结合起来，融为一体，使认识论的科学原理直接成为每一个革命工作者进行工作的锐利武器，这是毛泽东同志的又一伟大贡献。"群众路线是党的根本路线，它包括两个方面的意义：其一是说，人民群众是历史的创造者，进行一切革命工作都必须依靠群众，为了群众。其二是说，党的领导能否保持正确，决定于党是否采取"从群众中来，到群众中去"的领导方法。这两方面是不可分离地联系着的。这里要着重说明的是第二方面，即认识论的方面。《大纲》强调指出：所谓"从群众中来，到群众中去"，"就是马克思主义的认识论"，这是因为：

"第一，'从群众中来，到群众中去'的领导方法的公式，同'从感性认识而能动地发展到理性认识，又从理性认识而能动地指导革命实践'的认识论公式，是完全一致的。"讲详细点，"从群众中来"的过程，也就是"从感性认识而能动地发展到理性认识"的过程；"到群众中去"的过程，则是指"从理性认识而能动地指导革命实践"的过程；"从群众中来，到群众中去"的一次比一次更高级的无限循环，也就是从"实践、认识、再实践、再认识"的一次比一次更高级的无限循环。

"第二，'从个别指导到一般号召，又从一般号召到个别指导'的领导方法的公式，同'从特殊到一般，又从一般到特殊'的认识论公式，也是完全一致的。"具体而言，从认识论的角度说，所谓"个别指导"，就是"认识个别的和特殊的事物"，或"认识许多不同事物的特殊的本质"；所谓"从个别指导到一般号召"就是"由认识个别的和特殊的事物，逐步地扩大到认识一般事物"，就是"更进一步地进行概括工作，认识诸种事物的共同本质"。这是领导者的意见的形成过程，即从特殊到一般的认识过程；所谓"从一般号召到个别指导"就是"当着人们已经认识了这种共同的本质以后，就以这种共同的认识为指导，继续地向着尚未研究过的或者尚未深入地研究过的各种事物进行研究，找出其特殊的本质"。这是领导者的意见见之实行的过程，即从一般到特殊的过程。这一过程也是很重要的。

《大纲》指出，上述两个公式，把党的群众路线的领导方法与马克思主义的认识论完全科学地统一起来，不仅解决了必须依靠群众的问题，而且解决了如何依靠群众的问题。"这两个公式，是对于极端丰富的革命经验的科学总结，是放之四海而皆准的普遍真理，是共产党人和革命干部进行一切工作都必须遵循的最基本的原则。"

《大纲》阐述了马克思主义的真理论，不仅阐明了真理的客观性、具体性和普遍性，而且阐明了绝对真理和相对真理的关系以及真理发展的规律。作者指出："在真理问题上，首先要解决的是真理的客观性问题，也就是有没有客观真理的问题。"有没有客观真理，所有唯物论者的回答都是肯定的。什么是真理呢？"所谓真理，就是符合于客观实际的认识。"真理总是客观的，主观的"真理"就不是真理。真理有哪些特性？唯物辩证法认为，真理除了具有客观性外，还有具体性和普遍性。就是说，"没有抽象的真理，真理总是具体的。""真理的具体性并不排斥它的普遍性。相反地，真理的具体性和普遍性是不可分割的。"真理是怎样发展来的呢？"真理是随着实践的发展而发展的。真理的发展过程，就是一个不断地同错误作斗争并且战胜错误的过程。"简洁地说，真理是在斗争中发展的。这是真理发展的规律，也是马克思主义发展的规律。

《唯物辩证法大纲》尽管写作于那个"左"的年代，不可避免地也有某种"左"的印记，但这部著作，确是独具特色的，是一部兼具学术性与教材性并以学术性为主的高水平著作。它反映了新中国成立以后马克思主义哲学所达到的新境界和新水平，是马克思主义哲学中国化、时代化和大众化的又一部高水平的名著。

这本书是"文化大革命"结束后出版的第一本马克思主义哲学专著和教科书，出版后受到理论界的高度重视，《人民日报》《红旗》《光明日报》《文汇报》《湖北日报》《长江日报》《哲学研究》《社会科学战线》等报刊杂志先后发表评论和介绍，或选登部分章节，一致认为这是新中国成立以来一部优秀的马克思主义哲学专著，许多高等院校都采用此书作为哲学专业的教科书。这部专著曾在朝鲜、南斯拉夫等国展出，也受到了国外学术界的高度重视。

第十六章

含冤辞世

反对"顶峰论"

对待马克思列宁主义、毛泽东思想，李达始终采取实事求是的科学态度，一贯旗帜鲜明地反对阉割、曲解马克思主义。

为了捍卫马克思主义的纯洁性，从 20 世纪 60 年代初开始，他就同林彪鼓吹的反马克思主义的"捷径论""顶峰论"进行了针锋相对的斗争。

这个问题上的斗争，集中体现在如何学习毛泽东思想，如何看待毛泽东思想与马克思主义的关系。究其实质是如何对待马克思主义的继承和发展，是否正确坚持理论联系实际的根本原则问题。

早在 1960 年 10 月，林彪提出了对毛泽东著作"要带着问题学"。到了 1961 年初，便扩展为"要带着问题学，活学活用，学用结合，急用先学，立竿见影。"后来，又添上"在'用'字上狠下功夫"一句，凑成了所谓"三十字方针"。针对林彪"把毛泽东思想庸俗化"的那一套做法，1962 年 2 月 2 日，李达在《光明日报》上发表了《怎样学习毛泽东思想》的文章，重申学习毛泽东思想，重在掌握立场、观点和方法。文章强调指出："我们学习毛泽东思想，首先要学习毛泽东同志如何应用马克思列宁主义的理论和方法去研究中国的革命和建设问题因而作出结论的那种榜样。""在端正了学习的态度以后，就要进一步学习毛泽东同志的思想方法，即学习他的关于认识论的著作。"又说："我们学习了毛泽东思想，学习了他的思想方法和工作方法，还必须学会应用它才行，若要应用它，没有研究资料是不行的。"而要获得研究资料，就必须到群众中去，到工厂和农村中去，诚心诚意向工人农民学习。这样，"就可以做细致的调查工作，就可以积累起丰富的资料，开展研究工作"[①]。

---

① 《李达文集》第 4 卷，人民出版社 1988 年版，第 739、742 页。

这里，李达明确地告诉人们，学习毛泽东思想要同马列主义相结合、要同中国革命和建设的实践相结合；要端正学习态度，要学习毛泽东的思想方法和工作方法；要学会应用毛泽东思想，要到群众中去做细致的调查；还要积累丰富的资料，开展科学研究。这就充分表明，在如何学习毛泽东思想这个问题上，李达同林彪的"三十字方针"从思想理论上严格地划清了界限。

林彪利用"高举毛泽东思想伟大红旗"和"学习毛主席语录"的名义，通过报刊杂志散布了一系列反马克思主义的谬论，诸如学马列主义可走"捷径"①，记住几个条条就行了；讲系统性、逻辑性就是脱离实际，只要背几个"警句"，就算"活学活用"融会贯通了，如此等等。对于林彪鼓吹的这一套，李达坚决反对，指出："在科学上是没有平坦大道可走的，学习马克思主义没有捷径！"他认为不但要刻苦学习毛泽东著作，也要刻苦学习马列著作，还要学点文学、历史，学点法律，学点逻辑，学点自然科学；要研究党的文献，研究党的报刊文章，研究反面材料。谈到写书，他坚持认为："写教科书不能没有系统性，不能不讲逻辑性；联系实际也不能生搬硬套，不要赶热闹，要有科学性。我们还是要坚持从老祖宗讲起。"李达强调说："毛泽东思想是马列主义的发展，你不讲马克思、列宁的东西，怎么能讲得清楚毛泽东思想？总有一个来龙去脉嘛！"②

在宣传毛泽东思想时，李达很重视毛泽东思想的实质及其对马列主义的发展。他说："毛泽东思想从宇宙观到思想方法、工作方法，是发展着和完善着的中国化的马克思主义，是社会主义革命和社会主义建设的科学理论。一切理论工作者和实际工作者，都必须努力学习毛泽东思想，并运用来解决社会主义革命和社会主义建设中的理论问题和实际问题，就可以

---

① 1959年9月，林彪在全军高级干部会议上说，学习马列主义"主要是学习毛泽东同志的著作。这是学习马克思列宁主义的捷径"。

② 转引自陶德麟：《李达与〈唯物辩证法大纲〉》，《书林》1979年第2期。

提高自己的政治水平和理论水平，这是没有疑义的。"① 当谈到哲学问题时，他认为首先应对毛泽东哲学思想的贡献有一个足够的评价，毛泽东是全面地发展了马列主义哲学，不仅《实践论》《矛盾论》《关于正确处理人民内部矛盾的问题》是如此，而且其他著作均达到了新的境界②。李达主张毛泽东对马列主义的发展要讲深讲透，认为毛泽东同志在中国的具体条件下，把马克思列宁主义的普遍真理同中国革命的具体实践结合起来，创造性地发展了马克思列宁主义。

康生是"顶峰论"的始作俑者。早在 1958 年夏，他就提出"毛泽东思想是马列主义的顶峰"。1959 年他又提出，要"把主席思想当作最高标准，最后标准"。"顶峰论"虽是康生首创，但因其权力和地位远不如林彪，故此人们往往把这一发明权归于林彪。1960 年 10 月的军委扩大会议上，林彪又把康生的"顶峰论"接过来大肆鼓吹，说："现在的马列主义是什么？就是我们毛主席的思想。它今天在世界上是站在最高峰，站在现时代思想的顶峰。"

李达反对林彪、康生鼓吹的"顶峰论"，指出讲发展一定要严肃认真，实事求是，绝对不可以牵强附会。他不赞成把每一个新的词语统统说成是"发展"，不赞成把马列已经讲得很透彻了的东西也说成是毛泽东同志"第一次提出"来的。当林彪、康生一伙故意说毛泽东处处发展了马列主义的时候，李达提出毛泽东同志对马列主义的发展是前无古人的，是全面的，但是一定要讲得合乎科学，不要随便地讲成到处都是发展。他说："这也发展，那也发展，哪有那么多的发展？有的东西马恩列斯早已讲过了，把这些东西都说成是毛主席的发展是对不起老祖宗，是无知，是把发展庸俗化了。"③

① 《李达文集》第 4 卷，人民出版社 1988 年版，第 738—739 页。
② 李达：《在湖北省哲学教科书编写小组会议上的发言》（1959 年 12 月 10 日）。
③ 《湖北日报》1966 年 6 月 30 日。

1966 年 1 月下旬，李达从报纸上看到林彪关于"毛泽东思想是当代马克思列宁主义的顶峰"的提法，顿时寝食不安。他想：顶峰，意味着终止，到了顶峰，不是再没有发展了吗？这显然是歪曲马列主义，歪曲毛泽东思想。此种谬误如果任其流传，马克思主义的真理将被阉割，是非会被颠倒，后果是十分严重的。尤其是它以歌颂毛泽东的面貌出现，欺骗性、危害性就更大了。此时的李达，真是心急如焚啊！

　　同年 3 月，林彪、康生炮制的"顶峰论"泛滥成灾。仅仅《羊城晚报》就以《马列主义发展的顶峰》作为通栏大字标题，并连篇累牍地发表"一论"、"二论"、"三论"……对于这种胡编乱造，李达极为反感。他仍然坚持马列主义、毛泽东思想本身也是一个不断发展的过程，需要在实践中不断汲取新的养料，不断丰富和发展自己，决不会停滞不前，因而也决不会有什么"顶峰"。他多次对人讲："顶峰？难道不再发展了吗？！这种提法太绝对化了！是形而上学，是吹泡泡，根本违背马克思主义的原理。"有人当场提醒他："这是林彪同志说的，中南局的决定也是这样写的。"李达却毫不在乎地回答："我知道，我不同意！"[①] 他接着又滔滔不绝地讲了一番辩证法。"马列主义是发展的，毛泽东思想也是发展的，违反辩证法的东西，不管是哪个讲的，都不能同意！"面对林彪这个篡夺了党和国家部分权力而且野心正在恶性膨胀的庞然大物，李达极其愤怒地说："毛泽东思想还要不要发展？有的人简直对毛泽东思想一窍不通！"一些好心的同志劝他：何必那样坚持，得罪人，还会犯错误呢。李达斩钉截铁地说："怕什么？犯什么错误？生姜愈老愈辣！"[②]

---

①　《湖北日报》1966 年 6 月 30 日。
②　尹世杰：《忆李达同志》，《新湘评论》1979 年第 5 期。

在劫难逃

党的八届十中全会以后，政治上"左"的错误，虽有进一步的发展，但总体上还没有对经济调整工作产生重大的干扰，反而基本上完成了国民经济调整的任务。到了1965年，社会主义教育运动（又称四清运动）在部分农村和少数城市基层迅速开展的时候，在意识形态领域，也对一些文艺作品、学术观点及其代表人物进行了错误的过火的政治批判，在对待知识分子问题、教育科学文化问题上发生了越来越严重的"左"的偏差。

早在1965年夏天，李达就由武汉大学调去北京，专任全国人大常务委员，负责抓全国的法制建设，全家也搬到了北京居住。

11月10日，上海《文汇报》发表江青、张春桥共同策划由姚文元署名的《评新编历史剧〈海瑞罢官〉》。毛泽东批准这篇文章要在全国各个主要报刊转载。它也就成了"文化大革命"的导火索。

就在这时，即1966年初，李达却从北京回到了武汉大学。

是年2月，江青在林彪支持下，在上海召开了所谓部队文艺工作座谈会。会后，由陈伯达、张春桥参与写成了《林彪同志委托江青同志召开的部队文艺工作座谈会纪要》，经毛泽东修改和同意作为中央文件印发全党。从此，全国掀起了意识形态领域的政治批判的大浪潮。一场史无前例的浩劫已经骤起，李达也在劫难逃了。

宁死不屈

"文化大革命"前夕，全国已经掀起了意识形态领域政治大批判的浪潮。李达反对"顶峰论"的事传了出去，省委派往武汉大学的"文化大革

李达

命"工作队，反而抓紧整理黑材料，并把它作为李达"反党反社会主义反毛泽东思想"最过硬的"定性材料"上报"中央文革"。这份材料，犹如一枚"重磅炸弹"。那个昔日自称是"李达学生"的康生，而今把罪恶的魔掌一挥，一场灭顶之灾降到了李达的头上。

李达坚决反对"顶峰论"，坚持捍卫马克思主义真理的正义之举，触怒了林彪、康生一伙。他们对李达恨之入骨，公开点名诬陷李达是"毛泽东思想最凶恶的敌人"。不仅如此，毛泽东亲自委托李达主编《马克思主义哲学大纲》下卷即历史唯物论的编写工作，也被他们"勒令"停止，按毛泽东指示调集的编书著述被他们全部抢走，毛泽东思想研究室被"勒令"解散。李达被诬陷为"武汉大学三家村""黑头目""反党反社会主义反毛泽东思想的党内资产阶级代表人物""叛徒""地主分子"。

虽然遭受种种残酷迫害，但直到生命的最后一息，李达的心始终向着党中央、向着毛泽东。他至死不忘的仍是五年前毛泽东交给他编写《马克思主义哲学大纲》的任务。当他的全部资料被抢走，助手被赶跑的时候，他悲愤地说："你们把我的助手赶走了，资料不能拿走！写书是毛主席交给我的任务，没有助手，我自己写！我拼了这条老命，一天写五百字，也要把书写完！"[1] 他嘱咐夫人说："我如死去，请转告陶德麟等同志，我唯一的恳求，就是希望他们一定要把《马克思主义哲学大纲》下册编出来，把上册改好，帮我完成毛主席交给我的任务。"[2]

7月16日，毛泽东在武汉畅游长江，消息很快就传遍了武汉三镇。18日，有人试探着向李达说毛主席来武汉了，你想不想见他？李达何尝不想啊！回想起以前毛泽东来武汉，每次总要见见面谈谈心。李达还清楚地记得几年前陪外宾坐在游轮上看见毛泽东在波涛汹涌的长江中搏击自如的情景。但李达想了想说："我现在这个样子不好去找他，他也不会见我。"过了一天由于无奈，李达用写交代材料的稿纸，给毛泽东写了一封短信：

主席：

　　我有难，请救我一命。

李达顿首
七月十九日

　　这是一封不同寻常的求救信啊！

　　在书信往来中使用"主席"这样的称呼，对这位"鹤鸣兄"的李达还是生平第一次。但为了编写完《大纲》的下册，修改好上册，为了完成毛泽东交给他的任务，必须像正常人一样的活下去，此时此刻，能够救他于水火的，只有作为党中央主席的"润之"，但现在再也不便那样称呼了，他是作为共产党员，在向党的主席求救。

　　然而，20天以后，这封信才辗转到北京，当毛泽东看到有武汉大学李达请他救命的短信时，尽管立即批示："陶铸同志阅后，转（王）任重同志酌处"①，但一切都已经晚了。

　　9天以前，李达已经被开除党籍，戴上"地主分子"的帽子。虽然毛泽东做了批示也无济于事了。经过种种折磨和摧残，李达在1966年8月24日含冤离开了人世，享年76岁。

　　令人发指的是，李达去世后的第二天，学校竟然召开了"愤怒声讨"大会，宣读了中央批准的"处分决定"，这真是奇耻大冤！然而又是莫大的讽刺！

　　千秋功罪，自有历史评说。

　　1969年4月党的九届一中全会期间，毛泽东在讲话中谈到一大代表的情况时，历数了几个代表的名字，并特别提及武汉大学校长李达前两年去

李达

---

① 《对李达来信的批语》，《建国以来毛泽东文稿》第12册，中央文献出版社1998年版，第98页。

世了。粉碎林彪反革命集团之后，毛泽东又对湖南的同志说，现在看来还是李达正确，他是反对林彪搞顶峰论的。到了 1974 年，李达第一次被平反，但并不彻底。

江青反革命集团被粉碎后，1978 年 11 月 12 日，党中央批准公开发表毛泽东给李达三封信的手迹。1980 年 11 月，中共中央书记处批准中共湖北省委的决定，为李达同志彻底平反昭雪，恢复党籍，恢复名誉，推倒强加在李达同志头上的一切污蔑不实之词。被林彪、江青、康生一伙颠倒了的历史终于重新颠倒过来。

1996 年 9 月 12 日，经中共中央组织部批准，李达同志的骨灰已由武汉九峰山迁至北京八宝山革命公墓一室安葬，这是历史的纪念。

李达的一生，是革命的一生，战斗的一生，也是笃志嗜学的一生，勤奋著述的一生。"忠实于真理""始终为主义而战"是李达人生的最高准则。他从接受马克思主义开始，为传播马克思主义的真理奋斗到最后一息。无论在白色恐怖下，还是险恶环境中，他总是坚持真理，不屈不挠，生命不息，战斗不止。胡乔木在首都理论界纪念李达百年诞辰的座谈会上的重要发言中郑重指出："我国马克思主义理论界完全有理由以有李达同志这样一位在十月革命和五四运动以来，就以全部身心投入为坚持和发展马克思主义而奋斗，数十年如一日的前驱和榜样而自豪。"[①]

李达是马克思主义中国化史上一位百科全书式的学者。他几十年如一日地从事马克思主义、毛泽东思想的研究和宣传，写下了 900 余万字的文章、专著和评著，在中国现代思想文化史上留下了极为宝贵的财富。在长期的革命斗争中，他为研究马克思主义哲学、政治经济学、科学社会主义以及史学、法学、社会学，为发展我国的教育事业，进行了大量的开拓性的工作，做出了重大贡献，在研究和宣传辩证唯物主义和历史唯物主义以

---

① 胡乔木：《深切地悼念伟大的马克思主义理论家李达同志》，《漫话我武大》，武汉大学出版社 1993 年版。

及毛泽东哲学思想方面，成绩尤为显著，影响尤为深远。1980 年至 1988 年，人民出版社陆续出版的《李达文集》1—4 卷，特别是 2016 年人民出版社的《李达全集》1—20 卷，是李达研究成果的真实记录，它为马克思主义中国化的研究提供了重要的理论准备。

李达是一位"战士型的学者，学者型的战士"（陶德麟语）。他不愧为我国传播马克思主义的先驱者和中国共产党的主要创始人之一与党的早期重要领导人之一，不愧为杰出的马克思主义理论家、宣传家和教育家，也不愧为学术理论界马克思主义中国化的主要代表之一。

李达的功绩永垂青史。他为坚持和发展马克思主义的伟大真理的革命精神和实事求是的科学态度，是永远值得我们学习的。他的英灵将伴随后人为全面建成社会主义现代化强国、实现第二个百年奋斗目标，以中国式现代化全面推进中华民族伟大复兴而不懈奋斗！

主要参考书目

1. 《毛泽东书信选集》，人民出版社 1983 年版。

2. 《毛泽东哲学批注集》，中央文献出版社 1988 年版。

3. 《建国以来毛泽东文稿》第 12 册，中央文献出版社 1998 年版。

4. 《李达文集》第 1 卷，人民出版社 1980 年版。

5. 《李达文集》第 2 卷，人民出版社 1981 年版。

6. 《李达文集》第 3 卷，人民出版社 1984 年版。

7. 《李达文集》第 4 卷，人民出版社 1988 年版。

8. 《李达全集》第 1—20 卷，人民出版社 2016 年版。

9. 《为真理而斗争的李达同志》（论文集），武汉大学出版社 1985 年月版。

10. 胡乔木：《深切地悼念伟大的马克思主义理论家李达同志——在纪念李达同志诞辰一百周年座谈会上的讲话》（1990 年 12 月 27 日）。

11. 胡绳：《传播马克思主义的先驱者——纪念李达同志诞辰一百周年》，《光明日报》1990 年 10 月 28 日。

12. 郭化若：《在毛主席身边工作的片断》，《解放军报》1978 年 12 月 28 日。

13. 《陶德麟文集》，武汉大学出版社 2007 年版。

14. 周可、汪信砚：《李达年谱》，人民出版社 2016 年版。

15. 吕芳文、余应彬主编：《一代哲人李达》，岳麓书社 2000 年版。

16. 丁晓强、李立志：《李达学术思想评传》，北京图书馆出版社 1999年版。

17. 中国现代哲学史研究会等编：《纪念李达诞辰一百周年——中国现代哲学与文化思潮（续集）》，湖南出版社 1991 年版。

18. 龚育之等：《毛泽东的读书生活》，三联书店 1986 年版。

19. 杨献珍：《毛泽东与李达在东湖的第一次见面》，《理论信息报》1987 年 8 月 31 日。

20. 曹瑛：《杰出的马克思主义理论家李达同志》，《人民日报》1981 年4 月 28 日。

21.《漫话武大》，武汉大学出版社 1993 年版。

22. 宋镜明：《李达传记》，湖北人民出版社 1986 年版。

23. 宋镜明：《李达与武汉大学》（名人名校丛书），山西教育出版社1999 年版。

24. 宋镜明：《宋镜明自选集》，武汉大学出版社 2007 年版。

25. 宋俭、宋镜明编：《中国近代思想家文库·李达卷》，中国人民大学出版社 2015 年版。

26. 宋镜明、吴向伟等：《党的重要历史人物与早期马克思主义中国化》，中国社会科学出版社 2012 年版。

27.《李达与中国共产党的创建和马克思主义在中国的传播——纪念李达同志诞辰 120 周年学术研讨会论文集》，人民出版社 2013 年版。

后 记

20 多年前，河北人民出版社出版的《中共一大代表丛书》将由中共党史出版社再版，这是多么令人欣喜的大事，我同其他作者一样欣然同意。

我是这套丛书之一的《李达》的作者，尽管年老多病，但作为一个入党 60 多年的老共产党员和长期从事中共党史党建研究的理论工作者，责无旁贷义不容辞地接受了重新修改此书的任务。

该书以习近平新时代中国特色社会主义思想为指导，以党的三个历史决议为准绳，根据《李达全集》和李达研究的新资料和新成果，参照出版社的修改意见，在原书稿的基础上，作了必要的适量的修正和增补。

中国共产党已走过百年奋斗历程。谨以此书作为微薄之礼，敬献给我们亲爱的母亲——伟大的中国共产党。

本书的再版，归功于中共党史出版社领导的正确决策，也与责任编辑的通力合作息息相关。特此谨致诚挚的感谢。

作 者

2024 年 1 月